LES MYSTÈRES DE LA CONSCIENCE

PRÉMONITION, TÉLÉPATHIE, VOYANCE, SORTIES DE CORPS...

MIRIAM GABLIER

LES MYSTÈRES DE LA CONSCIENCE

PRÉMONITION, TÉLÉPATHIE, VOYANCE, SORTIES DE CORPS...

ILLUSTRATIONS : ÉMILIE RAMON
OUVRAGE SOUS LA DIRECTION DE SÉBASTIEN LILLI

Le lotus & l'éléphant

Les mots n'ont pas tous la même destinée. « Dieu », « Vie », « Amour » se sont vu confier la mission de désigner des concepts grandioses. Ces derniers siècles la « Conscience » a rejoint le rang de ces concepts considérables qui suscitent tant de débats et qui révolutionnent les idées. Il semble donc judicieux de se pencher sur ce qui se trame au cœur de cette appellation si cruciale. De quoi parlons-nous lorsque nous mobilisons le terme de « conscience » ? Quels sont les questions de fond et les enjeux autour de cette notion moderne ?

La spécificité de cet ouvrage est justement d'offrir un résumé de ce que nous savons sur le sujet. Il propose de découvrir dans les grandes lignes ce que l'histoire, les traditions, la philosophie, la psychologie, la science, nous disent sur la conscience. Survolant plus particulièrement les trois derniers siècles, identifiant les données décisives, proposant des anecdotes représentatives, il rend accessible un ensemble d'informations parfois complexes et difficiles, souvent surprenantes, voire déconcertantes. Certaines énigmes se dissolvent alors, les questions de fond sont mises en perspective et les débats s'éclairent. Il devient plus facile de comprendre pourquoi la conscience fait tant parler d'elle et quelles sont les interrogations auxquelles nous devons faire face : qui sont les sujets conscients ? Qu'en est-il de l'inconscient ? Quelle relation entre la conscience et le corps ? Pourrons-nous créer une conscience artificielle ? Comment gérer les états modifiés de la conscience ? Que faire de ces manifestations paranormales ? Et si tout était conscience ?

Miriam Gablier a su relever un défi ardu : celui de faire acte de pédagogie afin de permettre à ceux qui le souhaitent d'être mieux équipés face à ce sujet central. Elle nous invite à participer à la passionnante aventure que la conscience, sous ses divers aspects, déploie devant nous. Nous (re)découvrons alors combien la notion de conscience pourrait être au cœur de tout, ne serait-ce parce que tout nous est donné dans notre vie de conscience.

Frédéric Lenoir

LE VERTIGE DE LA CONCIENCE

LE VERTIGE DE LA CONSCIENCE

Au fil des dernières décennies, la conscience s'est imposée comme une notion incontournable. Et si, depuis les années 1980, les avancées en neurosciences, en sciences cognitives et en intelligence artificielle font les gros titres, ces arbres cachent une vaste forêt de recherches qui, bon gré mal gré, doivent inclure le concept de conscience dans leurs études. De fait, la conscience ne cesse de déborder des limites dans lesquelles nous tentons de la contenir, de réapparaître là où nous ne l'attendons pas. Si elle est inévitablement un sujet pour la philosophie, la psychologie, les sciences sociales, la médecine, elle va jusqu'à défier la biologie ou même des domaines plus arides tels que la physique ou l'économie. L'éruption est telle que l'on parle aujourd'hui d'un véritable « boom de la conscience ». Résultat : notre monde contemporain ne pourrait déjà plus se passer des avancées acquises par les recherches sur le comportement et la cognition, l'intelligence et la conscience.

S'intéresser à un tel sujet c'est ainsi s'engager dans une enquête passionnante. La conscience nous pousse à constamment réajuster nos théories et leurs applications. Elle nous invite à penser transdisciplinarité. La conscience, grand challenge du XXIe siècle ? Assurément. Car si cette notion opère comme un véritable booster de recherches, le plus gros du vertige pourrait être à venir. La notion de conscience serait à la source d'un séisme dont nous ne faisons que sentir les prémices. Elle serait l'agent de ce qui est appelé un « changement de paradigme », c'est-à-dire une mutation profonde de nos cadres de référence.

FERMENT D'UN NOUVEAU PARADIGME

Penser la conscience est un véritable défi. En effet, lorsque son étude est approfondie, ce sujet vient questionner, en un point ou un autre, tous les systèmes de pensée élaborés jusqu'à présent. En premier lieu, elle vient confronter le paradigme matérialiste ou physicaliste qui domine actuellement le monde scientifique et académique. Ce paradigme explique les phénomènes en les réduisant à une réalité physique. Il n'y aurait donc que de la matière dans ce monde. Par ailleurs, il prône une science objective capable d'évacuer toute subjectivité. Or, c'est justement ce que nous ne pouvons pas faire avec la conscience. À bien y regarder, la conscience n'est pas juste un processus physique, ni même juste un phénomène objectif que nous pouvons mettre sous un microscope afin de l'examiner de manière purement rationnelle.

En réalité, la conscience est avant tout une expérience. C'est une présence subjective que nous expérimentons à chaque instant en tant qu'êtres vivants. Ce point est crucial. Il est important de comprendre que même lorsque nous regardons la conscience comme une « chose » ou un objet d'étude, ce que nous observons nous est accessible parce que nous sommes conscients. Les données que nous acquérons apparaissent au sein de notre expérience sensible et intime. La conscience est donc ce par quoi nous pouvons faire de la conscience un objet d'étude. Elle précède inévitablement tout ce que nous pouvons dire sur elle, car elle est la condition qui fait que nous pouvons dire quelque chose sur elle. Comme le souligne le philosophe Michel Bitbol, la conscience n'est pas seulement quelque chose vers quoi nous tournons notre attention, c'est l'attention en elle-même. Tout chercheur qui s'intéresse à la conscience est ainsi pris dans une circularité qui n'est pas sans conséquences. Et autant dire que celles-ci sont majeures.

RÉHABILITER LA SUBJECTIVITÉ

Une première conséquence est qu'il devient difficile de concevoir comment une approche purement objective arrivera un jour à expliquer la conscience. La conscience déborde de la pensée parce qu'elle est un vécu. Elle est une expérience subjective, dans laquelle tout se donne à nous. Cela fait que c'est l'expérience vécue qui contient le raisonnement et la réflexion… et non l'inverse. Ce n'est pas la raison qui contient l'entièreté de l'expérience consciente. Tout ne peut pas être rapporté aux modalités de la raison. Ce simple constat est en soi une révolution. Car, de fait, la dimension expérientielle, ou primaire, de la conscience est la pierre d'achoppement des neurosciences. Soit ce domaine de recherche exclut purement et simplement le niveau de donation primaire de l'expérience consciente pour privilégier son niveau réflexif et rationnel. Soit il tente de l'inclure sans pour autant être capable de l'expliquer. Pour faire court : quelque chose se donne à nous dans une expérience et la raison ou la science ne peuvent en rendre compte entièrement. Leurs outils objectivants sont, par définition, limités face à ce vécu intrinsèquement subjectif, qui déborde inlassablement de toute tentative d'en faire un objet.

Les plus grands neuroscientifiques sont ainsi contraints de reconnaître qu'ils ont besoin, au minimum, d'un compte-rendu verbal de l'expérience consciente des sujets étudiés. Ce sont ces témoignages intimes qui leur permettent d'évaluer à quoi correspondent leurs mesures neuronales objectives. Il leur faut donc un rapport d'expérience de première main sur la texture sensible du vécu, sur la richesse de l'expérience subjective, afin d'établir des corrélations statistiques entre les schémas neuronaux et les états psychiques. Ainsi, le défi que lance la conscience est celui d'élaborer des approches qui se donnent les moyens de faire se rejoindre objectivité et subjectivité, voire qui se donnent les moyens de dépasser leur clivage. Il n'est pas ici question d'abandonner les méthodes scientifiques, rationnelles et objectivantes, loin s'en faut. Il est question de les rééquilibrer, de les compléter, par des approches permettant d'inclure le versant sensible, qui a été trop longtemps mis de côté et qui, finalement, sous-tend tout le reste. Pour résumer : étudier la conscience implique de s'ouvrir à l'examen de nos intimités subjectives. Autant dire que le challenge est de taille pour une science dont le geste fondateur fut, justement, d'évacuer toute subjectivité.

OUVRIR LA FOCALE

Comprendre que la conscience est avant tout l'attention que nous portons à l'attention a pour autre conséquence d'impliquer que les théories que nous élaborons sur la conscience dépendent directement de l'état de conscience dans lequel nous sommes. Notre vision du monde varie selon nos fluctuations psychiques et deux chercheurs qui sont dans deux états de conscience différents auront une vision différente de la conscience. Un exemple frappant nous est offert par les témoignages de mystiques qui, lorsqu'ils sont dans un état élargi de conscience, semblent accéder à de profondes compréhensions sur la nature de la réalité. Nous découvrons alors qu'une focalisation principalement mentale, cognitive, pourrait réduire notre visée et, par voie de conséquence, le champ des connaissances auxquelles nous avons accès. En revanche, un accueil de l'ensemble de nos capacités perceptives, un examen de l'abondance de nos expériences intimes, une exploration des états variés de la conscience, pourraient nous donner accès à des pans entiers de données inexploitées.

Ainsi, le vertige continue. Le nouveau mot d'ordre : oser élargir l'expérience subjective. Dans nos sociétés occidentales, cette démarche est généralement renvoyée à la sphère privée. Elle trouve quelques échos dans l'éducation, mais elle reste l'affaire des domaines « psy » (psychiatrie, psychologie, psychanalyse, psychothérapie) et du développement personnel ou spirituel. L'objectif de ces champs d'expertise est alors d'explorer les vastes dimensions du vécu subjectif et d'établir des cartes, des outils et des savoir-être permettant d'optimiser ces expériences. En définitive, leur constat est que ces explorations peuvent se révéler déconcertantes. Les traditions spirituelles, psychologiques et – ne l'oublions pas – parapsychologiques, font état de manifestations extraordinaires de la conscience, qui viennent confronter de plein fouet nos présupposés.

DES QUESTIONS ABYSSALES

C'est ainsi naturellement à la philosophie que reviennent les questions de fond que pose notre sujet. Là, c'est la tornade. Lorsque nous ne nous contentons pas d'accepter le mystère de ce qui nous est donné, mais que nous nous aventurons dans une recherche philosophique, métaphysique, sur la conscience, tout peut voler en éclat. En effet, se pencher sur l'expérience consciente par laquelle tout est donné, c'est déjà se demander s'il y a bien un sujet qui vit l'expérience consciente. Et si oui, qui est-il ? Qui sommes-nous, finalement ? C'est aussi se demander s'il y a vraiment un monde ou une réalité donnés. Et si oui, quels sont-ils ? Quelle est la nature de l'esprit et de la matière, de l'espace et du temps, et *in fine* de la réalité dans laquelle nous évoluons ?

Certaines tendances bouddhistes, déconstructivistes ou quantiques pensent, par exemple, que la réalité est constituée d'un ensemble de relations dynamiques et non par l'existence de « choses » ou de personnes en tant que telles. Pour eux, il n'y a ni sujet, ni monde, ni espace-temps tels que nous les concevons. Et lorsque certaines traditions spirituelles ou philosophiques soutiennent qu'il y a un sujet, souvent transcendantal et parfois psychologique, qu'il y a au moins un « quelque-chose-là » que nous appelons « un monde », la question se pose de savoir quels sont leurs modalités d'existence. Notre enquête sur la conscience fait surgir tant de questions. Comment considérer le fait que, classiquement, seul l'être humain est pensé comme étant conscient ? Le règne animal et même le règne végétal regagnent pourtant leurs lettres de noblesse vis-à-vis d'une capacité de conscience. Que penser du fait que les parapsychologues constatent qu'ils ont à faire à un phénomène psi, intelligent et élusif, qui défie nos concepts de matière et d'esprit ? Que faire du problème de la mesure en physique quantique qui suggère que la conscience de l'observateur participe à l'apparition des particules élémentaires ? La conscience joue-t-elle un rôle dans la fabrique même de notre réalité ? Comment évaluer le regain des postures panthéistes – qui pensent que tous les éléments de l'Univers sont porteurs de formes de conscience –, ou idéalistes – qui pensent que la nature de la réalité résulte en elle-même de l'acte de conscience d'un esprit absolu ? Pouvons-nous encore parler de « conscience » lorsqu'il s'agit d'appréhender l'apparition des particules élémentaires, l'intelligence de la nature, les phénomènes paranormaux ou encore l'éventualité d'un esprit divin ou d'un absolu ? C'est bien au cœur d'un séisme que nous mène toute enquête sur la conscience.

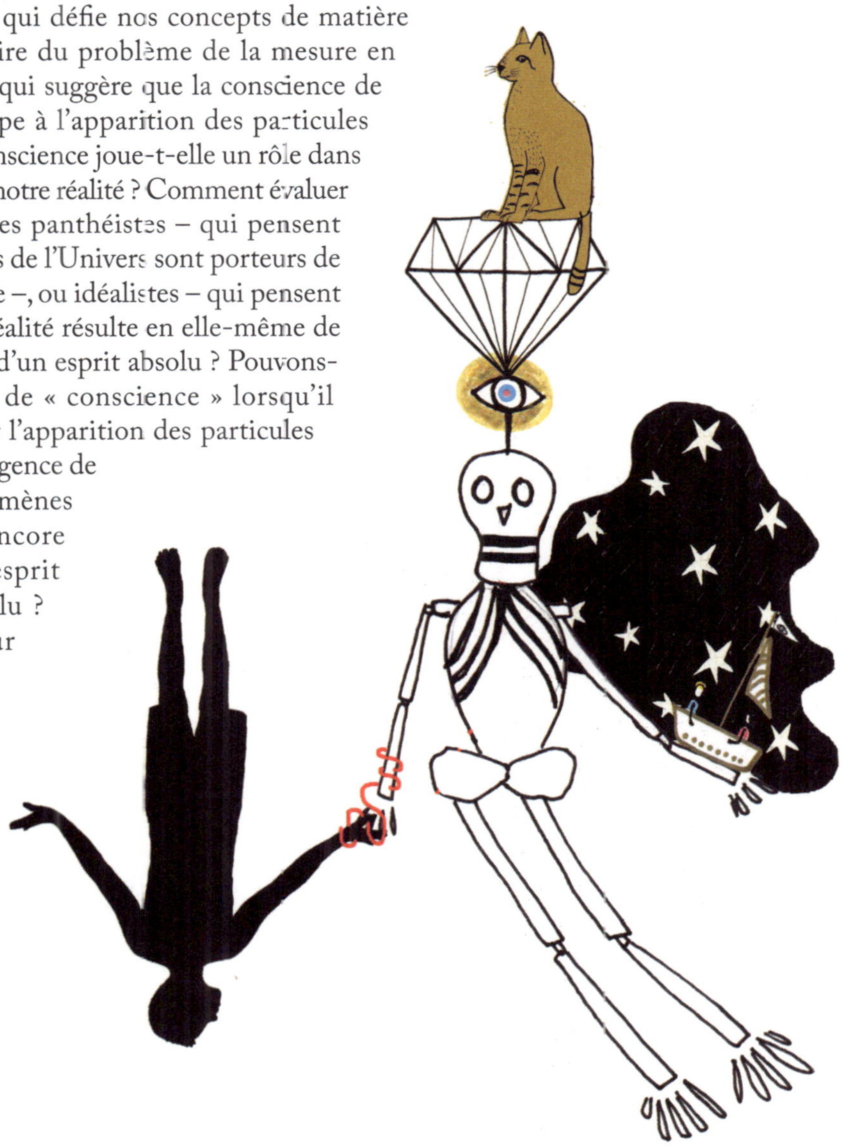

UN CHEMIN SEMÉ D'EMBÛCHES

Passionnante, la conscience se révèle être un sujet très délicat à traiter. En premier lieu, les mots nous manquent. La conscience vécue et primaire, la conscience réflexive et cognitive, la conscience de soi et la conscience morale, la conscience absolue et divine peuvent-elles toutes être rangées sous une même appellation ? L'un des multiples problèmes est donc que nos langues occidentales, contrairement à certaines langues orientales comme le sanskrit, sont mal équipées pour parler de la conscience. Elles ne possèdent pas un échantillonnage de termes permettant de distinguer et de nuancer ses différents états.

À cela vient s'ajouter la question des paradigmes – ou systèmes de pensée – depuis lesquels la conscience peut être étudiée. En effet, quelqu'un qui estime qu'il n'y a que de la matière physique dans ce monde n'abordera pas le sujet de la même manière que quelqu'un qui pense un dualisme matière-esprit ou encore un idéalisme pour lequel tout est esprit. Certains monismes pensent même qu'il n'y a qu'une seule substance, qui n'est ni matière ni esprit. Il est donc important de saisir combien ces points de vue différents donneront des théories différentes.

Autre grande difficulté : nous avons vu que, si la conscience se présente comme un diamant que l'on peut étudier ou objectiver à travers de multiples facettes, son cœur semble ne se donner que dans un éprouvé intime et subjectif, dans un vécu immédiat. Le problème pour nos méthodologies psychologiques et scientifiques devient celui de prendre la mesure de ce que les traditions spirituelles indiquent depuis la nuit des temps : finalement, c'est depuis le vécu d'une présence sensible que nous pouvons contempler le phénomène conscient.

UN DÉFI PASSIONNANT

Cet ouvrage vous invite ainsi au cœur d'une aventure palpitante. Son objectif est d'offrir une sorte de « kit de base du chercheur », un fil conducteur qui permette à tout un chacun qui s'intéresse à la conscience, de mieux s'orienter à sa rencontre. Ces données n'ont pas pour prétention d'être exhaustives. Couvrir le vaste champ des recherches sur la conscience ne peut que nous amener à esquisser une vue d'ensemble plutôt qu'à approfondir ses différents aspects. Cette enquête journalistique a ainsi comme objectif d'offrir des explications, des cartes, des outils globalisants, de proposer des points de repères historiques, théoriques, cliniques, que nous espérons utiles. Car si les théories sur la conscience peuvent parfois sembler complexes et qu'il reste vrai que le sujet demande un petit effort au premier abord, ces informations finissent par se recouper. Par ailleurs, ce récit est accompagné de magnifiques illustrations qui permettent d'imager des idées clés.

« L'expérience consciente n'est pas un objet [...]
L'expérience n'est pas davantage une propriété [...]
L'expérience n'est pas un phénomène [...]
Et pourtant elle n'est pas rien ! [...]
L'expérience pourrait même être tout [...]
[Elle est] le fait intégral de l'apparaître[1]. »

Michel Bitbol, philosophe.

Dès lors, vous trouverez en première partie un survol historique de l'avènement de la notion de conscience, de son examen par la philosophie, la psychologie, les sciences et, de manière rétrospective, par la spiritualité. Et, puisque notre vision de la conscience dépend de l'état dans lequel nous sommes, la deuxième partie propose une véritable plongée dans ses aspects les plus exceptionnels. Nous nous aventurerons notamment dans les domaines de la parapsychologie et des états modifiés de conscience.

J'ai tenté de résumer l'essentiel d'un dossier qui est loin d'être bouclé, en m'appuyant sur les enseignements de chercheurs aguerris et expérimentés. Leurs noms, trop nombreux pour être listés ici, sont cités au fur et à mesure de l'ouvrage. Je leur exprime toute ma gratitude.

1 Michel Bitbol, *La Conscience a-t-elle une origine ? Des neurosciences à la pleine conscience : une nouvelle approche de l'esprit*, Éditions Flammarion, 2014, p. 10.

science
philosophie
spiritualité
psychologie

LA CONSCIENCE SOUS TOUS LES ANGLES

L'objectif de cette première partie est de résumer les principales idées et questions rassemblées autour du sujet de la conscience.

Comme cette notion apparaît tout d'abord dans le domaine de la philosophie, nous commencerons par un examen de ce que cette discipline en a rapporté. Soulignons que, par la suite, les recherches seront conditionnées par les idées philosophiques posées aux XVIIe et XVIIIe siècles, notamment par la définition de la conscience comme un acte de « réflexion ».

Nous explorerons ensuite le domaine des sciences psychiques qui émergent au XIXe siècle et donnent naissance à la psychiatrie, la psychologie, les psychothérapies, la psychanalyse et la parapsychologie. Leur souci est d'étudier les manifestations normales et anormales de la conscience chez un sujet, et d'accorder un statut à l'inconscient.

Au XXe siècle, les neurosciences sont amenées, presque malgré elles, à étudier la conscience. Celle-ci leur pose notamment un « problème difficile » puisque ces approches physicalistes sont mises en difficulté dans leur effort de la réduire à des processus physiologiques.

Enfin, nous remonterons le temps pour prendre connaissance de la manière dont les traditions spirituelles ont abordé ce sujet. Car bien que la conscience ait été davantage caractérisée par la modernité, elle a évidemment fait l'objet d'un examen au préalable.

À la fin de cette première partie, vous trouverez une « boîte à outils » à laquelle vous êtes invités à vous référer à tout moment. Elle présente un résumé des différents niveaux de conscience, ainsi que les paradigmes philosophiques – ou cadres de pensée – depuis lesquels la conscience a été abordée. Intégrer ces notions permet, entre autres, de comprendre pourquoi certaines questions soulevées par la notion de conscience ne peuvent être résolues dans certains cadres de pensée.

JE SAIS
JE SENS

LA PHILOSOPHIE PENSE LA CONSCIENCE

Contre toute attente, la définition de la conscience telle qu'elle est généralement entendue n'arrive que tardivement sur le plan historique. Elle émerge au XVIIe siècle et les historiens considèrent que c'est René Descartes qui ouvre ce champ d'investigation. Après lui, de nombreux autres penseurs des XVIIe et XVIIIe siècles, tels que John Locke, Baruch Spinoza ou Gottfried Leibniz, viennent éclairer le sujet depuis des angles différents. Dès le début, de grandes questions affleurent : comment penser les processus sensibles ou non conscients, la relation entre la conscience et le corps, ou encore le statut du monde animal ou de la vie au regard de la conscience ?

UNE PREMIÈRE FORMULATION LATINE

Il n'existe pas de notion équivalente à celle de « conscience » dans l'Antiquité grecque. « *Il n'y a pas de terme en grec qui parvienne à formuler de façon unifiée ce qui est pourtant expérimenté […] comme un dialogue de soi avec soi*[1] », écrit la philosophe Natalie Depraz. « L'Être » de Parménide pourrait s'en rapprocher, et certains termes élaborés par Aristote et les stoïciens sont rétrospectivement traduits par les Latins comme *conscientia*. Toutefois, c'est dans le monde romain que la notion de « conscience » apparaît. Pour autant, elle n'y acquiert pas encore un sens contemporain. Comme l'indique l'étymologie du mot latin *cum scientia* (« avec une science »), elle y est surtout entendue comme le fait de partager un savoir avec d'autres ou d'avoir connaissance que l'on a un savoir, c'est-à-dire de se prendre soi-même pour témoin. Par la suite, les philosophes rapportent davantage la conscience à la capacité morale à juger du bien et du mal. Et c'est surtout sous cet aspect moral que notre sujet traverse les siècles. La conscience est notamment mobilisée comme telle par Dante[2] au XIVe siècle et par Jean Calvin[3] au XVIe siècle.

LA CONSCIENCE, UNE IDÉE MODERNE

C'est finalement au XVIIe siècle que la conscience acquiert un sens contemporain. En effet, après la remise en cause, par la Renaissance et l'humanisme, de la théologie médiévale, de sa vision de la structure de l'Univers et de sa création par Dieu, l'homme émerge comme une figure de premier plan. Il s'agit maintenant de fonder le sens de l'existence non plus sur le cosmos ou une divinité, mais sur l'être humain en tant que tel. Dès lors, différents philosophes développent une pensée centrée sur le sujet et c'est cette nouvelle orientation qui les amène à actualiser la notion de conscience. « *On*

« La pensée [est] cette perception, conscience ou connaissance intérieure que chacun de nous ressent immédiatement par soi-même quand il s'aperçoit de ce qu'il fait ou de ce qui se passe en lui[4]. »
Louis de La Forge,
***Traité de l'esprit de l'homme*, 1666.**

1 Natalie Depraz, *La conscience – Approches croisées, des classiques aux sciences cognitives*, Éditions Armand Colin, 2002, p. 6.

2 Dante, *Divine Comédie*, composée au début du XIVe siècle.

3 Jean Calvin, *Institution de la religion chrétienne*, 1554.

4 Louis de La Forge, *Traité de l'esprit de l'homme*, 1666, p. 14.

va voir un "personnage" *jusqu'alors à peu près inconnu, ou tout au moins en attente d'identification, la conscience, occuper progressivement le devant de la scène et susciter mille interrogations*[5] », indique Natalie Depraz. La conscience devient une aptitude réflexive propre au sujet. Le témoin sait qu'il sait, il sent qu'il sent, il peut évaluer cette expérience et développer une réflexion sur ce savoir. La conscience est alors la connaissance réflexive de sa propre expérience. Dans la langue française, le concept est utilisé dans ce sens contemporain dès 1666 par Louis de la Forge, puis en 1675 par Nicolas Malebranche qui la définit comme une « *connaissance de sa propre activité psychique*[6] ». Dans la langue anglaise, c'est Ralph Cudworth en 1678, puis John Locke en 1682 et 1694, qui mobilisent le concept de *consciousness* comme conscience réflexive.

« La conscience est la perception de ce qui se passe dans le propre esprit de l'homme[7]. »
John Locke,
***Essai sur l'entendement humain*, 1694.**

LE PÈRE DE LA CONSCIENCE

Bien qu'il n'ait lui-même que peu utilisé le terme français « conscience » ou même latin *conscientia*, René Descartes est considéré comme étant le philosophe qui a ouvert ce champ d'investigation. Le cogito cartésien – le fameux « *je pense donc je suis*[8] » – est formulé explicitement en 1637[9]. Il y a alors deux temps dans l'œuvre de Descartes : le trait de génie du cogito, puis une forme de chute dans un dualisme corps-esprit – dont Descartes revient par moment. Quel est le cogito, ou la conscience, selon Descartes ?

Pendant ses méditations, le philosophe fait table rase des connaissances acquises afin de repartir de zéro, depuis l'expérience directe. Il constate qu'il lui est possible de douter de tout. Il peut douter de ce qu'il perçoit avec les sens et donc de la réalité du monde. Il peut douter des vérités éternelles, comme les vérités mathématiques. Néanmoins, il comprend qu'il ne peut pas douter du fait qu'il est précisément en train de douter. Et s'il doute, c'est qu'il pense et s'il pense, c'est qu'il existe. Nous y sommes. Pour la première fois dans le champ de la philosophie occidentale, le cogito

5 Natalie Depraz, *La conscience – Approches croisées*, p. 17.

6 Nicolas Malebranche, *De la recherche de la vérité*, 1674-1675.

7 John Locke, *Essai sur l'entendement humain*, 1694.

8 René Descartes, *Discours de la méthode pour bien conduire sa raison et chercher la vérité dans les sciences*, 1637.

9 Il y a trois formules du cogito : « *Je pense donc je suis* », « *Je pense, je suis* » et « *Cette proposition je suis j'existe est nécessairement vraie toutes les fois que je la prononce ou que je la conçois en mon esprit* ».

« Les historiens de la philosophie attribuent à Descartes la paternité de l'invention de la conscience[11]. »
Natalie Depraz, philosophe.

fait apparaître l'expérience consciente. Précisons que lorsque Descartes parle de « penser », ce n'est pas seulement au sens mental. C'est aussi sentir, percevoir, imaginer, vouloir : « *Par le mot de penser j'entends tout ce qui se fait en nous de telle sorte que nous l'apercevons immédiatement par nous-même. C'est pourquoi, non seulement entendre, vouloir, imaginer mais aussi sentir est la même chose ici que penser*[10] », explique-t-il.

UN MYSTÈRE À ÉLUCIDER

Descartes désolidarise l'existence empirique – le fait d'être une « chose » dans le monde – et l'existence transcendantale – le fait d'être un phénomène qui transcende le monde. Cependant, il ne faut pas se méprendre, le cogito cartésien est ambigu. Le génie de Descartes est d'avoir vu que, si la conscience ne peut pas être une pure chose dans le monde, elle ne peut pas non plus être une pure pensée transcendantale. Mais alors, qu'est-ce que c'est ? C'est une énigme à la croisée des deux. Descartes dit que c'est « *une chose qui pense*[12] ». Il rapporte le cogito à l'expérience du sujet pensant. Cependant qui ou quoi, entre substance et transcendance, est véritablement ce sujet pensant ou ce cogito ? « *Qu'est-ce qu'une chose qui pense ? C'est-à-dire une chose qui doute, qui conçoit, qui affirme, qui nie, qui veut, qui ne veut pas, qui imagine aussi et qui sent*[13] », questionne le philosophe lui-même. Ces successeurs vont devoir enquêter sur ce nouveau mode d'être mystérieux, ce nouvel espace de phénoménalité. La conscience devient un défi majeur pour la philosophie, puis la psychologie et la science.

1637

« Cogito ergo sum », Je pense donc je suis.

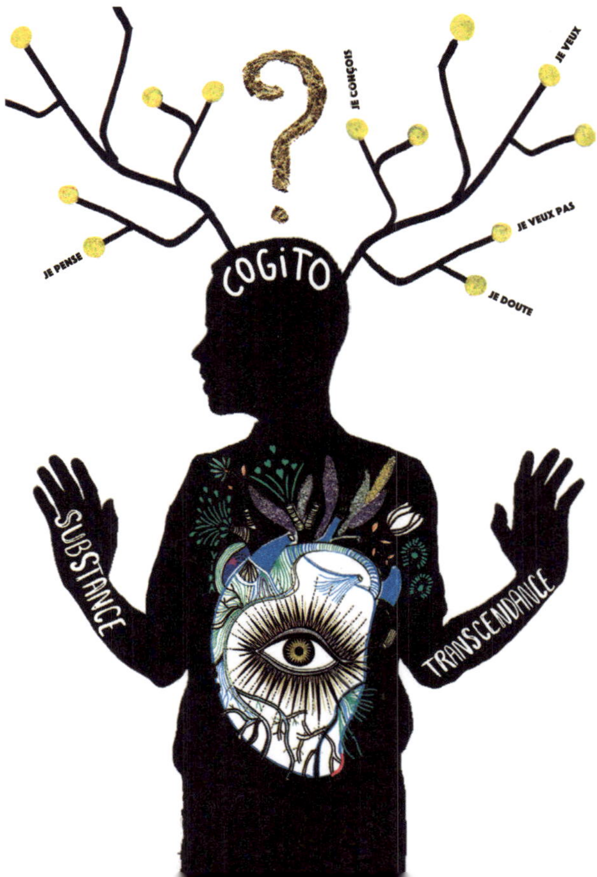

10 René Descartes, *Principes de la philosophie*, 1664, §9.

11 Natalie Depraz, *La conscience – Approches croisées, des classiques aux sciences cognitives*, Éditions Armand Colin, 2002, p. 7.

12 René Descartes, *Méditations métaphysiques*, 1641.

13 René Descartes, Ibid.

UN DUALISME CORPS-ESPRIT

Descartes prend également soin de préciser que la conscience est, par nature, immédiatement réflexive. C'est un acte de réflexion instantanément « conscient ». C'est-à-dire qu'il n'y a pas de demi-mesure, pas de semi-conscience, pas d'inconscient. Ainsi, le philosophe évite l'écueil d'une régression à l'infini : la conscience n'est pas une réflexion de second degré qui vient se greffer, avec un léger décalage, sur une sensation ou une pensée de premier degré. Pire, ce n'est pas une pensée d'une pensée d'une pensée, etc. Sinon, il faudrait se demander quelle est la pensée de premier degré, et le problème serait repoussé. Par conséquent, Descartes exclut les processus sensibles et non conscients de sa définition réflexive de la conscience. Cela ne sera pas sans conséquence car, pour les expliquer, il dit que les processus sensibles et non conscients relèvent de réflexes automatiques corporels, alors que la conscience relève des mouvements de l'âme. Le philosophe tombe ainsi dans un dualisme corps-esprit. Il y aurait d'un côté le corps, matériel et mécanique, et de l'autre, l'âme consciente. À partir de là, la science peut se préoccuper d'étudier un monde physique et mécanique sans se poser la question du rôle de la conscience, qui est laissée aux philosophes. La science devient matérialiste puis physicaliste. Cependant, tel un retour de bâton, la conscience deviendra l'un de ses problèmes majeurs au XXe siècle.

Les processus non conscients sont-ils des réflexes automatiques ?

Si Descartes semble répondre par l'affirmative à cette question, d'autres penseurs proposent des scénarios différents. En effet, il semble d'une part que les processus sensibles et non conscients soient des processus intelligents – et non juste des automatismes. D'autre part, il semble difficile de placer une frontière nette et précise entre les processus non conscients d'un côté et la conscience réflexive, de l'autre. Les chercheurs seront donc par la suite amenés à prendre en compte un fait paradoxal : les processus non conscients sont des processus appartenant à la conscience. Le défi sera d'accorder un statut aux processus non conscients au sein même de la définition de la conscience. Il faudra ainsi penser des formes de conscience non réflexives. La question fait encore l'objet d'un débat à l'heure actuelle.

L'homme est-il le seul être conscient ?

Descartes creuse une scission entre la nature et l'homme. Il conçoit que, d'un côté, la nature et donc les animaux sont des mécanismes matériels. De l'autre, il considère que l'homme – dont le corps est également mécanique – est le seul être doté d'une âme, et donc d'une conscience. Notons que lorsque la théorie de l'évolution est formulée par Charles Darwin, cette définition réflexive de la conscience permet de penser que la conscience apparaît, telle une boucle cognitive nouvelle, au moment de l'avènement de l'homme. Ceci empêche de nouveau de faire des animaux et des végétaux des sujets de conscience. « *Ne suffit-il pas d'introduire une récursion, une boucle de métacognition, pour faire naître la conscience à partir de rien ?*[14] » ironise le philosophe Michel Bitbol. La question de savoir quelle forme de conscience accorder au monde animal et végétal est encore discutée à l'heure actuelle.

Le corps et l'esprit arrivent-ils à communiquer ?

Alors qu'il tombe dans un dualisme, Descartes pense que le corps et la conscience sont deux substances totalement différentes. Cependant, comment peuvent-elles communiquer si elles sont de natures distinctes ? Descartes reconnaît le problème, notamment dans ses correspondances avec la princesse Élisabeth de Bohême. Il donne à cette dernière une réponse surprenante : il dit en substance que le dualisme est une façon de penser, mais que pour comprendre la relation entre le corps et l'esprit il faut basculer dans un état méditatif. À partir de cette « *relâche des sens* », de ce « *repos de l'esprit*[15] », nous pourrions percevoir que le corps et l'esprit seraient une seule et même chose. « *Descartes préconise une conversion posturale. [...] C'est en interrompant les activités mentales de l'intelligence et de l'imagination que l'on peut, non pas bien sûr conceptualiser, mais réaliser une union si intime de l'âme et du corps qu'ils semblent* "une seule chose"[16] », explique le philosophe Michel Bitbol. Y a-t-il alors un véritable dualisme corps-esprit ? De nouveau, la question fait toujours débat.

14 Michel Bitbol, *La Conscience a-t-elle une origine ? Des neurosciences à la pleine conscience : une nouvelle approche de l'esprit*, Éditions Flammarion, 2014, p. 72.

15 René Descartes, *Correspondances avec Élisabeth, et autres lettres*, GF-Flammarion, 1989, p. 72, lettre du 20 juin 1643.

16 Michel Bitbol, *La Conscience a-t-elle une origine ?*, p. 344.

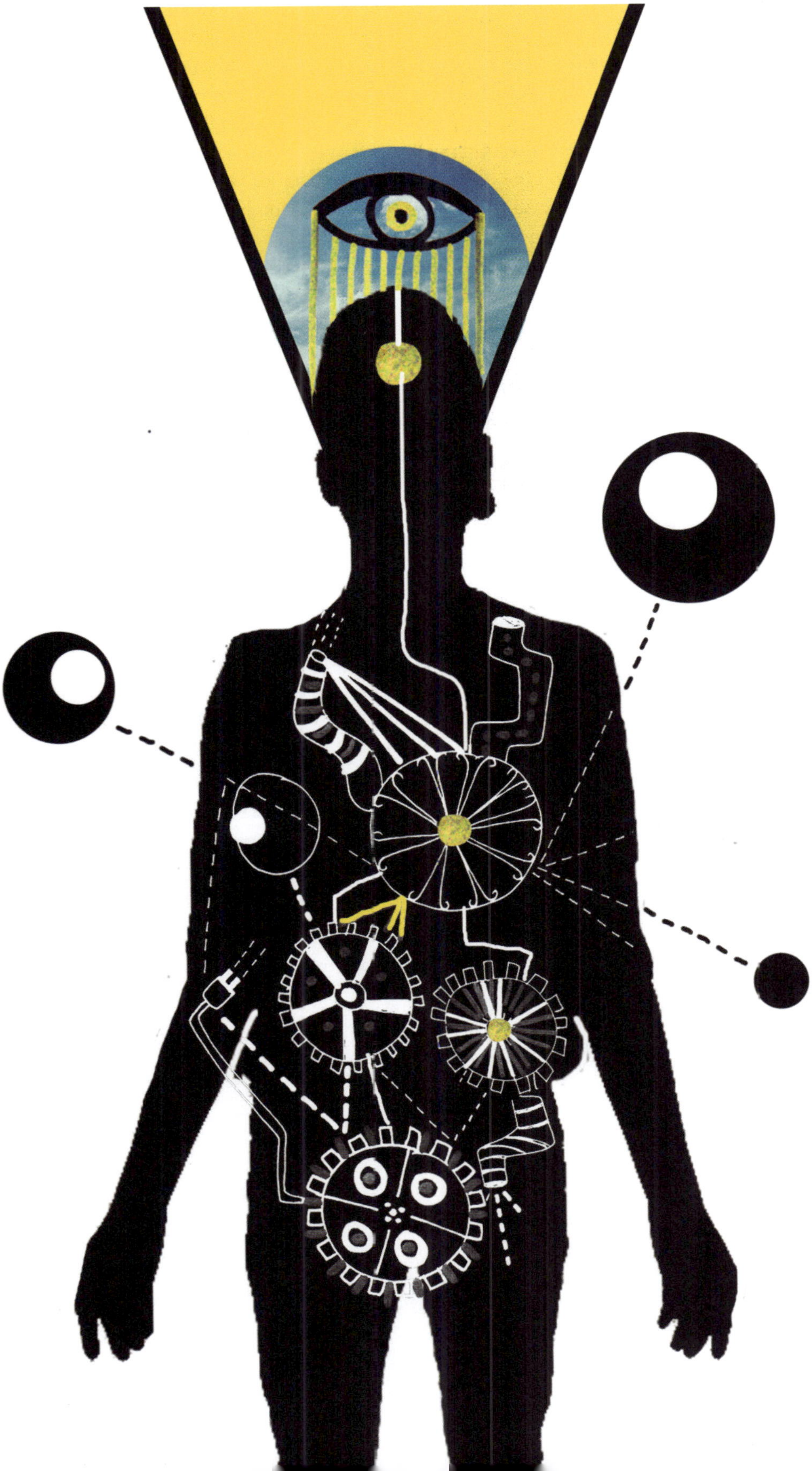

UNE CONSCIENCE MOINS RATIONNELLE

Au cours des XVIIe et XVIIIe siècles, certains philosophes – tels que Blaise Pascal, Ralph Cudworth, Louis de La Forge, Baruch Spinoza, John Locke, Nicolas Malebranche, Gottfried Leibniz, Étienne Bonnot de Condillac, etc. – vont penser la conscience autrement, et parfois de manière moins réflexive. Par exemple, Pascal estime que la conscience atteste de l'authenticité de la vie intime de l'homme ainsi que de sa foi. Critiquant Descartes, il l'enracine dans la sensibilité du cœur, de l'affect, et non dans la raison.

Spinoza considère que tout dans la nature provient d'une seule substance cause de soi. Allant à l'encontre du dualisme corps-esprit, il propose un « monisme » : finalement, il n'y aurait non pas deux mais une substance dont la matière et l'esprit seraient deux aspects symétriques. « *Ni le corps ne peut déterminer l'esprit à penser, ni l'esprit ne peut déterminer le corps au mouvement*[17] », écrit-il. Cet autre critique de la pensée cartésienne avance ainsi que la conscience est aussi une conscience corporelle.

Quant à Leibniz, à la suite de Cudworth, il pense des dégradés de conscience dans la nature. Nous sommes ici avec une vision à tendance « panthéiste » : tout dans la nature serait doté d'une forme de conscience. Ainsi Leibniz décrit-il une hiérarchie de « *monades* » – qui sont des unités spirituelles. Il part des monades végétatives, animales, humaines, jusqu'à Dieu lui-même qui est la « *monade des monades* ». Le moment réflexif propre à l'humanité ne serait alors qu'un degré de conscience parmi d'autres, et non sa caractéristique principale. Par ailleurs, Leibniz pense la conscience comme une force générée par un fond de perceptions sensibles, ce qui fait que, d'une certaine manière, l'idée d'un inconscient est déjà là.

Ainsi, chez Pascal, Spinoza et Leibniz, pour ne citer qu'eux, « *c'est la part d'excès du non-conscient sur la conscience, [...] qui constitue la conscience en sa propriété principale*[18] », résume Natalie Depraz.

17 Baruch Spinoza, *Éthique III*, PUF 1993, p. 158.

18 Natalie Depraz, *La Conscience – Approches croisées, des classiques aux sciences cognitives*, Éditions Armand Colin, 2002, p. 34.

UNE CONSCIENCE PSYCHOLOGIQUE

Qu'en est-il alors des différents contenus de la conscience ? Parce qu'il est le premier à avoir extensivement utilisé le terme « conscience » et qu'il s'engage dans un examen des états et des opérations de la vie de conscience, John Locke est parfois considéré comme étant l'inventeur de la conscience. C'est pourtant bien la notion cartésienne de la conscience que Locke met en avant : identité du soi dans le temps et savoir réflexif. Cela dit, le philosophe anglais propose effectivement, pour la première fois dans l'histoire occidentale, une science empirique et pratique de l'expérience psychologique. Il ouvre ainsi une nouvelle perspective sur l'esprit. Se détournant des spéculations métaphysiques, des questions sur l'éventuel statut transcendantal du sujet, il préconise une étude minutieuse des états de l'expérience réflexive. Pour ce père de l'empirisme, c'est seulement ainsi que nous pouvons comprendre notre sujet. Locke sera alors critiqué pour son approche « limitée ». En effet, les philosophes transcendantaux se demandent si le sujet peut être réduit seulement à des états de conscience qui se suivent dans le temps. Locke ne réduit-il pas la conscience à ses différents modes, plutôt que de se pencher sur son statut essentiel ?

UNE VERSION SPIRITUALISTE

La pensée des Lumières est écartelée entre une référence à des présupposés religieux et l'envie grandissante d'établir une science laïque. Notons alors que si, au fil des siècles, la tendance ira vers une laïcisation et une rationalisation des débats sur la conscience, à l'autre bout du spectre une posture spiritualiste se maintient tant bien que mal. Les grands spiritualistes français comptent François-René de Chateaubriand, Madame Germaine de Staël, Pierre Maine de Biran, Félix Ravaisson, Henri Bergson, Jules Lachelier, etc. Si cette tradition porte davantage son attention vers l'âme et sa dite immortalité que vers l'activité consciente à proprement parler, elle se prononce cependant sur celle-ci. Elle affirme que l'esprit n'est ni matériel ni corporel, qu'il est supérieur à la matière et qu'il survit à la mort du corps. L'âme et/ou l'esprit sont donc vus comme étant les conditions de possibilité du sujet conscient. L'activité consciente résulte ainsi de l'actualisation de l'âme lorsqu'elle est incarnée dans le monde. Et parce que l'incarnation de l'âme dans un corps la mettrait dans l'oubli de sa nature divine, l'expérience incarnée serait une opportunité pour elle de se redécouvrir, de grandir en conscience de qui elle est. L'objectif de l'incarnation serait en définitive de prendre connaissance de la nature de l'esprit.

psychologie
hypnose
psychiatrie
l'inconscient
psyché
ORGANIQUE
PSYCHIQUE

LA PSYCHOLOGIE EXAMINE LA CONSCIENCE

Le XIXe siècle est particulièrement marqué par l'émergence des sciences psychiques, qui donneront naissance à la psychiatrie, la psychologie, la psychanalyse et les psychothérapies. Ces recherches ne se soucient pas tant du statut de la conscience en tant que telle, que de l'étude de ses modes de manifestation. Il est ici question d'un examen minutieux des états normaux et anormaux – paranormaux, pathologiques – de la conscience. Finalement, le grand sortant, permettant d'expliquer ces anomalies, sera l'inconscient. Cet intérêt pour une conscience empirique, incarnée dans des sujets, a pour avantage de contrebalancer certaines spéculations ou abstractions philosophiques. Le siècle est également marqué par la montée en puissance d'une science matérialiste. Cet effort de rationalisation pourrait finir par laisser sur le bas-côté d'importants éléments concernant la conscience.

DES ANCÊTRES MAGNÉTISEURS

Cette page de l'histoire est généralement peu connue. À la suite de la découverte du magnétisme animal par Franz Mesmer et surtout celle du somnambulisme magnétique par le marquis de Puységur en 1784, des aristocrates et des médecins s'intéressent aux étranges manifestations de la psyché. Lors des sessions magnétiques, les patients tombent dans un étrange sommeil, dans lequel ils semblent acquérir des aptitudes que l'on qualifie aujourd'hui de « paranormales ». Ils se mettent à discourir sur des thèmes qui dépassent de loin leurs compétences, à lire dans les pensées, à voir à distance ou à travers des obstacles physiques. Pire encore, ils prédisent des événements. En bref : lorsqu'ils sont dans un état de somnambulisme magnétique, ils deviennent « lucides » et manifestent des signes de télépathie, de clairvoyance, de précognition, etc. Bien sûr, les phénomènes extraordinaires ne sont pas nouveaux. L'histoire regorge de rapports détaillés de manifestations hors norme. Toutefois, ces dernières étaient jusqu'à présent classées dans le registre surnaturel : elles étaient attribuées aux anges ou aux démons. Ce qui est nouveau ici, c'est que les magnétiseurs cherchent à aborder la lucidité de manière rationnelle, scientifique. Ce geste inaugural les met sur la piste d'une faculté inconnue de la conscience.

« Pour la première fois, l'homme occidental observe et découvre ses abysses, indépendamment des présupposés de la théologie[1]. »
Bertrand Méheust, sociologue.

PREMIÈRES CARTOGRAPHIES DE LA PSYCHÉ

De cette recherche passionnée sur les manifestations paranormales de la conscience naissent plusieurs écoles à l'intérieur même du courant du magnétisme. Ainsi que l'explique le sociologue Bertrand Méheust, certains – comme Franz Mesmer – se restreignent à tout expliquer par la circulation d'un fluide magnétique dans l'organisme. Rapidement, le marquis de Puységur et ses disciples incluent une causalité psychique aux phénomènes, tout en gardant une dimension énergétique. La branche de l'abbé Faria élimine totalement le fluide pour ne se concentrer que sur la

1 Bertrand Méheust, *Somnambulisme et médiumnité, Le défi du magnétisme*, Tome 1, Éditions La Découverte, 2014.

volonté. Les spiritualistes de Lyon pensent, eux, que le somnambule entre en contact avec des puissances angéliques ou avec l'âme du monde. Toujours est-il que, désireux d'appliquer des méthodes d'investigation rigoureuses, les magnétiseurs façonnent les premiers modèles psychologiques et les premières descriptions des mécanismes de l'inconscient. Ils voient alors le Moi conscient comme étant une facette d'un ensemble constitué de personnalités multiples, connecté à d'autres consciences ou à un champ psychique plus vaste. Les magnétiseurs questionnent ainsi frontalement le statut du sujet pensant : est-il fermé sur lui-même ou perméable psychiquement à d'autres dimensions ? Le magnétisme est cependant rejeté par le monde académique. La lucidité, qui présuppose une interconnexion des consciences, mais aussi un possible affranchissement de l'espace-temps, est jugée intenable. Si, en 1826, la commission Husson de l'Académie de médecine reconnaît la réalité des phénomènes somnambuliques, le rapport est enterré et suivi d'une nouvelle commission qui conclut, en 1837, que ces phénomènes ne peuvent exister. Le somnambulisme magnétique est évacué.

« L'expérience accumulée par plusieurs générations de magnétiseurs puis d'hypnotiseurs aboutit au lent développement d'un système cohérent de psychiatrie dynamique[2]. »
Henri Ellenberger, psychiatre.

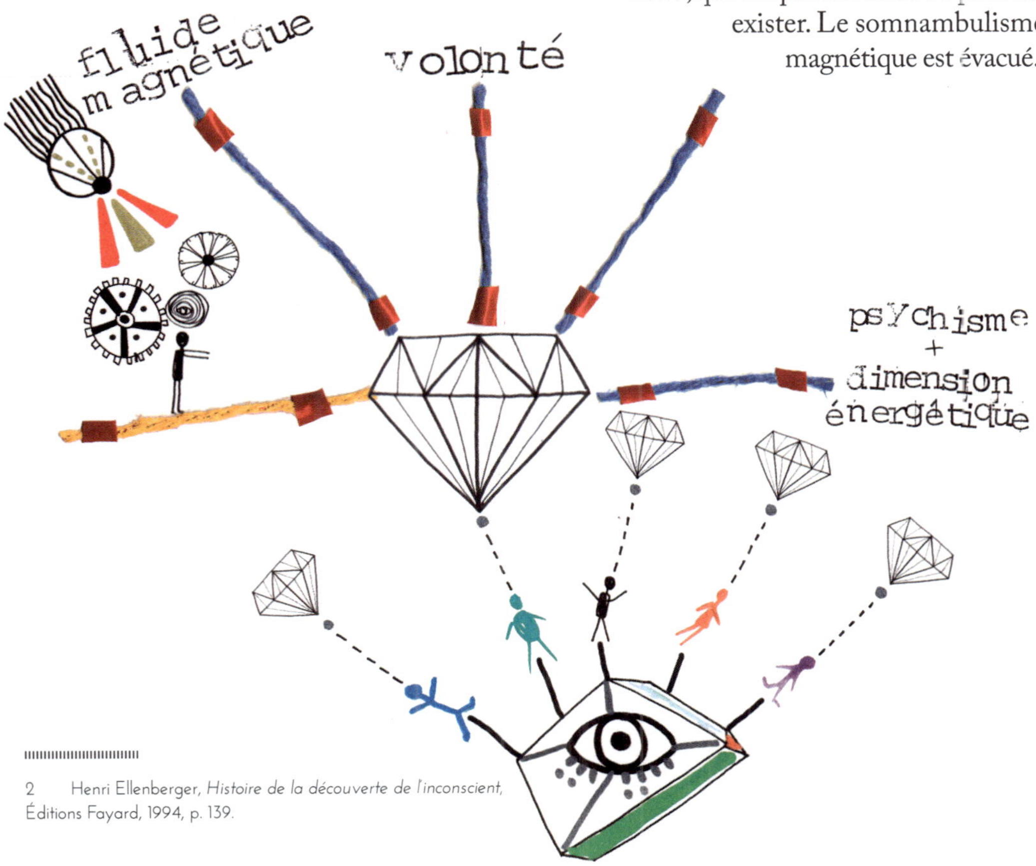

2 Henri Ellenberger, *Histoire de la découverte de l'inconscient*, Éditions Fayard, 1994, p. 139.

UNE COMPARTIMENTATION DES SCIENCES PSYCHIQUES

Quelque quarante ans plus tard, à la fin des années 1870, l'hypnose naît des cendres du magnétisme. Délivrée des éléments non désirables, elle trouve sa place dans le milieu académique – notamment dans le service du docteur Jean-Martin Charcot à l'hôpital de la Salpêtrière à Paris. Le subconscient ou l'inconscient sont ainsi progressivement mis en avant comme explications rationnelles aux phénomènes lucides. De là émergent, à la fin du siècle, la psychiatrie, la psychologie, les psychothérapies et la psychanalyse. Seuls la métapsychique (future parapsychologie) et le spiritisme – qui apparaît aux États-Unis vers 1848 et arrive en France en 1853 – préservent la possibilité de manifestations exceptionnelles de la conscience. Ils sont toutefois marginalisés, malgré le fait que la métapsychique se présente comme une approche rationnelle et scientifique des phénomènes paranormaux. Ainsi, l'opportunité de travailler la conscience depuis ses manifestations exceptionnelles est écartée du champ académique. « *Il y a pour chaque univers mental, une part maudite. Chaque culture explore certains secteurs du réel, privilégie et développe certaines dimensions de l'expérience et, de ce fait, sacrifie d'autres dimensions, d'autres possibles*[3] », synthétise Bertrand Méheust.

ÉTUDE DES PATHOLOGIES DE LA CONSCIENCE

L'objet majeur de la psychologie, des psychothérapies, de la psychanalyse et de la psychiatrie devient celui d'étudier et de soigner les pathologies psychiques. Elles abordent ainsi frontalement les manifestations inadaptées ou dommageables de la conscience et tentent, en écho, de dessiner ses structures internes. « *La mise au jour d'expériences-limites permet par contraste, à la manière d'une* via negata, *de nous reconduire au cœur de la question*[4] », note Natalie Depraz. Pour cela, ces approches s'appuient sur des méthodes introspectives, puis les combinent avec des méthodes expérimentales – qui finiront parfois par prendre le dessus. En effet, après les travaux de Hermann von Helmholtz, Gustav Fechner, puis Wilhelm Wundt parmi d'autres, une psychologie expérimentale se démarque des approches plus philosophiques ou même spiritualistes. La conscience est maintenant psychologique et la question de son éventuel statut transcendantal ne se pose plus ouvertement. « *La conscience est l'organisation dynamique*

3 Bertrand Méheust, *Somnambulisme et médiumnité – Le défi du magnétisme, Tome 1*, Éditions La Découverte, 2014.

4 Natalie Depraz, *La Conscience – Approches croisées, des classiques aux sciences cognitives*, Éditions Armand Colin, 2002, p. 97.

et personnelle de la vie psychique ; elle est cette modalité de l'être psychique par quoi il s'institue comme sujet de sa connaissance et auteur de son propre monde[5] », explique le psychiatre Henri Ey. Les experts élaborent alors des systèmes de classement psychopathologiques et tentent des théories de l'appareil psychique. Par ailleurs, notons que les troubles de la conscience sont envisagés à la fois depuis l'angle psychique et l'angle organique, ce qui pose la question de leur causalité. Sont-ils d'origine psychologique ou somatique ? Le mystère de la relation corps-esprit perdure.

« La psychologie est au XIXe siècle la science de l'âme. Elle est tout d'abord promue par les courants spiritualistes. Du coup, au tournant du XXe siècle, nous voyons une mutation du sens du terme "psychologie". Une nouvelle génération de chercheurs, qui veulent rendre leur domaine de recherche plus scientifique, crée une psychologie physiologique ou expérimentale[6]. »
Renaud Évrard, psychologue.

L'INCONSCIENT, LE GRAND SORTANT

Le concept d'inconscient s'impose notamment parce qu'il permet, en faisant appel à des mécanismes qui seraient « sous » la conscience, d'expliquer ses anomalies. Reconnaissant que l'idée a fait l'objet d'une longue maturation philosophique, le psychologue Pierre Janet propose, en 1889, la notion de subconscient. Celui-ci correspond aux processus psychiques non accessibles qui résultent d'une désagrégation ou dissociation psychologique, ou encore d'un automatisme mental. Par la suite, Sigmund Freud, influencé par le philosophe Arthur Schopenhauer, adopte le terme d'« inconscient ». Le geste majeur du père de la psychanalyse est alors de placer l'inconscient au centre de l'appareil psychique. L'inconscient n'est plus une modalité marginale ou périphérique de la conscience, comme le pensaient les philosophes classiques. Il devient une entité centrale, dotée d'un pouvoir et d'une autonomie. Il influence les comportements, les sentiments, les jugements, etc. « *Il acquiert, dans le cadre de la théorie psychanalytique, le rôle d'un moteur actif unique qui reste cependant paradoxalement opaque*[7] », résume Natalie Depraz. Il résulte que la conscience se retrouve n'être qu'un simple composant psychique dont la crédibilité est relative puisqu'elle est le jouet de profondeurs abyssales inconscientes. Notons également que l'inconscient freudien, constitué de contenus pulsionnels refoulés, est individuel et clôturé sur lui-même. La possibilité d'une interconnexion des consciences est évacuée – Freud n'était pourtant pas insensible aux recherches paranormales.

5 Henri Ey, « Conscience ». In : *Encyclopædia Universalis* 1985, p. 366.

6 Renaud Évrard, Entretien avec Miriam Gablier en vue de la parution de « Étudier scientifiquement le paranormal », *Inexploré* n° 43, juill.-sept. 2019.

7 Natalie Depraz, *La Conscience – Approches croisées, des classiques aux sciences cognitives*, Éditions Armand Colin, 2002, p. 44.

l'inconscient
Sentiments
refoulement
jugement
comportement

UN INCONSCIENT COLLECTIF ET TRANSPERSONNEL

Le psychanalyste Carl Jung, fondateur de la psychologie analytique, se démarque en pensant que la libido n'a pas un caractère exclusivement pulsionnel, comme le pense Sigmund Freud. Elle renvoie davantage à une énergie primordiale et universelle. Carl Jung suggère alors l'existence d'un inconscient collectif. Il s'appuie notamment sur le concept d'*unus mundus*, datant de la Renaissance et désignant une réalité unifiée sous-jacente d'où tout émergerait et retournerait. Il s'inspire également des théories des métapsychistes Frederic Myers et William James qui envisagent l'individu au cœur d'un champ psychique plus vaste (voir le chapitre « Des modèles audacieux », p. 93). Toujours est-il que l'inconscient collectif, ce fonds commun de toute l'humanité, serait structuré par des archétypes, ces thèmes éternels qui apparaissent dans des symboles collectifs, mythologiques, religieux, populaires, etc. Pour le psychanalyste, l'inconscient individuel, loin d'être clôturé sur lui-même, est connecté à ces dimensions archétypales, qui l'animent profondément. À la fin des années 1960, Abraham Maslow et Stanislav Grof cofondent la psychologie transpersonnelle et esquissent des cartographies des dimensions de la psyché qui débordent l'individu : archétypales, transgénérationnelles, transpsychiques (connexions avec des entités psychiques extérieures), et même éventuellement karmiques (mémoires d'autres vies)[8].

« Les instincts et les archétypes constituent l'ensemble de l'inconscient collectif. Je l'appelle "collectif" parce que, au contraire de l'inconscient personnel, il n'est pas fait de contenus individuels plus ou moins uniques ne se reproduisant pas, mais de contenus qui sont universels et qui apparaissent régulièrement[9]. »
Carl Jung, psychanalyste.

8 Stanislav Grof, *Pour une psychologie du futur – Le potentiel de guérison des états modifiés de conscience*, Éditions Dervy Poche, 2009.

9 Carl Jung, *L'Énergétique psychique*, Le Livre de Poche Éditeur, 1996.

ACCÉDER À LA PURE EXPÉRIENCE CONSCIENTE

La phénoménologie, fondée au début du XXe siècle par Edmund Husserl, élabore une nouvelle approche de la conscience, en lisière de la philosophie et de la psychologie. Ce mouvement se révèlera être central à l'examen de notre sujet, car il nous invite à revenir au cœur de l'expérience pure. « Phénoménologie » signifie « étude de ce qui apparaît ». Il s'agit donc ici d'étudier, sans jugement, l'expérience consciente telle qu'elle se présente dans le vécu d'une personne, c'est-à-dire de valider et d'examiner son aspect subjectif. Cette étude permettrait alors d'accéder aux structures sous-jacentes de la conscience. Ainsi, là où les sciences naturelles s'occupent de données objectives, dites « à la troisième personne », la phénoménologie s'occupe du vécu subjectif, dit « à la première personne ». Elle réhabilite la validité de la conscience sensible, primaire, phénoménale. La phénoménologie va donc à l'encontre de toutes les approches qui placent leur objet d'étude à distance du champ de conscience du chercheur. Elle nous invite au contraire à éprouver la conscience, en demeurant vigilant au milieu du flux de l'expérience, afin de la contempler à partir d'un point de vue neutre, plutôt que de s'en éloigner et de l'objectiver. « *L'expérience pure, ni chose, ni propriété, ni phénomène, est simplement acceptée dans cet état de référence, comme la donnée la plus primitive que nous ayons, comme un matériau […] dont seuls restent à élucider les procédés de composition*[10] », souligne Michel Bitbol.

Qui est le sujet conscient ?

Qui ou que sommes-nous, en définitive ? Une simple chose comme toutes les autres choses du monde ? Un phénomène transcendantal qui, par définition, « transcende » le monde ? Une conscience psychologique qui fluctue d'un état à un autre ? Un inconscient opaque, mais moteur ? Descartes pense que le sujet conscient est une « *chose qui pense*[11] », c'est-à-dire qu'il préserve un aspect « *substantiel* », une appartenance au monde, tout en ouvrant la possibilité d'un statut transcendantal. Des philosophes comme Kant ou Husserl assument, par la suite, l'hypothèse que le sujet est fondamentalement transcendantal. À l'autre bout du spectre, Locke, puis les tenants de la psychiatrie et de la psychologie expérimentale, pensent plutôt que nous sommes une organisation d'états conscients, et

10 Michel Bitbol, *La Conscience a-t-elle une origine ? Des neurosciences à la pleine conscience : une nouvelle approche de l'esprit*, Éditions Flammarion, 2014, p. 508.

11 René Descartes, *Méditations métaphysiques*, 1641.

la psychanalyse place l'inconscient au cœur de l'appareil psychique. Par ailleurs, nous pouvons aussi nous demander : le sujet est-il clôturé sur lui-même, c'est-à-dire psychiquement imperméable à son environnement ? Les magnétiseurs, les parapsychologues ou encore Carl Jung, Abraham Maslow et Stanislav Grof pensent que le sujet échange des informations avec un vaste champ psychique et possiblement avec d'autres consciences. Nous constatons également que, de manière générale, le « soi » perd son statut substantiel au fil des siècles. On dit qu'il est « déconstruit » pour devenir davantage un processus. Le sujet n'est donc plus considéré comme une « chose », mais comme le résultat d'un réseau de relations sensibles en constante évolution. Cette déconstruction sera notamment relayée par l'intelligence artificielle, qui pense pouvoir faire l'économie du sujet conscient. « *Un esprit sans sujet, voilà peut-être l'apport le plus significatif de la cybernétique à la philosophie*[12] », souligne le philosophe Jean-Pierre Dupuy. Autant dire que la question du sujet conscient est loin de faire l'objet d'un consensus.

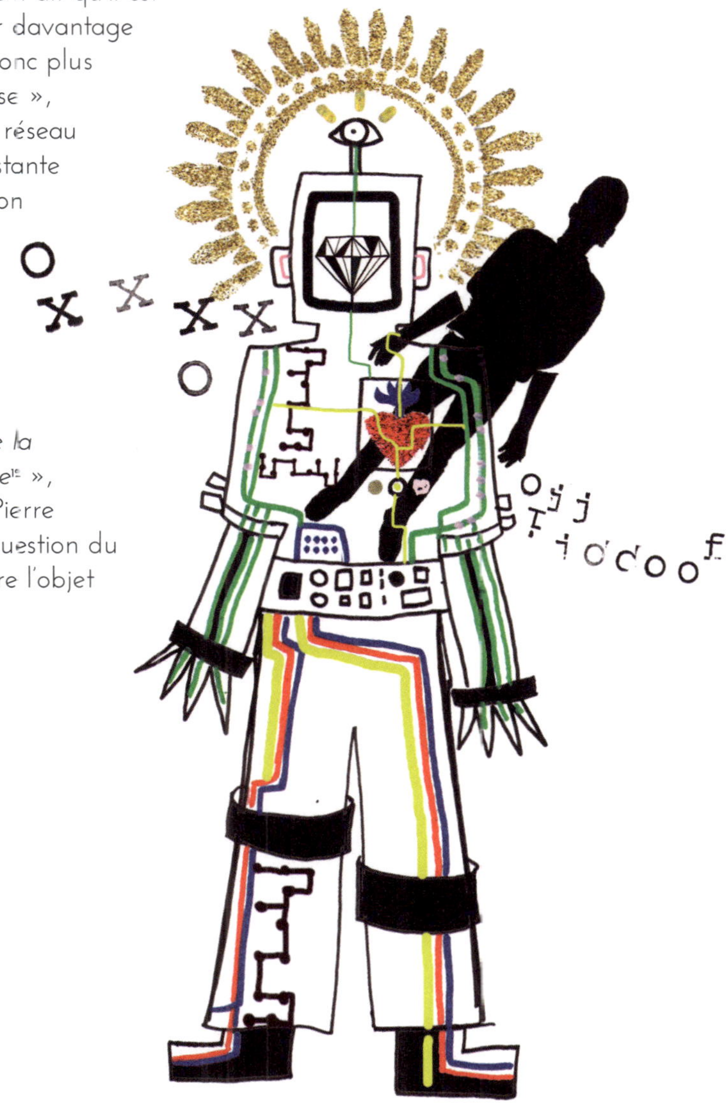

12 Jean-Pierre Dupuy, *Aux origines des sciences cognitives*, Éditions La Découverte Poche, 1999, p. 112.

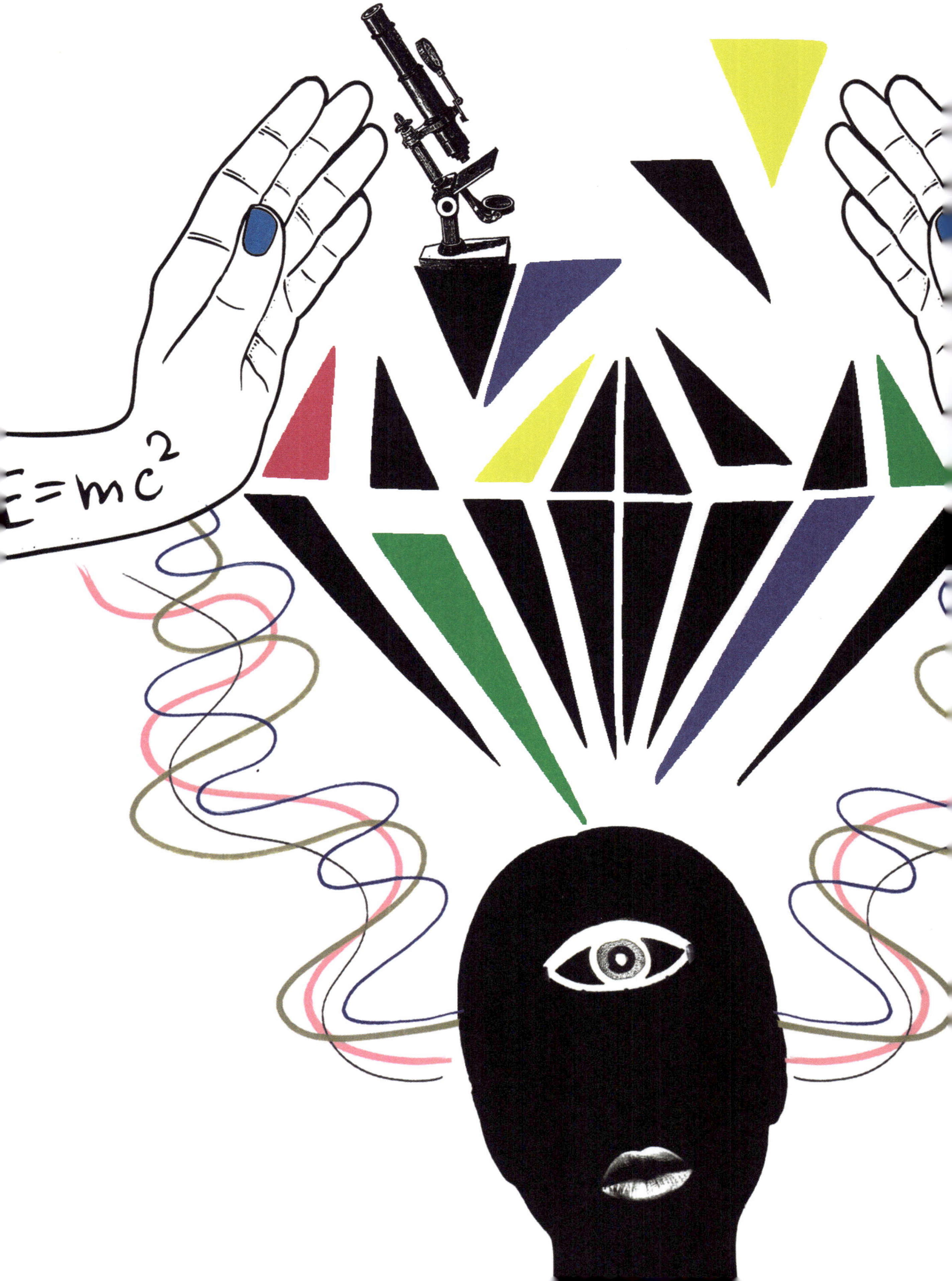
E=mc2

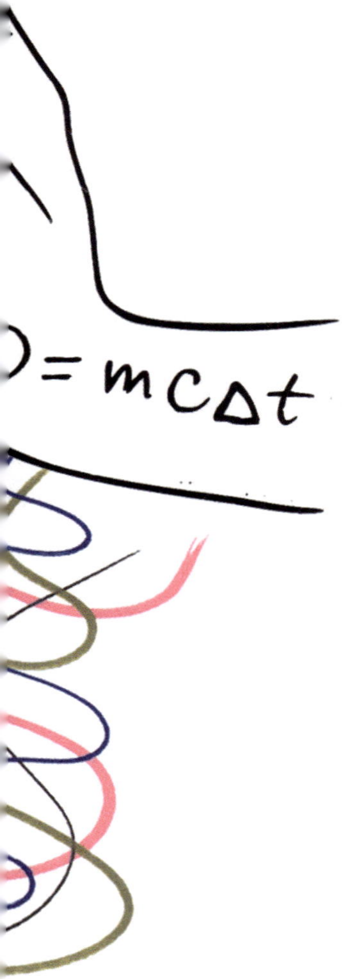

LA SCIENCE MODÉLISE LA CONSCIENCE

Le tournant du XXe siècle se fait sous les auspices d'approches rationalistes et matérialistes – toute la réalité doit être réduite à des termes physiques et logiques. Les sciences cognitives naissent alors aux États-Unis dans les années 1940. Leur souci étant de comprendre la cognition, la conscience n'est pas leur premier objet de recherche. Le sujet s'impose toutefois au fil des décennies et devient leur problème majeur. Ces approches élaborent différents modèles qui tentent notamment de faire émerger la conscience de l'activité neuronale, sans tomber dans un dualisme corps-esprit. Cependant, toutes les théories se heurtent au « *problème difficile de la conscience* » : l'expérience sensible reste un mystère inexpliqué.

UN TOURNANT COGNITIF

La philosophie analytique émerge des travaux de Gottlob Frege et Bertrand Russel à partir de la fin du XIXe siècle, puis de ceux de Ludwig Wittgenstein et des savants du Cercle de Vienne. Ce courant, qui critique la métaphysique et le psychologisme qu'il juge spéculatifs, développe une conception logique et scientifique du monde. Leur questionnement sur le langage et sur la manière dont nous sommes amenés à connaître, marquera le développement des sciences cognitives. Par ailleurs, à la suite des travaux de Ivan Pavlov, et là aussi en réaction aux courants introspectifs, John Watson fonde le behaviorisme (ou comportementalisme) en 1913. Cette approche est ensuite développée de manière plus radicale par Burrhus Skinner. Pour le behaviorisme, il n'est pas besoin d'un psychisme ou d'une conscience « intérieure » comme mécanisme explicatif. L'étude du comportement observable et tangible suffirait à établir une psychologie scientifique. Le behaviorisme fait du conditionnement et des réponses-réflexes à un stimulus les objets centraux de son étude. Cette façon de réduire la psychologie au comportement sera largement critiquée et qualifiée de « *physicalisme de la boîte noire* », car elle n'explique pas ce qu'il se passe à l'intérieur du psychisme. Et même si les sciences cognitives chercheront à se démarquer du behaviorisme, elles conserveront certains de ses présupposés.

UNE SCIENCE DE L'ESPRIT

Tout commence alors par la cybernétique. En 1943 sont publiés deux articles majeurs de Warren McCulloch et Walter Pitts[1] d'un côté, et Julian Bigelow, Arturo Rosenblueth et Norbert Wiener[2] de l'autre. Il suffit d'ajouter John von Neumann, l'un des pères de l'ordinateur, pour avoir les principaux cybernéticiens. De 1946 à 1953 se tiennent les fameuses Conférences de Macy et c'est dans son ouvrage[3] de 1948 que Wiener nomme la discipline. La « cybernétique » inaugure alors une science physicaliste de l'esprit. L'esprit est réduit à l'activité du cerveau et le cerveau, à une machine déductive. Penser, c'est calculer, c'est manipuler des symboles. La cybernétique est donc aussi « éliminativiste » puisqu'elle élimine « l'esprit » en tant que tel. Elle s'intéresse aux processus de communication, de commande et de régulation, et s'appuie sur la logique, l'automatisme, l'électronique et la théorie de l'information de Claude Shannon.

1 Warren McCulloch, Walter Pitts, « A logical calculus of the ideas immanent in nervous activity », *Bulletin of Mathematical Biology*, Springer US, dec. 1943.

2 Arturo Rosenblueth, Norbert Wiener, Julian Bigelow, « Behavior, Purpose and Teleology », *Philosophy of Science*, jan. 1943.

3 Norbert Wiener, *La Cybernétique : Information et régulation dans le vivant et la machine*, Éditions du Seuil, 1948.

La cybernétique continue ainsi, après le behaviorisme, à envisager l'esprit comme un dispositif transformant des messages d'entrée en messages de sortie. Ce qui l'empêche de réduire l'esprit à un simple schéma stimulus-réponse, c'est la notion de feedback. Le feedback – « boucle de rétroaction » ou encore « mécanisme téléologique » –, est la capacité du système à s'auto-modifier afin d'atteindre un objectif. « *C'est comme si l'objet était capable de poursuivre une finalité donnée en apprenant à ajuster son comportement au vu des erreurs qu'il commet*[4] », explique Jean-Pierre Dupuy. Le problème est que ledit « objectif » est une donnée introduite dans la machine par le scientifique qui l'a créée. Il n'est pas généré par la machine en elle-même. La pierre d'achoppement de ce modèle est donc qu'il n'explique pas comment les comportements de la machine acquièrent un sens autre que celui qu'on leur impose. L'usage de la cybernétique décline à la fin des années 1950. Cependant, « *son projet théorique, idéologique et technique a façonné notre époque comme nul autre*[5] », souligne le philosophe.

Un réseau de neurones idéalisés

En 1943, Warren McCulloch présente un modèle du cerveau sous la forme d'un réseau de neurones idéalisés dans lequel des 1 ou des 0 codent la présence ou l'absence d'une impulsion dans les synapses. Par la suite, le chercheur complexifie cette machine logique, qui sert encore de modèle en neurosciences. « *Warren McCulloch a édifié ce qui, aujourd'hui encore, est la seule théorie du système nerveux dont nous disposons*[6] », précise Jean-Pierre Dupuy.

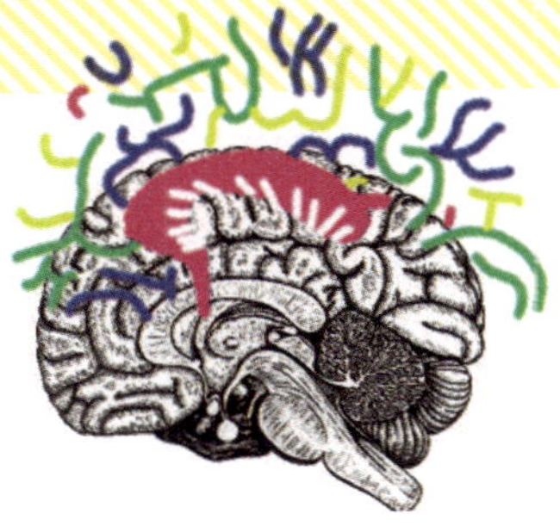

4 Jean-Pierre Dupuy, *Aux origines des sciences cognitives*, Éditions La Découverte poche, 1999, p. 37.

5 Jean-Pierre Dupuy, Op. cit., p. 34.

6 Jean-Pierre Dupuy, Op. cit., p. 56.

L'ESPRIT COMME UN ORDINATEUR

Le cognitivisme émerge dans les années 1950 et devient, dans la décennie suivante, le paradigme majeur des sciences cognitives. À l'encontre du behaviorisme, le cognitivisme réhabilite les représentations mentales. Essayant de trouver des alternatives au réductionnisme éliminativiste, il pense que l'esprit est un niveau d'organisation des données. Pour le dire autrement : l'esprit est le logiciel, là où le cerveau est l'ordinateur. L'esprit est donc une fonction de computation des représentations symboliques. C'est ainsi une cognition à deux niveaux qui est conçue ici : un niveau « computationnaliste » et un niveau « représentationnaliste ». De ce fait, le tour de force du cognitivisme est d'avoir vu que le sens des représentations peut orienter ou restreindre la computation. « *Les symboles sont à la fois signifiants et matériels. L'ordinateur est une machine qui respecte le sens des symboles tout en ne manipulant que leur forme physique. Ce clivage entre sens et forme est le coup de maître qui a donné naissance à l'approche cognitiviste*[7] », écrit le biologiste Francisco Varela. Pour résumer : le cognitivisme suppose que le monde extérieur est prédéfini. Il émet l'hypothèse de l'existence de représentations mentales de ce monde au sein du système cognitif. Il pense que le sens de ses représentations peut restreindre la computation. Cependant, le problème perdure de savoir comment les représentations acquièrent véritablement leur sens depuis le monde extérieur. La question de la conscience devient dès lors incontournable. Autre problème, le traitement séquentiel proposé localise le traitement et provoque un goulot d'étranglement dans le flux des données.

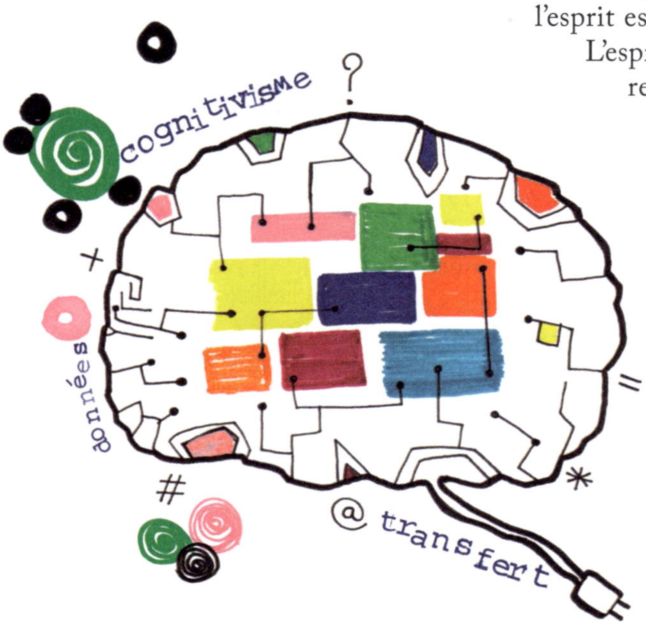

7 Francisco Varela, *Invitation aux sciences cognitives*, Éditions du Seuil, 1988, p. 78.

UNE INTELLIGENCE ARTIFICIELLE

L'intelligence artificielle (IA) cherche à réaliser des logiciels ou des machines capables de simuler l'intelligence. La notion d'IA apparaît pour la première fois en 1950 sous la plume d'Alan Turing[8]. C'est toutefois à partir d'une conférence à Dartmouth en 1956 que ce domaine de recherche se déploie, grâce aux études de John McCarthy, Marvin Minsky, Allen Newell et Herbert Simon. Ce nouveau domaine, dont la science-fiction se délecte, produit tout d'abord un grand enthousiasme, voire des spéculations fantasques. Néanmoins, les scientifiques réalisent rapidement qu'ils ont sous-estimé les difficultés : la plus simple action cognitive demande une quantité inestimable de connaissances. L'IA se concentre alors sur des cibles pragmatiques, telles les systèmes experts qui marquent les années 1980. Dans les années 1990, l'apparition d'Internet, de banques de données massives (big data) et l'accroissement des capacités de calcul lui redonnent alors de la vigueur. Les domaines du « Machine Learning » et du « Deep Learning » – apprentissage automatique se basant sur des prédictions statistiques – prennent une véritable ampleur. Ce domaine de recherche comprend alors deux tendances. L'IA « faible » soutient qu'une machine peut agir comme si elle était intelligente sans pour autant l'être réellement, car elle ne fait qu'obéir à des algorithmes. L'IA « forte » considère qu'une machine sera, dans le futur, capable de produire un comportement réellement intelligent et, qui plus est, d'acquérir des sentiments et une conscience d'elle-même. Par ailleurs, le transhumanisme est un courant intellectuel qui soutient, au minimum, la nécessité d'améliorer l'humain par la technologie et, au maximum, la possibilité de créer un être conscient artificiel.

1997

L'IA parvient à battre le meilleur joueur d'échecs en 1997, de go en 2016 et de poker en 2017.

Pourrons-nous créer une conscience artificielle ?

Si les performances de calcul et de prévisions statistiques de l'IA dépassent déjà celles de l'humain, de nombreux penseurs doutent qu'on arrive un jour à générer une forme de conscience artificielle. En effet, un calcul, aussi performant soit-il, ne relève pas de la même catégorie d'être au monde que la sensibilité. L'un ne peut remplacer l'autre. Par exemple, la conception chimique ou symbolique de l'eau ne correspond pas au ressenti d'un enfant qui joue dans une piscine ou un plongeur au fond de l'océan. Comment encoder l'eau dans un programme ? Par ailleurs, le savoir, qui se base sur

8 Alan Turing, « Computing Machinery and Intelligence », *Mind, New Series*, vol. 59, n° 236, oct. 1950, Oxford University Press.

une expérience sensible, est un ensemble nébuleux en constante évolution. Les chercheurs tentent de contourner ce problème en misant sur une accumulation de données, un perfectionnement de leur classement statistique et les nouvelles capacités d'apprentissage des machines. Cependant, des calculs établis sur la base de données massives arriveront-ils à pallier l'absence de conscience sensible ? L'IA peut apprendre à faire comme si elle avait une structure psychique propre, une capacité d'intériorité, une expérience intime, des émotions, etc., mais le fait est qu'elle n'en a pas. La prometteuse théorie d'une émergence de la conscience à partir d'une activité computationnelle se heurte à l'énigme de l'expérience intime.

UNE ÉMERGENCE DE LA CONSCIENCE

À la suite du cognitivisme, le connexionnisme explore une nouvelle version de l'esprit. Les chercheurs se rendent compte que les composants du système cognitif, les neurones, doivent être étudiés en tant que membres de vastes ensembles qui changent constamment de configuration. Réalisant ainsi que le cerveau est un système hautement coopératif et dynamique, le connexionnisme voit les états mentaux comme des phénomènes qui émergent de ses connexions massivement distribuées et fluctuantes. La cognition n'est plus envisagée comme une computation, c'est-à-dire comme une suite d'instructions séquentielles. Elle résulte maintenant de l'émergence d'états globaux. Le modèle du cerveau biologique remplace celui de l'ordinateur. On parle alors de propriétés émergentes ou globales, de réseaux dynamiques ou non linéaires, de systèmes complexes ou encore de synergétique.

Parmi les nouveautés se trouvent également les idées qu'un tel système coopératif ne requiert plus d'unité centrale pour contrôler son fonctionnement et qu'il ferait preuve « *d'une aptitude à l'auto-organisation qui ne trouve aucune représentation en logique*[9] », indique Francisco Varela. Et parce que la globalité émergente est résolument irréductible à aucun de ses composants de base, le connexionnisme est considéré comme étant une approche non réductionniste. Ainsi la doctrine de l'émergence semble-t-elle séduisante, car elle s'éloigne de la réduction de la conscience à des processus physiques, sans pour autant renoncer aux principes physicalistes. Cependant, il reste difficile de comprendre comment des phénomènes physiques peuvent générer un vécu sensible conscient. « *Lorsqu'on en vient au rapport entre un fonctionnement neuronal et l'occurrence de la conscience phénoménale, il n'existe aucun pont théorique permettant de passer de l'un à l'autre*[10] », spécifie Michel Bitbol. Le « *gouffre explicatif* » demeure.

9 Francisco Varela, *Invitation aux sciences cognitives*, Éditions du Seuil, 1988, p. 53-54.

10 Michel Bitbol, *La Conscience a-t-elle une origine ? Des neurosciences à la pleine conscience : une nouvelle approche de l'esprit*, Éditions Flammarion, 2014, p. 392.

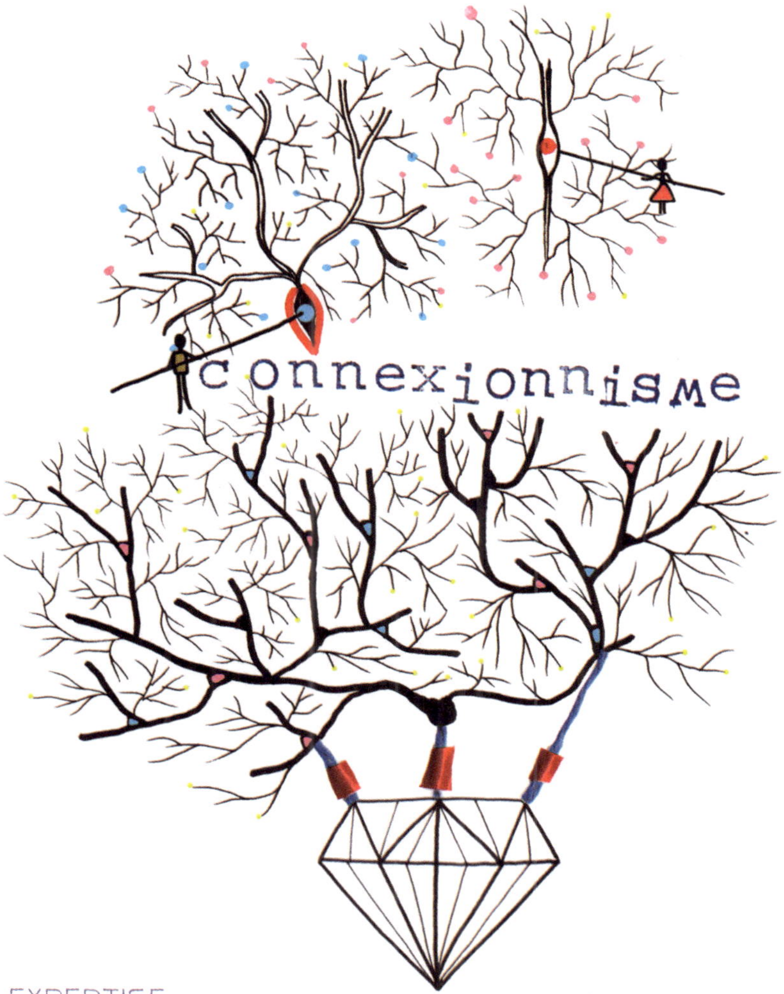

EXPERTISE

Un flux de cocréation

L'énaction, fondé par Francisco Varela, est un courant d'émergentiste. Une idée clé est que ni l'individu ni son environnement ne sont des entités prédéterminées et fixes. L'individu se réinvente constamment en fonction de son adaptation optimale à son milieu. Le milieu se réinvente constamment, car ses composants sont sujets à un renouvellement. Dans ce cadre, la cognition est vue comme un flux de cocréation reposant sur des autorégulations complexes. Il ne peut donc pas reposer sur des « représentations » telles qu'elles ont été conçues par les neurosciences classiques.

UNE VISION SYSTÉMIQUE

Née d'un ensemble de courants de pensée holistes en sciences humaines, de la cybernétique et de la théorie de l'information, la « systémique » apparaît dans les années 1950. C'est en 1968 que Ludwig von Bertalanffy publie l'ouvrage fondateur : *Théorie générale des systèmes*[11]. Bertalanffy voit les organismes vivants comme des systèmes ouverts capables de s'auto-organiser et de se complexifier par étapes, au fil de l'évolution. Les biologistes Humberto Maturana et Francisco Verala élaborent également la notion d'« autopoïèse » qui est la propriété d'un système à maintenir son organisation malgré le changement de ses composants, à évoluer en interaction avec son environnement tout en se produisant lui-même. Par ailleurs, Ilya Prigogine, avec ses structures dissipatives, montre que le concept d'auto-organisation existe également dans le monde physique. Ainsi, il est pensé que l'auto-organisation et la complexification permettraient d'expliquer l'émergence de la conscience : à un moment donné de l'évolution, les systèmes neuronaux seraient devenus suffisamment complexes pour générer l'expérience consciente. La question reste de savoir comment la conscience sensible peut soudainement apparaître à partir de « rien ».

> « Le "holisme" est la tendance dans la nature à constituer des ensembles qui sont supérieurs à la somme de leurs parties, au travers de l'évolution créatrice[12]. »
> **Jan Smuts, philosophe.**

EXPERTISE

Quelques grands modèles cognitifs

Les théories neuroscientifiques sont nombreuses : théorie de l'identité psychophysique de Herbert Feigl, monisme réflexif de Max Velmans, monisme anomal de Donald Davidson, hétérophénoménologie de Daniel Dennett, théorie de l'espace de travail global de Bernard Baars, puis théorie de l'espace de travail neuronal global de Stanislas Dehaene et Jean-Pierre Changeux, théorie de l'information intégrée de Giulio Tononi, hypothèse des micro-consciences de Semir Zeki, théorie des ébauches multiples de Daniel Dennett, théorie des ébauches conscientes multiples de Michel Bitbol, etc.

11 Ludwig von Bertalanffy, *General System Theory*, Éditeur G. Braziller, 1968.

12 Jan Smuts, *Holism and Evolution*. Londres: Macmillan & Co., 1926.

PAS DE CORRÉLATS DE « LA » CONSCIENCE

Afin de savoir à quoi correspondent les schémas neuronaux qu'ils voient sur leurs appareils, les neuroscientifiques doivent les comparer avec un rapport verbal de l'expérience que la personne a vécue au moment de la mesure. Elles établissent ainsi des corrélations entre telle ou telle fonction neuronale et telle ou telle fonction cognitive. Certains sont allés jusqu'à dire qu'on peut ainsi trouver les corrélats neuronaux de « la » conscience. Or, il existe de nombreuses situations dans lesquelles le rapport verbal n'est pas envisageable alors que la personne a tout de même une expérience consciente. Dans le cas d'un patient ayant subi une section du corps calleux, son expérience des activités qui dépendent de l'hémisphère droit n'est plus accessible à la verbalisation, dont le centre se trouve dans l'hémisphère gauche. Il ne peut donc pas en parler alors que son expérience reste agissante. Nous pourrions aussi prendre comme exemple le vaste sujet du coma ou des anesthésies, durant lesquels il a été montré que le patient maintient une forme d'expérience consciente, sans pouvoir entièrement la signifier – même a posteriori. Il devient donc difficile de s'appuyer sur un simple rapport verbal pour établir des corrélats neuronaux et de penser que ces corrélats sont ceux de « la » conscience.

Une cartographie du flou

Les travaux d'Eric Schwitzgebel, auteur de *Perplexities of Consciousness*[13], s'appliquent à montrer que nous ne connaissons pas grand-chose de notre vie intérieure et qu'il nous est difficile de la retranscrire en mot. Ce philosophe américain est notamment à l'origine d'une cartographie des frontières floues et incertaines de l'attention.

13 Eric Schwitzgebel, *Perplexities in Consciousness*, A Bradford Book, 2011.

PENSER UNE CONSCIENCE NON RÉFLEXIVE

Le sens courant du mot « conscience » désigne une capacité de vigilance éveillée. Nous considérons généralement comme consciente une personne qui semble active, qui répond verbalement et corporellement aux sollicitations. Cependant, à chaque instant, une multitude d'informations se donnent de manière sensible et non consciente. Ainsi, il y aurait possiblement un continuum de perceptions entre l'apparition de signaux non conscients et la réalisation de leur expérience au sein de la conscience réflexive. Par ailleurs, même lorsque ces informations restent inconscientes, elles peuvent conditionner l'ensemble de la conscience – comme l'ont amplement démontré les sciences psychiques. Il devient donc difficile d'affirmer que le conscient est séparé du non-conscient d'une manière tranchée. Les données cliniques « *n'autorisent aucun décret de séparation étanche entre le conscient et l'inconscient, l'intentionnel et l'automatique, le pensant et l'étendu*[14] », souligne Michel Bitbol. Cela met alors les chercheurs dans une situation paradoxale : ils doivent envisager que la conscience est aussi l'inconscience. En bref : ce n'est pas parce que nous n'avons pas « conscience » de quelque chose que nous n'en avons pas conscience. Le grand défi devient alors celui d'élaborer une définition de la conscience qui puisse inclure des niveaux inconscients et non réflexifs. C'est ce à quoi s'attèlent certaines théories neuroscientifiques telles que la théorie de l'information intégrée, l'hypothèse des micro-consciences, la théorie des ébauches conscientes multiples.

UNE CONSCIENCE QUANTIQUE

Fruit d'un incroyable effort collectif, la physique quantique a provoqué l'une des plus grandes révolutions de l'histoire des sciences. Elle a notamment remis en question les notions de matière, d'espace et de temps. Par ailleurs, cette nouvelle physique nous amène à nous questionner sur le rôle que joue la conscience de l'observateur dans l'apparition des particules élémentaires et donc, possiblement, de notre réalité. En effet, lorsque les physiciens quantiques mesurent les « fonctions d'ondes » – ce qui donne finalement des particules –, celles-ci passent d'états superposés à un seul état. Tout se passe comme si un choix était opéré. Le problème est que cette

14 Michel Bitbol, *La Conscience a-t-elle une origine ? Des neurosciences à la pleine conscience : une nouvelle approche de l'esprit*, Éditions Flammarion, 2014, p. 82.

réduction quantique n'explique pas le choix en lui-même. Il semble plutôt dépendre de l'influence de l'observateur et, en ce sens, de son état de conscience. « *Le rôle de la conscience serait de déterminer l'état final de la particule*[15] », précise l'ingénieur physicien Philippe Guillemant. La physique quantique vient ainsi saper les visions physicalistes du monde en provoquant un immense vertige.

Afin d'expliquer le « problème de la mesure », différentes théories mentalistes de la physique quantique ont été élaborées. Werner Heisenberg et Erwin Schrödinger auraient prudemment ouvert le bal. Puis, c'est surtout à John von Neumann, Fritz London et Edmond Bauer, David Bohm et Eugene Wigner que nous devons les premières élaborations théoriques. Eugene Wigner déclare par exemple qu'il faut reconnaître « *l'existence d'une influence de la conscience sur le monde physique*[16] ». Par la suite, Henry Stapp ou encore Roger Penrose expliquent l'apparition de la conscience dans le cerveau grâce à la réduction quantique. Roger Penrose, alors accompagné de Stuart Hameroff, formule l'idée qu'une réduction quantique, en manifestant un état spécifique au cœur même de nos neurones, ferait émerger un état spécifique de conscience. Notons cependant, comme le souligne Michel Bitbol[17], que le projet reste celui d'offrir un compte-rendu physicaliste de la conscience. Il n'est pas certain qu'il réussisse à expliquer véritablement l'expérience sensible.

15 Philippe Guillemant, « Un chat vivant et mort à la fois », Entretien avec Miriam Gablier, site internet de l'INREES.

16 Eugene Wigner, « Remarks on the Mind-body Question ». In : I.J. Good (ed.), *The Scientist Speculates*. Heinemann.

17 Michel Bitbol, *Physique et philosophie de l'esprit*, Éditions Flammarion, 2000.

LE PROBLÈME DIFFICILE DE LA CONSCIENCE

De fait, les sciences de l'esprit sont confrontées à de profondes questions philosophiques. En effet, toutes les tentatives scientifiques de rendre compte de l'expérience consciente se heurtent à une incapacité d'expliquer comment une activité neuronale ou physique produit un vécu sensible et intime. L'expression « *problème difficile de la conscience*[19] », inventée par le philosophe David Chalmers en 1995, fait référence à cette difficulté. Le philosophe remet alors au goût du jour la figure du « zombie » afin de montrer combien les neurosciences pourraient être en train de décrire les mécanismes neuronaux d'un zombie, c'est-à-dire d'une sorte de machine neuronale qui ne sent… rien. Finalement, comment les processus neuronaux donnent-ils lieu à une vie intérieure, qualitative, sensible, riche, subjective, etc. ? Mystère.

« Si nous n'introduisons pas la conscience en physique, nous devons faire appel au hasard. Cette solution est non seulement insatisfaisante car impuissante à expliquer l'émergence de la vie, mais elle nous oblige à élaborer des théories difficilement compréhensibles et soutenables dans la durée[18]. »
Philippe Guillemant, physicien.

Une autre expérience de pensée intitulée *What is it like to be a bat ?*[20] (« Qu'est-ce que cela fait d'être une chauve-souris ? ») a également été proposée en 1974 par Thomas Nagel. Ce philosophe cherchait à montrer que, puisque la méthode scientifique consiste à élaborer une conception générique, elle n'arrive pas à offrir un compte-rendu d'une expérience individuelle, c'est-à-dire située et particulière. Or, l'expérience consciente est précisément un vécu situé et subjectif. C'est un « *effet-que-cela-fait* » d'être quelqu'un ou quelque chose, dit Nagel. Pour connaître l'expérience d'une chauve-souris, il faut être une chauve-souris. Le problème est que personne ne peut être une chauve-souris sans cesser d'être lui-même. Peut-on rapporter l'expérience consciente de quelqu'un d'autre ?

« Je considère la conscience comme quelque chose de fondamental. Je regarde la matière comme un dérivé de la conscience. Nous ne pouvons pas contourner cette question. Tout ce dont nous parlons, tout ce que nous considérons comme existant, postule la conscience[21]. »
Max Planck, physicien.

18 Guillemant Philippe, *La conscience au coeur de tout, Entretien avec Miriam Gablier, Inexploré* n°30, avril juin 2016
19 David Chalmers, « Facing Up to the Problem of Consciousness », *Journal of Consciousness Studies*, Vol. 2, 1995.
20 Thomas Nagel, « What Is It Like To Be a Bat ? », *The Philosophical Review*, oct. 1974.
21 Max Planck, In : *The Observer*, jan. 1931.

Faut-il rajouter un fantôme dans la machine ?

Afin de résoudre le problème difficile de la conscience, David Chalmers propose d'ajouter des « *propriétés expérientielles* » distinctes aux propriétés physiques. Cependant, d'après Michel Bitbol, introduire une fantomatique « *propriété consciente* » dans une machine biologique pourrait être une compensation artificielle. En effet, la tentation est grande, pour notre culture dont l'histoire est empreinte d'un dualisme corps-esprit, de vouloir rajouter un « esprit » dans un « corps ». Or, Gilbert Ryle, auteur de l'expression mythique « *ghost in the machine* » – le fantôme dans la machine –, a souligné que les notions classiques de « matière » et d'« esprit » doivent d'une certaine façon être dépassées. Le philosophe explique que de telles notions ne pourront jamais s'articuler, car elles ne relèvent pas de la même catégorie ontologique, c'est-à-dire de la même façon « d'être au monde ». En effet, le corps est trop souvent décrit comme un processus matériel opérant selon des lois objectivées, l'esprit est pensé comme une expérience subjective et ineffable. « *Toute analogie n'est donc pas seulement incertaine, elle relève d'une erreur de catégorie*[22] », écrit Michel Bitbol. Le corps et l'esprit, conçus de la sorte, ne peuvent donc pas se rejoindre. L'esprit est condamné à être un fantôme dans une machine biologique.

Comment penser la relation corps-esprit ?

Nous sommes là au cœur du problème le plus vertigineux des sciences ou des philosophies de l'esprit. Selon le paradigme philosophique que le penseur choisit d'adopter (voir le chapitre « La boîte à outils du chercheur », p. 67), les réponses à cette question complexe seront différentes. Mais surtout, la question de la relation corps-esprit – donc celle du corps vivant et finalement celle de la vie – serait « la » question à laquelle aucun des paradigmes philosophiques ne répond véritablement. Tout effort contemporain de penser le corps vivant serait ainsi une tentative d'esquisser

22 Michel Bitbol, *La Conscience a-t-elle une origine ? Des neurosciences à la pleine conscience : une nouvelle approche de l'esprit*, Éditions Flammarion, 2014, p. 270-272.

une nouvelle ère philosophique. « *Le corps organique signifie la crise de toute ontologie connue et le critère de toute ontologie future qui pourra se présenter comme science*[23] », déclare le philosophe Hans Jonas. L'expérience consciente nous emmène à la limite de nos connaissances.

« Je crois que la conscience est un élément fondamental, une propriété élémentaire de la matière. Elle ne peut être dérivée de rien d'autre qu'elle-même[24]. »
Christof Koch, neuroscientifique.

Peut-on établir une science de la conscience ?

Les neurosciences pensent qu'un jour, au nom de la possibilité d'un progrès infini, nous arriverons à expliquer la conscience en termes de processus physiques. Nous avons vu que le problème est que les deux éléments mis en relation – conscience et processus physique – ne relèvent pas de la même catégorie d'être au monde. « *L'affirmation qu'un trait apparemment ineffable du monde a été réduit à un processus physique s'avère tout simplement fausse*[25] », expose Michel Bitbol. L'expression « *explication neurobiologique de la conscience* » serait même un oxymore. Les neurosciences seraient ainsi dans une impasse irrésoluble. « *La conclusion selon laquelle on ne peut pas édifier une science de la conscience per se semble inévitable*[26] », souligne Natalie Depraz.

23 Hans Jonas, *Le Phénomène de la vie – Vers une biologie philosophique*, Éditions De Boeck Université, 2001, p. 29.

24 Christof Koch, *Consciousness: Confessions of a Romantic Reductionist*, MIT Press, 2012.

25 Michel Bitbol, *La Conscience a-t-elle une origine ? Des neurosciences à la pleine conscience : une nouvelle approche de l'esprit*, Éditions Flammarion, 2014, p. 270-272.

26 Natalie Depraz, *La Conscience – Approches croisées, des classiques aux sciences cognitives*, Éditions Armand Colin, 2002, p. 8.

UN RETOUR À L'EXPÉRIENCE CONSCIENTE

La conscience est précisément ce par quoi nous pouvons faire de la conscience un objet d'étude. En fait, les chercheurs sont dans une situation circulaire : la conscience, c'est la conscience qu'ils orientent vers la conscience. Ainsi, tant qu'ils posent la conscience à « l'extérieur », devant eux, afin de l'étudier objectivement, ils regardent dans la mauvaise direction. Cela fait que l'attitude scientifique, ou naturelle, s'éloigne par définition de l'expérience consciente. La conscience devient alors « *une énigme, une absence, une perplexité concernant des dimensions d'être inconnues*[27] », indique Michel Bitbol. La conscience serait donc « le » point aveugle des sciences, le « *présupposé des présupposés*[28] ». À l'heure actuelle, certaines approches comme la neurophénoménologie, fondée par Francisco Varela, tente d'élaborer des méthodes permettant d'inclure l'expérience consciente dans une démarche scientifique. Elles proposent de faire en sorte que ni l'approche objective ni l'approche subjective, ou encore ni les structures objectives des neurosciences ni les composantes de l'expérience vécue, ne prédominent. Un va-et-vient réglé permettrait « *une avancée conjointe, une assistance mutuelle, une heuristique de la comparaison et de l'échange*[29] », note Michel Bitbol.

Le Mind and Life Institute

Le Mind and Life Institute a été fondé par le Dalaï-Lama, Francisco Varela et Adam Engel, en 1990. Son objectif est de favoriser un apport mutuel entre le bouddhisme et les neurosciences. Les débats, tant philosophiques que scientifiques, les symposiums et les recherches neurologiques menées par l'Institut se sont révélés fertiles quant à la compréhension de la conscience.

27 Michel Bitbol, *La Conscience a-t-elle une origine ? Des neurosciences à la pleine conscience : une nouvelle approche de l'esprit*, Éditions Flammarion, 2014, p. 238.

28 Michel Bitbol, Ibid.

29 Michel Bitbol, Op. cit., p. 350.

LA SPIRITUALITÉ ÉPROUVE LA CONSCIENCE

Depuis des millénaires, les traditions religieuses et spirituelles soulignent l'importance du dévoilement de l'Esprit à lui-même à travers chaque individu. Elles encouragent ainsi chaque personne à prendre conscience de cette nature divine qui serait au fond d'elle. Cet « ***éveil de la conscience se présente comme une clé remarquable pour entrer dans la voie de l'union avec le divin, qu'il s'agisse d'un Dieu personnel transcendant ou de l'Absolu immanent en nous*****[1] », écrit Natalie Depraz. Et si les traditions offrent des modèles théologiques et rationnels, elles ne manquent pas de souligner que l'expérience consciente est avant tout un vécu intime et un chemin initiatique. Ainsi, il est donc moins question ici d'une conscience réflexive et davantage de consciences phénoménale ou divine.**

1 Natalie Depraz, *La Conscience – Approches croisées, des classiques aux sciences cognitives*, Éditions Armand Colin, 2002, p. 153.

Le chamanisme, s'allier à des formes de conscience

Le chamanisme est un fond commun d'où jaillirent les différents courants spirituels et religieux. Sa posture animiste originaire, qui est celle d'une immersion dans l'expérience vivante, considère que toute chose « est » esprit. Par la suite, le chamanisme devient davantage dualiste, ou panpsychiste. Il pense alors que toute chose « a » un esprit et que la réalité tangible est comme doublée d'une dimension invisible. Le « chemin » spirituel proposé est surtout celui de faire croître sa puissance de participation à un monde dans lequel tout est vu comme vivant ou conscient. Des techniques de transe – par le tambour, la danse, les diètes, la prise de substances psychotropes, etc. – permettraient, notamment à la figure emblématique du chamane, d'entrer dans des états élargis de conscience afin d'acquérir des pouvoirs et de recevoir des enseignements des esprits. Le chamane aurait ainsi le don de « voir » ce qui est parfois appelé un « monde de rêve » et d'agir sur cette architecture invisible d'où l'Univers prendrait constamment son origine.

« Les différentes traditions spirituelles et religieuses contiennent des trésors sur la dynamique concrète de l'éveil de la conscience à elle-même[1]. »
Natalie Depraz, philosophe.

1 Natalie Depraz, *La conscience – Approches croisées, des classiques aux sciences cognitives*, Éditions Armand Colin, 2002, p. 179.

L'hindouisme, différents degrés de conscience de l'Être ultime

L'hindouisme affirme que tout est Brahman, l'Être premier et ultime qui se reconnaît en toute chose. Sa théologie présente alors un monisme complexe dans lequel cette conscience première se différencie et se décline pour donner naissance à toutes les formes du monde. Sa temporalité cyclique implique également que, si tout vient de Brahman, tout lui revient. Le chemin spirituel est alors celui d'une dissolution de l'ego individuel par une actualisation de la nature divine au fond de chacun. Les outils proposés par l'hindouisme comptent le yoga, les rituels et la méditation. La multidimensionnalité de la réalité se retrouvant aussi chez l'être humain, cette tradition décrit les couches de son anatomie subtile – chakras, enveloppes subtiles etc. –, qui correspondent à différents états, ou vibrations, de la conscience. L'hindouisme propose ainsi des cartographies détaillées des états de conscience que le pratiquant est susceptible de traverser dans sa vie actuelle ou à travers la roue des vies successives. La branche de la non-dualité (l'Advaita Vedanta) décrit plus spécifiquement un niveau de « conscience témoin », qui serait au-delà ou en-deçà de tous les autres états de conscience.

« Seul existe Brahman, l'Un sans second ; ce Brahman qui est au-delà de tout attribut – qui n'est pas composé de parties – qui est plus subtil que le plus subtil – absolu et pur de toute souillure ; en Lui, il n'y a pas de trace de dualité[2] ! »
Sankara.

La langue de la conscience

Le sanskrit bat des records de raffinement quant à sa capacité à décrire les facettes, les flux et les transformations de l'expérience consciente. Cette langue ancienne du nord de l'Inde, qui est la langue des textes religieux hindous et bouddhistes, est souvent surnommée « la langue de la conscience ».

2 Sankara, *Le plus beau fleuron de la discrimination : viveka-cuda-mani*, verset 468, Éditions Maisonneuve et Larose (1993).

LE BOUDDHISME, L'EXPÉRIENCE CONSCIENTE, UN CHEMIN VERS LA VACUITÉ

Contrairement à l'hindouisme, le bouddhisme affirme l'absence d'Être derrière la mouvance universelle des choses. Il privilégie la notion de « vacuité » et d'interdépendance des phénomènes. Ainsi, les choses et les êtres n'existent pas réellement en tant que tels. Ils apparaissent comme des phénomènes dynamiques au cœur d'une toile où tout est relié. Ce chemin spirituel invite alors à se détacher de toute identification à ces formes illusoires et à rester dans une équanimité face à l'impermanence de ce qui se manifeste. De cette façon, le bouddhisme déplace la quête spirituelle vers la nécessité d'une « *pratique de la présence attentive* » menant vers la libération. « *L'apprentissage peut aboutir à une transformation de soi, qui s'accompagne alors de la cessation de la souffrance*[3] », indique Natalie Depraz. Le bouddhisme approfondit la connaissance hindoue des multiples aspects de l'expérience consciente par la pratique de la méditation et d'exercices psychophysiques. Le tournant qui s'opère au Tibet à partir du IXe siècle radicalise le mouvement en prônant une posture de lâcher-prise et en questionnant l'idée même d'un « chemin » spirituel.

« Tous les phénomènes qui apparaissent en interdépendance, je dis qu'ils sont vides. Les mots cessent, parce que leur message est faux. »
Nagarjuna.

JUDAÏSME ET ISLAMISME, ENTRE LOI ET EXPÉRIENCE MYSTIQUE

Le monothéisme met davantage l'accent sur un Dieu individualisé et sur le salut de chacun. Il propose généralement deux voies : la rationalité et la mystique – qui, elle, repose sur l'expérience de formes d'états élargis de conscience. Le judaïsme et l'islam mettent ainsi à la fois l'accent sur l'affirmation transcendante de la Loi et l'immédiateté de la mystique. Pour le judaïsme, qui pense l'unité globale de l'être et non l'opposition de l'esprit

« À l'heure de l'étude et de la prière, il n'y a pas de voile de séparation entre l'homme et son dieu[4]. »
Baal Shem Tov.

3 Natalie Depraz, *La Conscience – Approches croisées : des classiques aux sciences cognitives*, Éditions Armand Colin, 2002, p. 173.

4 « Miedzyboz and rabbi Israël Ba'al Shem tov », *Zion* 52 (1987); English version in: *Essential Papers in Hasidism*, G. D. Hundert, ed. (New York University, New York), 1990.

et du corps, l'expérience de Dieu est une expérience charnelle, pénétrante et intuitive. La spécificité de la méditation hébraïque est de proposer un travail sur le langage, lequel est vu comme un reflet effectif du corps. Récitation des noms et leurs combinaisons symboliques, visualisation des lettres hébraïques, techniques respiratoires, mouvements et postures corporelles permettent d'atteindre un niveau de connaissance correspondant à celui de l'expérience prophétique.

L'islam comprend également une tension entre la Loi et la quête expérientielle. Notons que les soufis comptent parmi les représentants les plus exemplaires des figures mystiques. Leurs pratiques d'introspection font usage de la récitation des noms de Dieu et d'une grande variété de méthodes psychophysiques. Par une sorte d'ivresse, un vécu extatique, une immersion amoureuse dans lesquels le désir et les sens sont exacerbés, le soufisme a pour objectif d'amener le pratiquant à trouver le divin au fond de son âme. Ibn 'Arabi décrit une mystique des « fous d'amour » qui peuvent s'oublier dans leur élan fusionnel avec Dieu.

« Dieu est donc le miroir dans lequel tu te vois toi-même, comme tu es Son miroir dans lequel Il contemple Ses Noms. Or, ceux-ci ne sont rien d'autre que Lui-même, en sorte que la réalité s'inverse et devient ambiguë[5]. »
Ibn 'Arabi.

LE CHRISTIANISME, GLORIFICATION DE L'INCARNATION ET EXAMEN DE CONSCIENCE

L'Église orthodoxe

La spécificité du christianisme est de souligner le mystère de l'incarnation. « *Le christianisme a pour ainsi dire tout misé sur la relation au corps, et ce, dans son extrême ambivalence*[6] », indique Natalie Depraz. En effet, le corps est à la fois le lieu du péché mortel et celui d'une potentielle glorification. De la formule canonique « *Dieu s'est fait homme pour que l'homme soit fait Dieu* », les chrétiens d'Orient retiennent davantage la partie « *pour que l'homme soit fait Dieu* ». L'Église orthodoxe insiste ainsi sur le potentiel de glorification de l'homme par l'expérience

« Dieu peut être participé en ce qu'il se communique à nous, mais demeure imparticipé selon son essence incommunicable[7]. »
Maxime le Confesseur.

5 Ibn 'Arabi, *La Sagesse des prophètes*. Éditions Albin Michel, 2008.

6 Natalie Depraz, *La Conscience – Approches croisées : des classiques aux sciences cognitives*, Éditions Armand Colin, 2002, p. 157.

7 Maxime le Confesseur, cité par Euthyme Zigabène, *Panoplie dogmatique* 3, P.G. 130, 143.

mystique et consigne cet éveil de la conscience dans la prière du cœur. Celle-ci propose de pacifier l'esprit, les émotions et le corps, afin que l'attention se retourne sur elle-même et s'oriente vers la transparence intime du cœur, du divin.

L'Église catholique

De son côté, l'Église catholique insiste davantage sur la partie « *Dieu s'est fait homme* ». Elle pense que la chute dans la finitude de l'homme, due au péché originel, requiert une action rédemptrice, un mouvement de « kénose » – du grec, « action de se vider, de se priver de tout ». La quête du catholique passe ainsi par la confession, l'examen de conscience et le sacrement de réconciliation. Par l'introspection, il est donc possible à l'homme de découvrir une transcendance au fond de lui-même. C'est cette intériorité morale qui est alors rationalisée par la théologie catholique. Cette tradition compte toutefois quelques mystiques tels que Maître Eckhart, saint Jean de la Croix, sainte Thérèse d'Avila, saint François, saint Bonaventure, etc.

Le protestantisme

Ne reconnaîsant comme autorité que les Écritures, il va nier le rôle de l'Église et du Christ, et par là l'effort vers le salut. On ne fait pas son salut, on ne le monnaie pas dans le cadre d'une rétribution, on reçoit le don gratuit de la grâce. Il y a ici tout d'abord l'idée d'une réceptivité, d'une passivité, d'un lâcher-prise. Au fur et à mesure que le protestantisme évolue, une pratique du libre examen de conscience se développe toutefois, telle une affirmation de la nature libre de l'individu. La pensée protestante est ainsi marquée par cette intériorisation consentie de la conscience morale, qui fait que l'objection de conscience prend parfois des tours politiques.

Le New Age, grandir en conscience

Le New Age, qui s'articule avec les mouvements « du potentiel humain » ou du « développement personnel », apparaît au milieu du xxe siècle, au carrefour d'un ensemble d'approches psychothérapeutiques et spirituelles. Parfois vu comme un grand fourre-tout, ce mouvement peut également être considéré comme un espace transculturel heuristique (qui sert à la découverte). Le fait est qu'il attire de nombreux pionniers d'un monde en devenir. Ce courant se veut majoritairement apolitique et areligieux, et tend à promouvoir une forme de spiritualité laïque. Sa proposition centrale est la transformation des individus – et, par voie de conséquence, du monde – par « l'éveil des consciences ». Il promeut ainsi un ensemble d'outils psychocorporels, de nouveaux « savoir-être » sociaux, de nouvelles cartographies de la réalité. Il cherche notamment à réhabiliter les valeurs féminines et ainsi tout ce qui touche à la vie intime et sensible, au corps, à la protection du vivant. Il tend à renvoyer chacun à une responsabilité individuelle et à la nécessité d'un travail sur soi, tout en soulignant l'urgence d'œuvrer collectivement à l'avènement d'une nouvelle conscience sociale et écologique ainsi qu'à un ré-enchantement spirituel. La notion de conscience est ici centrale. Il s'agit de prendre conscience de qui l'on est, de réhabiliter la conscience du vivant, pour participer en conscience à l'évolution d'un monde potentiellement conscient, afin d'atteindre un état de conscience éveillé.

Expertise

Influences religieuses sur la conscience réflexive

Notons que Descartes, qui est catholique, s'inscrit dans une tradition qui souligne la nécessité d'un « examen de conscience » par l'introspection (saint Augustin) et par la réflexion (saint Thomas d'Aquin) afin que le sujet s'unifie avec ce qui le transcende en lui. L'examen de conscience catholique précède ainsi le concept cartésien de la conscience comme connaissance réflexive d'un sujet « transcendantalisant ».

Pour Locke, qui est protestant, « *il va de soi que la conscience est une inspiration personnelle et une affirmation de liberté*[8] », commente Natalie Depraz. Locke réfute le statut transcendantal de la conscience et s'intéresse à son exercice dans le monde.

8 Natalie Depraz, *La Conscience – Approches croisées, des classiques aux sciences cognitives*, Éditions Armand Colin, 2002, p. 168.

les grands paradigmes
niveaux de conscience

LA BOÎTE À OUTILS DU CHERCHEUR

Afin de mener une aventure à bien, il convient d'être équipé. Aborder le thème de la conscience nécessite d'avoir des cartes et des outils permettant de mieux s'orienter dans le champ fascinant qui s'ouvre devant nous et… en nous. Vous trouverez ici deux cartes majeures : une présentation des niveaux de la conscience qui se dégagent des recherches et une présentation des différents paradigmes ou systèmes depuis lesquels la conscience a été envisagée. Cette partie résume ainsi des concepts clés qui, lorsqu'ils sont compris, éclaircissent bien des questions.

LES NIVEAUX DE CONSCIENCE

Un consensus utile

Bien que de nombreuses divergences se fassent encore entendre quant à la définition de la conscience, les chercheurs ont fini par se mettre plus ou moins d'accord sur l'existence de quatre niveaux de conscience types. Cette classification est notamment caractérisée par le nombre de fois où la conscience se retourne sur elle-même : à chaque étage, elle opère une nouvelle boucle ou récursivité.

Il y aurait ainsi principalement :

- un niveau de conscience pure, primaire ou phénoménale ;
- un niveau de conscience réflexive ;
- un niveau de conscience de soi ;
- un niveau de conscience morale.

Certaines traditions ajoutent un cinquième niveau :

- un niveau de conscience absolu ou divin.

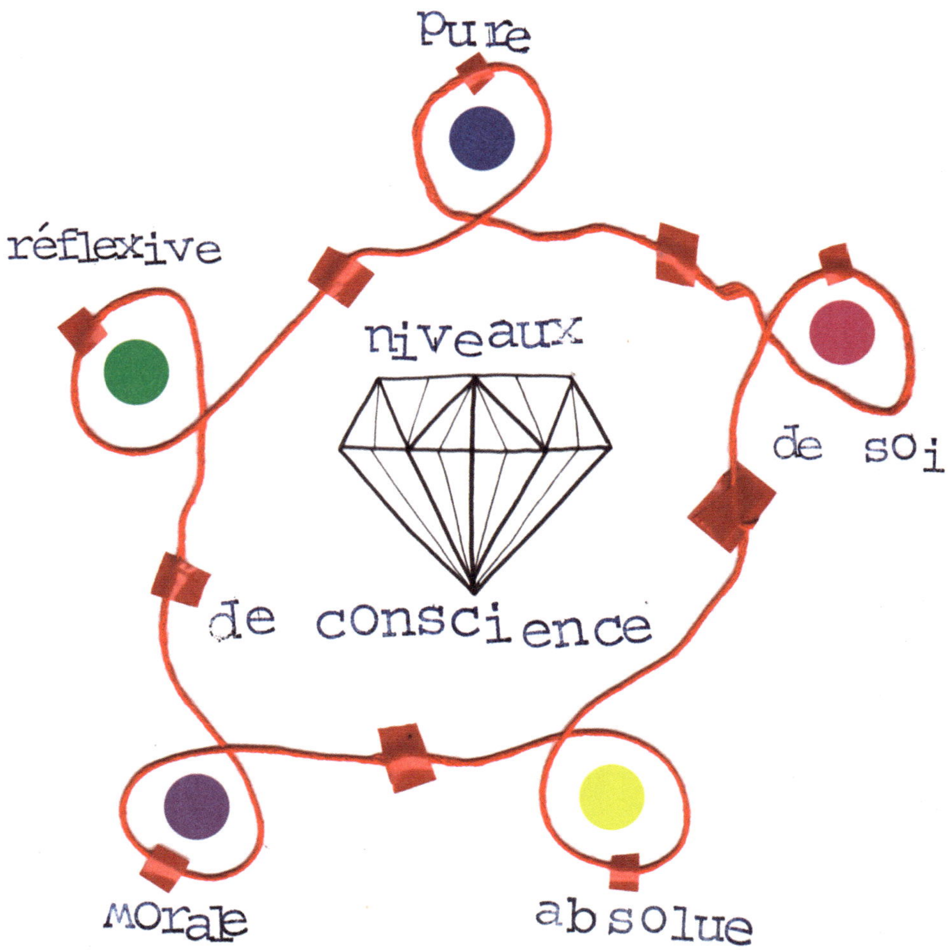

La conscience pure, primaire ou phénoménale

Les neuroscientifiques discutent encore le fait d'inclure ce niveau de conscience phénoménale dans la définition de la conscience. Cependant, celle-ci s'est glissée sur le podium, car elle serait le niveau de base de l'expérience consciente, la condition de son apparition. La conscience primaire serait le vécu intime et immédiat qui adhère sans distance à la présence. Ce vécu ferait alors apparaître tout ce qui se donne à nous. La conscience phénoménale serait donc le flux d'apparaître incessant dans notre vie de conscience, duquel rien ne pourrait être exclu. En effet, aucun acte de conscience, dans son actualité, ne se trouverait en dehors de cette étoffe expérientielle. Même l'expérience réflexive ferait partie de la conscience primaire, dans le sens où elle aussi se donnerait dans l'instant vécu. Ainsi, comme l'explique Michel Bitbol, si la conscience n'était que réflexive ou qu'une fonction de synthèse d'information, la texture et la saveur de l'expérience consciente – à savoir « *le fait que cela fait d'être quelque chose* » – serait perdu.

La difficulté est que, bien que ce niveau semble fondamental, il demeure difficilement accessible. En effet, comment faire un objet d'étude de cette conscience immédiate, sans arrêt, sans répétition, puisqu'à partir du moment où nous essayons de la saisir, nous nous distançons d'elle et basculons dans un niveau de conscience réflexif ? La conscience pure nous glisserait inexorablement entre les doigts. Par conséquent, il nous faudrait soit accepter de la signifier depuis un état de conscience réflexive qui nous écarte d'elle, soit accepter qu'il est impossible de la signifier. Il n'est donc ni aisé d'inclure la conscience phénoménale dans une recherche de type scientifique, ni aisé de l'évacuer parce qu'elle est là, quoi qu'il arrive. Elle ne cesserait d'être une « *silencieuse évidence*[1] », le « *présupposé des présupposés*[2] » constamment présent.

L'expérience pure est « *dénuée de jugement sur ce que sont les choses, privée de distance vis-à-vis de son objet, dépouillée de toute signification, adhérant aux faits tels qu'ils sont, ne reconnaissant ni passé ni futur si ce n'est en tant que sentiment présent*[3] », rapporte Michel Bitbol.

Témoignage

1 Michel Bitbol, « La Conception naturaliste de la conscience à l'épreuve du dialogue socratique », Conférence 23 juin 2015, Institut d'études avancées de Nantes.

2 Michel Bitbol, *La Conscience a-t-elle une origine ? Des neurosciences à la pleine conscience : une nouvelle approche de l'esprit*, Éditions Flammarion, 2014, p. 238.

3 Michel Bitbol, *Op. cit.*, p. 56.

La conscience réflexive

En raison de l'étymologie du mot « conscience » et de son histoire, la conscience réflexive occupe la première place sur le podium des définitions de la conscience. Ainsi, lorsque l'on parle de la conscience, il s'agit généralement de cette conscience réflexive. La conscience réflexive est l'espace dans lequel il y a réalisation qu'il y a expérience. C'est depuis la conscience réflexive que nous « connaissons », que nous « prenons conscience » de notre activité psychique et sensible, que nous « l'examinons ». Car si la conscience primaire est un sol fondamental, la conscience réflexive est l'acte de récursivité de la conscience lui permettant de prendre connaissance de ce sol phénoménal. C'est cette récursivité qui fait que le sujet devient « conscient » de lui-même, dans un mode plus ou moins alerte et éveillé. Il peut alors évaluer son expérience et entretenir une réflexion sur sa propre activité psychique. « *Être conscient, c'est connaître sa propre expérience*[4] », résume Henri Ey. La conscience est ainsi couramment assimilée à un processus de métacognition, à une fonction unifiée d'accès aux informations et de synthèse, à un centre de contrôle des comportements et des paroles, etc. L'objet des neurosciences reste principalement cette caractérisation réflexive de la conscience.

« Si nous nous contentions d'avoir l'expérience de ce qui arrive, nous n'en apercevrions rien et n'en dirions rien. Sans la conscience réflexive, il n'y aurait rien de tel qu'une vue visible et dicible sur le monde, mais seulement une adhésion extatique à l'apparaître[5]. »

Michel Bitbol, philosophe.

La conscience de soi et la conscience morale

La conscience de soi et la conscience morale sont moins abordées dans les débats sur la conscience, parce qu'elles dépendent de la conscience réflexive qui focalise l'attention des chercheurs. La conscience de soi est une fonction d'autoreprésentation qui se rajoute à la conscience réflexive, par une nouvelle récursivité. Elle est comme une sur-réflexion sur la réflexion. Si elle fait moins l'objet de débats, il n'en reste pas moins qu'elle pose la question vertigineuse du sujet de la conscience, du « soi ». Qu'entend-on par « soi » ? Cette réponse dépend, entre autres, du cadre de pensée dans lequel il est abordé. La métaphysique va se poser la question de l'existence d'un soi transcendantal ; les sciences psychiques, celle de la constitution d'un soi psychologique. La question se réfère également au fait que nous faisons l'expérience de nous-mêmes comme étant situés dans un corps physique. Le soi est ainsi possiblement une entité ou un processus stratifié et complexe. Toutes les positions se rejoignent toutefois dans la compréhension qu'un individu développe

4 Henri Ey, *La Conscience*, Éditions Desclée de Brouwer, 1983, p. 19.

5 Michel Bitbol, *La Conscience a-t-elle une origine ?*, p. 56.

une personnalité, une identité propre, en interaction avec son environnement qui lui permet d'évoluer et d'interagir avec celui-ci. « *L'appropriation d'une biographie, que j'endosse comme ma biographie, assure en particulier l'identité à travers le temps de ce soi assemblé*[6] », précise Michel Bitbol. L'individu s'identifie donc à certains traits physiques et psychiques et acquiert une conscience de soi. La conscience morale est encore un niveau de récursivité additionnel, qui vient se rajouter à la conscience de soi. C'est une forme de conscience de la conscience de soi. La conscience morale consiste en une prise de position affective qui peut se muer en jugement du soi sur lui-même ou sur le monde. Ce jugement, qui se fait conformément à une échelle de valeur acquise ou admise, participe à la mise en place de comportements éthiques.

La conscience absolue ou divine

Ce dernier niveau est évidemment évacué par les neurosciences, qui sont résolument physicalistes, et reste globalement étranger à la culture occidentale emprunte de matérialisme. Cette forme de conscience se pense alors soit dans un cadre dualiste, soit dans un cadre idéaliste, tels que les envisagent les traditions spirituelles et religieuses. Dans ce cas, il est pensé que la nature de la réalité, en elle-même, serait issue d'un acte conscient du divin ou de l'absolu. Dans la version dualiste, le divin a créé le monde puis il s'en est en quelque sorte retiré. Cela fait qu'il y a la matière ou les corps d'un côté, et la conscience ou l'esprit de l'autre. L'homme est souvent perçu comme étant le seul être matériel à posséder une âme, et donc un esprit. Dans la version panthéiste, chaque chose matérielle du monde continue à contenir une étincelle ou un degré de conscience. Dans la version idéaliste, il n'y a pas de matière comme principe fondamental : tout est esprit. Chaque chose ou évènement de l'Univers est l'étoffe même de l'acte de conscience de l'Esprit ou de l'Absolu. Ce dernier se révèlerait ainsi à lui-même, prendrait conscience de lui-même, en se reflétant dans l'apparaître de chaque phénomène.

6 Michel Bitbol, *La Conscience a-t-elle une origine ? Des neurosciences à la pleine conscience : une nouvelle approche de l'esprit*, Éditions Flammarion, 2014, p. 90.

Peut-on dire que le divin (ou l'absolu) est la conscience ultime ?

Le terme de « conscience » peut-il être utilisé comme synonyme aux termes de « divin » ou d'« absolu » ? Peut-être pas. Par définition, le divin (ou l'absolu) se rapporte à une dimension transcendante qui est hors manifestation. Il ne dit donc rien de lui-même, sauf lorsqu'il se révèle dans un apparaître. Or, les définitions de la conscience indiquent que celle-ci est, au minimum, un flux d'apparaître, une expérience qui se donne, et au maximum, un acte de réflexion. Par conséquent, la conscience serait l'apparaître de l'absolu et non l'absolu en lui-même. Et même si l'absolu était l'alpha et l'oméga de l'apparaître – et donc de la conscience –, il semble inapproprié d'utiliser le terme de « conscience » pour désigner l'absolu transcendantal en tant que source non manifestée. La question est ensuite de savoir comment la conscience (ou l'apparaître) peut naître de ce non-manifesté.

LES GRANDS PARADIGMES

Une jungle des « ismes »

Un paradigme est une représentation, un système théorique ou un modèle cohérent du monde. Selon le philosophe des sciences Thomas Kuhn, les paradigmes « *fournissent à un groupe de chercheurs des problèmes types et des solutions*[7] ». Les paradigmes sont ainsi générés par les nouvelles découvertes. Ils viennent compléter ou remplacer les anciens systèmes théoriques. La « vérité », parfois affirmée avec ferveur, se révèle de ce fait n'être souvent qu'un consensus temporaire ou relatif opérant au sein d'une communauté donnée. Au sujet de la conscience, les penseurs ont été amenés à mobiliser un si grand nombre de paradigmes philosophiques que certains commentateurs parlent d'une jungle des « ismes ». Nous pouvons toutefois dresser une cartographie de ces principaux positionnements. Et plutôt que de voir ces paradigmes comme s'opposant les uns aux autres, il pourrait être possible de considérer que chacun d'entre eux correspond à un niveau de conscience ou à un mode d'être particulier. Ainsi, ils pourraient être plus complémentaires qu'imaginé au premier abord. Chacun aurait son rôle à jouer. Il conviendrait alors d'adopter une posture mobile nous permettant de passer d'un paradigme à un autre, au moment opportun. Il semble en effet possible de

7 Thomas Kuhn, *La Structure des révolutions scientifiques*, Éditions Flammarion Champs Science, 2008, p. 11.

« *circuler entre plusieurs modes d'être sans s'arrêter à une doctrine*[8] », indique Michel Bitbol. Ainsi, les thèses qui figent différentes stratégies en formules statiques se dissolvent d'elles-mêmes.

Le dualisme

Pour le dualisme, il n'existerait en définitive que deux choses dans le monde. Ces deux principes premiers seraient indépendants et irréductibles l'un à l'autre. Le dualisme principal est le dualisme de substances, ou dualisme métaphysique. Il pense l'existence d'une réalité empirique d'un côté et d'une réalité transcendantale, de l'autre. Il sépare donc le corps et l'âme, la matière et l'esprit, ou la chose étendue et la chose pensante. Les grandes religions judéo-chrétiennes tendent, par exemple, à être dualistes. Cependant, le problème du dualisme est qu'il n'explique pas comment ces deux principes peuvent communiquer l'un avec l'autre. Ainsi, la question de la relation entre le corps et l'esprit, qui traverse l'histoire des recherches sur la conscience, ne peut être résolue par le dualisme. Précisons qu'il existe aussi un dualisme de propriétés qui soutient que l'esprit résulte de propriétés qui émergent de l'activité du cerveau, sans pouvoir y être réduites. Cependant, puisque ces propriétés ne constituent pas pour autant un « esprit » à part entière, le dualisme de propriétés retombe vers un physicalisme.

8 Michel Bitbol, *La Conscience a-t-elle une origine ? Des neurosciences à la pleine conscience : une nouvelle approche de l'esprit*, Éditions Flammarion, 2014, p. 363.

Le monisme

À l'opposé du dualisme, le monisme stipule qu'il n'y a qu'une seule chose dans le monde. Tout le débat porte alors sur la question : quelle est cette chose ? De fait, il y a différents monismes. Classiquement, le dualisme engendre deux monismes. Sa polarité « esprit » engendre l'idéalisme, qui pense que tout est esprit. Sa polarité « matière » engendre le matérialisme, puis le physicalisme, qui pensent que tout est matière ou phénomène physique. Il existe également une troisième possibilité : un monisme neutre. Certains philosophes font référence à une entité qui n'est ni esprit ni matière, mais à partir de laquelle sont dits provenir l'esprit et la matière. Pour eux, il n'y aurait en fait qu'un domaine neutre. Spinoza, par exemple, pense qu'il n'y a que « la substance cause de soi », qu'il appelle également Dieu (sous une forme non personnalisée) ou la Nature. Cette substance aurait donc deux aspects ou deux attributs : l'attribut étendu qui donne le corps et l'attribut pensé qui donne l'esprit. Le problème est qu'il est difficile de comprendre comment l'esprit et la matière peuvent dériver d'une substance neutre.

L'idéalisme

L'idéalisme pense l'existence exclusive du domaine de l'esprit, de l'âme, de la conscience ou encore de l'expérience vécue. Dans ce cas, la matière ou les phénomènes physiques n'existent pas. L'esprit constitue tout ce qui se présente et le monde extérieur est soit lui-même de nature mentale, soit une illusion créée par l'esprit.

D'un côté, l'idéalisme réaliste prône l'existence d'une dimension extérieure à la conscience humaine. Par exemple, il dit que la réalité c'est Dieu et que, bien qu'il ne soit pas matériel, Dieu existe bel et bien à l'extérieur de nous.

De l'autre côté, l'idéalisme non réaliste stipule qu'il n'y a rien dont nous puissions être sûr à l'extérieur de notre esprit. Cela pose alors la question du solipsisme : s'il n'y a pas d'autre réalité que celle de l'esprit du sujet, le monde extérieur n'a pour lui qu'une existence hypothétique. Le sujet est un peu comme dans un rêve ou comme seul au monde. Cette posture est généralement considérée comme étant difficilement tenable.

Le matérialisme et le physicalisme

Le matérialisme est une doctrine plus ancienne que le physicalisme. Il est élaboré à une époque où la matière est perçue de manière simplificatrice, corpusculaire. Il stipule que toute la réalité est composée seulement de corps matériels, de portions d'étendue. Depuis, la science physique a remis en cause notre conception de la matière. En conséquence, le physicalisme, qui s'est constitué en prolongation du matérialisme, stipule que tout ce qui existe est l'objet de la science physique – quel que soit cet objet. Le physicalisme est ainsi le fruit ultime du réductionnisme et de l'éliminativisme qui réduisent tout aux termes de la physique et éliminent la nécessité d'avoir recours aux termes de l'esprit. Il est pensé que tout ce qui relève du domaine vivant – de la biologie, de la psychologie et donc de la conscience – est réductible à la chimie et, en définitive, à la physique. Ainsi, la vie et la conscience deviennent des efflorescences ou des épiphénomènes de l'activité physique. Le physicalisme devient, à partir du xixe siècle, le paradigme dominant. Ici, la difficulté est que le physicalisme ne précise pas quel est véritablement l'objet de la physique. « *Par exemple, est-ce que la fonction d'onde de la théorie quantique est un objet physique ? Le problème est qu'au fond, nous ne savons plus très bien ce qu'est la matière*[9] », souligne Michel Bitbol. Étant dans l'impossibilité de dire quelle est réellement la nature des processus physiques, le physicalisme est en passe de voir son sol se dérober sous ses pieds.

Le réductionnisme

Le réductionnisme est une doctrine pratique qui joue un rôle majeur dans le développement de la science. Il affirme que les termes concernant les domaines d'organisation à grande échelle peuvent être réduits aux termes des domaines d'organisation à petite échelle. En résumé : tout est réductible à la chimie, puis à la physique. L'esprit, la conscience, la psychologie sont donc réduits à des modalités physiques.

9 Michel Bitbol, Entretien avec Assya Todorov pour *Sciences & Religions*, fév. 2017.

L'éliminativisme

Partant du réductionnisme, l'éliminativisme va plus loin et pense que les termes de la psychologie et de la philosophie de l'esprit sont trop flous ou trop spéculatifs pour décrire le phénomène de la conscience. Ils préfèrent les éliminer. L'esprit est purement et simplement évacué au nom du fait que la physique permet une « *clôture causale* », c'est-à-dire qu'elle permet d'expliquer la cause de tout.

Le fonctionnalisme

Le fonctionnalisme part aussi du réductionnisme. Cependant, il reconnaît que ce qui concerne l'esprit ne peut pas être entièrement déduit de notre connaissance des niveaux d'organisation chimiques et physiques. Il ajoute à cela une forme émergente d'organisation, qui ne contient rien de plus qu'une organisation du matériel mais qui ne peut pas totalement y être réduit. L'image souvent utilisée est celle du logiciel par rapport à l'ordinateur. Le fonctionnalisme est parfois qualifié d'« approche non réductionniste ».

Le panpsychisme

Le panpsychisme apparaît lorsqu'un physicien physicaliste croit que tout ce qu'il y a dans le monde est physique, mais constate tout de même que rien dans les lois de la physique actuelle n'évoque de près ou de loin la possibilité que la conscience en émerge. « *Par conséquent, il décide d'ajouter une propriété supplémentaire, qu'il appelle* "propriété psychique" *– ou protopsychique ou protoexpérientielle – et devient un panpsychiste*[10] », détaille Michel Bitbol. Pour certains penseurs, le panpsychisme est un dualisme déguisé. Pour d'autres, c'est un physicalisme étendu, parce qu'il rajoute une propriété qui, certes, dépasse le champ de la physique actuelle, mais qui reste formulée dans des termes physiques. Le panpsychisme répand alors la conscience primaire partout dans le monde en soutenant que les objets ont eux-mêmes une expérience de leur condition ou de leur environnement. Le panpsychisme, et au passage l'idéalisme, intéressent un nombre grandissant de chercheurs.

10 Michel Bitbol, Entretien avec Assya Todorov pour *Sciences & Religions*, fév. 2017.

LES ÉTATS EXTRAORDINAIRES DE LA CONSCIENCE

Cette deuxième partie propose une plongée plus approfondie dans le domaine des états élargis et des manifestations paranormales de la conscience. De fait, ces phénomènes nous informent sur l'expérience consciente et ouvrent des pistes de réflexion pertinentes à son sujet.

Et si le terme de « conscience » n'est pas toujours mobilisé par les parapsychologues, qui soulignent combien la nature des phénomènes psi leur échappe encore, il n'en reste pas moins qu'il est majoritairement pensé que le psi s'y rapporte d'une manière ou d'une autre. Pour exemple, le président de la Parapsychological Association, Dean Radin, lors de son discours d'ouverture[1] de la convention de 2018, a rappelé combien la parapsychologie semble mal nommée. Il a alors évoqué le projet de trouver une nouvelle appellation pour ce domaine de recherche scientifique, qui se référerait plus explicitement à la notion de conscience.

Nous aborderons donc les états « anomaux » de la conscience depuis la recherche scientifique sur les phénomènes paranormaux et l'examen psychologique et phénoménologique des vécus d'états élargis de la conscience – tissant ainsi des approches objectives avec des approches subjectives. Par la suite, nous effectuerons une plongée dans l'étude de certains phénomènes exceptionnels. Notre objectif n'est pas ici de traiter de toutes les manifestations, études ou théories paranormales, mais de donner, dans les grandes lignes, un aperçu d'un domaine de recherche novateur.

1 Dean Radin, *Discours présidentiel*, 61e convention annuelle de la Parapsychological Association, 2018.

magnétisme
métapsychique
spiritisme
parapsychologie
psychologie
anomalistique

UN CHAMP DE RECHERCHE AUDACIEUX

Nous abordons ici l'histoire de la parapsychologie et des recherches sur les états modifiés de la conscience (EMC), leur évolution, les grandes théories et les questions qui s'y rattachent. Nous reprenons notamment le fil de l'histoire au moment où les efforts menés par le magnétisme ont été écartés du champ académique et ont donné naissance à la métapsychique, la parapsychologie et la psychologie anomalistique. Une caractéristique peu connue de ces nouveaux domaines de recherche est la capacité à innover et à rester à l'avant-garde des recherches scientifiques. Ainsi, le psi tout comme l'expérience consciente sont des stimulateurs de recherches puissants. Ils viennent notamment questionner nos conceptions de la relation esprit-matière, de l'espace-temps, de la nature de la réalité et du rôle de l'expérience consciente, participant de ce fait à un profond changement de paradigme.

La parapsychologie, un nouvel éclairage

Le mouvement des Lumières, qui émerge à la fin du XVIIe siècle, cherche à évacuer la superstition et à s'éloigner de la théologie. Son effort de rationalité – qui a, par exemple, permis de mettre fin à une chasse aux sorcières intenable – est louable. Fallait-il cependant jeter le bébé avec l'eau du bain ? Pour ne plus avoir à se confronter à l'interprétation que posent les phénomènes paranormaux, le monde académique décidera finalement de les nier, purement et simplement. Comme nous l'avons vu dans la première partie de cet ouvrage, ce sont alors les magnétiseurs – ces aristocrates et médecins qui se sont intéressés à la lucidité – qui ont, contre vents et marées, amorcé l'étude rationnelle des manifestations paranormales dès la fin du XVIIIe siècle. De l'espace ténu dont ils ont été les gardiens sont nées la métapsychique et la parapsychologie. Et si le terrain fut préparé dans l'Hexagone, l'application de méthodes scientifiques à l'étude de ces phénomènes exceptionnels s'est réalisée outre-Manche. Nous sommes alors en pleine vague spirite. C'est donc à la suite des recherches sur la lucidité et face à la nécessité de définir la nature des phénomènes spirites que les chercheurs s'organisent.

« Autant le scepticisme est utile, autant la négation systématique est nuisible. Il n'est pas plus rationnel de tout accepter que de tout rejeter sans contrôle ; il n'est pas plus scientifique d'affirmer que de nier miracles et prestiges avant d'en avoir poursuivi l'étude[1]. »
Hubert Larcher, médecin.

Spiritisme et tables tournantes

Le courant spirite naît de manifestations paranormales qui surviennent à Hydesville aux États-Unis, en 1847. Les sœurs Fox sont témoins de bruits inexpliqués, dont l'origine est attribuée à un défunt qui semble répondre à leurs questions grâce à un code. L'hypothèse d'une communication avec des esprits – *via* des coups ou des tables tournantes – et, de ce fait, l'hypothèse de la survie de l'âme dans un au-delà provoquent un véritable engouement. La vague spirite déferle en Europe en 1853. En France, Allan Kardec – de son vrai nom Hippolyte Léon Denizard Rivail – expérimente ces phénomènes et publie en 1857 *Le Livre des Esprits*[2]. Cet ouvrage fondateur de la pensée spirite lui aurait été dicté par les esprits eux-mêmes. Il décrit

1 Hubert Larcher, « À propos de métapsychique et de parapsychologie », Entretien avec Bertrand Méheust, *Revue Synapse, Journal de psychiatrie et du système nerveux central*, 1997.

2 Allan Kardec, *Le Livre des Esprits*, E. Dentu Éditeurs, 1857.

ce que serait leur mode d'être dans l'au-delà et comment ils communiqueraient avec le monde des vivants. Le spiritisme intéresse notamment des personnalités telles que Victor Hugo[3], Edgar Allan Poe ou Jean Jaurès[4], et contribue à la naissance de mouvements occultistes. Agénor de Gasparin[5], homme politique et écrivain, décide alors de faire un examen minutieux des tables tournantes. Il finit par exclure la fraude ou la possibilité d'une action musculaire inconsciente, puisqu'il obtient des soulèvements de table sans contact. Toutefois, Gasparin ne souscrit pas à l'hypothèse spirite. Il privilégie celle de l'action d'un fluide magnétique, influencé par l'inconscient des participants aux séances. Comment l'inconscient peut-il agir à distance ?

3 Guillaume Cuchet, *Victor Hugo, Le Livre des Tables. Les séances spirites de Jersey*, Éditions Gallimard, 2014.

4 Jean Jaurès, *De la réalité du monde sensible*, 1892, Thèse de philosophie, Alcuin Éditions.

5 Agénor de Gasparin, *Des tables tournantes, du surnature en général et des esprits*, E. Dentu Éditeurs, 1854

UNE SCIENCE PSYCHIQUE ANGLAISE

Dès 1657, les platoniciens de Cambridge[6] mettent en pratique l'idée du théologien Matthew Poole, de consigner les événements considérés comme provenant de source divine[7]. Les philosophes Henry More et Joseph Glanvill invitent alors à la plus grande prudence quant à l'interprétation de ces faits. Et c'est de cette démarche que naît le goût pour la recherche psychique. Le Trinity College de Cambridge devient alors le berceau de la Society for Psychical Research (SPR), fondée en 1882 par Frederic Myers, Edmund Gurney, Henry Sidgwick et Richards Hodgson. Par la suite, ses membres compteront le père de la psychologie américaine William James, le prix Nobel de médecine Charles Richet, le philosophe Henri Bergson ou encore les psychanalystes Sigmund Freud et Carl Jung. En 1886, Gurney, Myers et Franck Podmore publient *Les Hallucinations télépathiques*[8], un ouvrage fondateur pour la recherche psychique. Les chercheurs concluent : « *L'expérience prouve que la télépathie, c'est-à-dire la transmission des pensées et des sentiments d'un esprit à un autre sans l'intermédiaire des organes des sens, est un fait*[9]. » D'autres sociétés savantes et de nombreux congrès voient le jour en Europe et aux États-Unis.

EXPERTISE

La métapsychique

La métapsychique est « *la science qui a pour objet des phénomènes, mécaniques ou psychologiques, dus à des forces qui semblent intelligentes ou à des puissances inconnues latentes dans l'intelligence humaine*[10] ». Voilà le nom et la définition que Charles Richet propose pour ce nouveau domaine scientifique, lors de son adresse présidentielle à la SPR en 1905. La métapsychique comporte alors un versant objectif et un versant subjectif[11]. Le versant objectif analyse certains phénomènes physiques ou chimiques, qui paraissent avoir un caractère intelligent et qui ne semblent pas relever de forces connues. Le versant subjectif étudie des phénomènes psychiques non matériels qui sont attribués à une sensibilité dont la nature échappe aux chercheurs. Notons que la question de savoir quelle serait l'appellation adaptée pour ce domaine de recherche fera débat tout au long de son histoire.

6 Henry More, Ralph Cudworth, Benjamin Whichcote, Peter Sterry, John Smith, Nathaniel Culverwell, John Worthington.

7 Hubert Larcher, « À propos de métapsychique et de parapsychologie », Entretien avec Bertrand Méheust, *Revue Synapse, Journal de psychiatrie et du système nerveux central*, 1997.

8 Edmund Gurney, Frederic Myers, Frank Podmore, *Phantasms of the Living*, Frederic Myers ed., 1886.

9 Charles Richet, « La métapsychique », *Proceedings of the Society for Psychical Research*, 19, 2-49, 1905.

10 Charles Richet, *Adresse présidentielle à la SPR*, 1905.

11 Charles Richet, *Traité de Métapsychique*, Alcan, 1922.

LES ANNÉES FOLLES À PARIS

L'Institut métapsychique international (IMI) est créé à Paris en 1919 par le mécène Jean Meyer ainsi que les chercheurs Gustave Geley et Rocco Santoliquido. Dès le départ, l'IMI est reconnu comme une fondation d'utilité publique par le ministère de l'Intérieur. En réalité, Meyer a l'ingénieuse idée de créer deux sociétés savantes : d'un côté, une Société d'études spirites et de l'autre, l'IMI. L'idée est bel et bien de faire la part des choses entre le spiritisme et la science. « *Jean Meyer avait un grand respect pour la méthode scientifique. Il a pensé qu'il fallait un institut indépendant pour étudier objectivement les phénomènes métapsychiques*[13] », explique Mario Varvoglis, président de l'IMI. Ses premiers membres comptent Charles Richet et l'astronome Camille Flammarion. Doté d'un laboratoire et de fonds privés, l'IMI met en place des programmes de recherche, des conférences et publie sa *Revue métapsychique*. Les expériences menées sur des sujets doués de capacités paranormales sont pour le moins déroutantes : moulages de phénomènes ectoplasmiques, tests infrarouges sur la télékinèse, tests de voyance et de télépathie, etc. Les réflexions expertes de l'époque seraient encore pertinentes de nos jours[14]. Ainsi, dans les années 1920 et 1930, la France occupe le devant de la scène des recherches métapsychiques.

« Quel grand scandale scientifique ce serait de laisser tant d'expériences humaines risquer un sort incertain entre, d'une part, la tradition vague et la crédulité, et, d'autre part, la négation dogmatique généralisée[12]. »
William James, psychologue.

« Les pionniers de l'IMI étaient probablement trop en avance sur leur temps. Ils étaient confrontés à l'époque, tout comme aujourd'hui, à une phénoménologie qui semble par certains aspects défier nos outils et nos modèles scientifiques[15]. »
Thomas Rabeyron, psychologue.

12 James William, *Études et réflexions d'un psychiste*, Payot Éditeur, 1924.

13 Mario Varvoglis, « Ils étudient le paranormal depuis 100 ans », par Miriam Gablier, *Inexploré* Hors-Série n° 7 nov. 2018 p. 139-141.

14 Renaud Évrard, « Ils étudient le paranormal depuis 100 ans », par Miriam Gablier, *Inexploré* Hors-Série n° 7 nov. 2018, p. 139-141.

15 Thomas Rabeyron, « Ils étudient le paranormal depuis 100 ans », par Miriam Gablier, *Inexploré* Hors-Série n° 7 nov. 2018, p. 139-141.

UNE PARAPSYCHOLOGIE AMÉRICAINE

En 1889, l'Allemand Max Dessoir propose le terme de « parapsychologie » pour « *caractériser toute une région frontière encore inconnue qui sépare les états psychologiques habituels des états pathologiques*[16] ». Il suggère également le terme de « paraphysique » pour désigner les phénomènes objectifs qui échappent aux lois de la physique classique. C'est surtout aux États-Unis que cette nouvelle appellation prend pied. Après les travaux du psychologue William McDougall, le botaniste Joseph Banks Rhine crée en 1934 le Laboratoire de parapsychologie à l'université Duke. En 1937, il publie[17] des statistiques basées sur les résultats de dizaines de milliers d'expériences. Ces analyses mettent en évidence l'existence des « *perceptions extrasensorielles* » (PES), expression qu'il compose afin de regrouper les phénomènes de clairvoyance, de télépathie, de précognition et de psychokinèse. Cette forme de parapsychologie statistique domine alors la recherche sur le paranormal du milieu du XXe siècle. Elle n'étudie pas des sujets exceptionnellement doués, comme le faisait la métapsychique, mais mène des études sur un vaste nombre de sujets « normaux ». Elle met

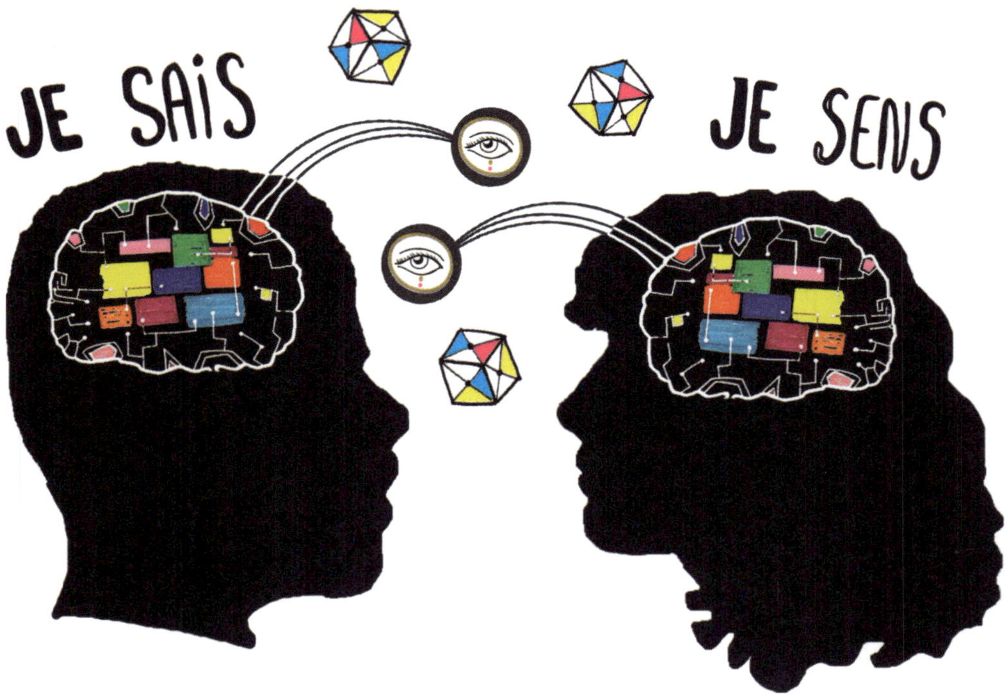

16 Max Dessoir, *Vom Jenseits der Seele*, Stuttgart, Encke, 1902.

17 Joseph Banks Rhine, *Le Nouveau Monde de l'esprit*, Maisonneuve, 1955.

ainsi statistiquement en évidence le phénomène « psi » et montre que tout un chacun est susceptible de développer ces capacités. La Parapsychological Association est fondée en 1957. En 1969, elle est affiliée à la très académique Association Américaine pour l'Avancement des Sciences.

EXPERTISE

Pourquoi « psi » ?

Le terme « psi » est introduit en parapsychologie en 1942[18] par Robert Thouless et Benjamin Wiesner. Le choix de cette vingt-troisième lettre de l'alphabet grec permet de désigner un « facteur inconnu » à l'œuvre dans les phénomènes paranormaux. On parle alors de « psi réceptif » (de type perceptions extrasensorielles) ou de « psi projectif » (de type psychokinèse). Il n'en reste pas moins que ces phénomènes restent difficiles à isoler les uns des autres et même parfois à définir clairement. « *Les concepts employés pour désigner les phénomènes psi semble en dire plus long sur les circonstances historiques dans lesquelles ils ont été observés que sur leurs propriétés elles-mêmes*[19] », indique Dean Radin.

DES MODÈLES CONTEMPORAINS

Si de nombreux pays se dotent d'instituts – et parfois de départements universitaires – afin d'étudier les phénomènes paranormaux, c'est notamment en Allemagne qu'ont lieu les recherches les plus conséquentes de la fin du XXe siècle et du début du XXIe. L'Institut pour les zones frontières de la psychologie et de la psychohygiène (IGPP) est fondé par le psychologue Hans Bender en 1930 à Freiburg. Son professorat à l'université de la ville est par ailleurs transformé en « chaire de psychologie et des zones frontières de la psychologie » en 1967. En 1992, l'IGPP reçoit un apport de fonds privés qui lui permet de poursuivre un ensemble de recherches, notamment sur les rêves prémonitoires et les phénomènes de poltergeists. Certains chercheurs élaborent également des modèles parapsychologiques en bordure de la théorie des systèmes et de la physique quantique, tels le modèle de l'information pragmatique (MPI)

18 Robert Thouless, « Experiments on paranormal guessing », *British Journal of Psychology*, 33, 15-27, 1942.

19 Dean Radin, *La Conscience invisible*, Presses du Châtelet, 2000, p. 28.

« Au final, les nouveaux modèles sont tellement en train de changer la donne qu'il devient presque difficile de les rapprocher de la parapsychologie classique. La parapsychologie est un domaine de recherche tellement dynamique et avant-gardiste qu'il est presque contraint à une mutation constante[23]. »
Renaud Évrard, psychologue.

ou la théorie quantique généralisée (GQT)[20], issus notamment des travaux du physicien Walter von Lucadou. En effet, en Allemagne, le dialogue[21] entretenu par Carl Jung, spécialiste de la psychologie des profondeurs, et Wolfgang Pauli, le prix Nobel de physique quantique, a fini par faire école. La notion de « synchronicité » en est née, tout comme l'idée qu'il est légitime que des experts de champs différents discutent entre eux[22]. Par exemple, en 1974, des chercheurs de haut niveau (dont des prix Nobel) se sont réunis à Genève pour une série de conférences sur la physique quantique et la parapsychologie.

LA PSYCHOLOGIE ANOMALISTIQUE

La parapsychologie s'intéresse à ce que la science n'explique pas. « *Les limites de ce corpus de phénomènes sont destinées à être floues puisqu'elles dépendent étroitement de l'idée qu'à une époque et dans une culture données, on se fait du* "normal", *de* "l'explicable" *et du* "possible"[24] », note le psychiatre Paul-Louis Rabeyron. La parapsychologie est toutefois classiquement définie comme couvrant trois domaines de recherche : le psi réceptif (perception extrasensorielle), le psi projectif (psychokinèse) et un ensemble de phénomènes liés à l'hypothèse de la survie après la mort. Certains thèmes n'entrent donc pas dans son domaine d'étude – les abductions par les extraterrestres, les vampires, les animaux légendaires, etc.[25] De son côté, la psychologie anomalistique a pour objectif de recueillir tous

1/3 DE LA POPULATION

L'étude menée par Ipsos MORI[27] en 2009 auprès de 4096 adultes britanniques indique que 36,8% d'entre eux ont été confrontés à l'une des expériences suivantes : télépathie, clairvoyance, prémonition, expérience mystique ou transcendante, communication avec une personne décédée. Ces chiffres correspondent à l'ensemble des sondages. À l'heure actuelle, plus d'un tiers des personnes interrogées dans les pays occidentaux disent avoir vécu une expérience extraordinaire.

20 Walter von Lucadou, « The model of pragmatic information (MPI) and Generalised Quantum Theory (GQT), Mindfield », *The Bulletin of the Parapsychological Association* Vol 10, issue 3, 2018.

21 Wolgang Pauli, Carl Jung, *Correspondance 1932-1958*, Albin Michel, 2000.

22 Renaud Évrard, Entretien avec Miriam Gablier, en vue de la parution de « Étudier scientifiquement le paranormal », *Inexploré* n° 43, juill.-sept. 2019.

23 Renaud Évrard, Ibid.

24 Paul-Louis Rabeyron, « Généralités sur la notion de paranormal », *Extrait du Dictionnaire des miracles et de l'extraordinaire chrétien*, Fayard, 2000.

25 Institut Métapsychique International (IMI), site internet : https://www.metapsychique.org/quest-ce-que-la-parapsychologie/

el beso
je suis là
psss oo chhh
esprit
je t entends
psi

les témoignages d'expériences « anomales », sans préjuger de leur authenticité. N'excluant aucun vécu d'expériences exceptionnelles, elle cherche surtout à comprendre leurs caractéristiques et à mesurer leurs impacts psychologique, social et culturel. « *Nous ne pouvons pas douter du fait que des gens croient au paranormal, et qu'ils disent faire l'expérience du paranormal. Cette réalité sociologique mérite un champ d'étude. C'est celui de la psychologie anomalistique*[26] », détaille Renaud Évrard. Cette branche, qui apparaît en même temps que la recherche psychique, émerge sous cette appellation à partir des années 1980.

DES CONCLUSIONS INATTENDUES

Parce qu'elle vient questionner un grand nombre de présupposés scientifiques, la parapsychologie se doit d'être menée avec une grande rigueur. Or, justement, la rigueur ne fait pas défaut aux parapsychologues. Les résultats de leurs protocoles en triple, quadruple et parfois quintuple aveugle, sont publiés dans des revues scientifiques à comité de lecture telles que *Foundations of Physics, Statistical Science, Behavioral and Brain Sciences, Psychological Bulletin, Physical Review, New Scientist*, etc. Et tous les articles se prononcent en faveur d'un examen scientifique des phénomènes paranormaux. De plus, les études en parapsychologie sont si nombreuses qu'elles font l'objet de méta-analyses, et même de méta-analyses de méta-analyses. Pour n'en citer qu'une : en août 2018, le directeur du *Centre for Research on Consciousness and Anomalous Psychology* (CERCAP), publie une méta-analyse de méta-analyses qui défraie la chronique. En effet, dans la revue conservatrice *American Psychologist*[28], Etzel Cardeña écrit que les évidences expérimentales penchent en faveur des phénomènes paranormaux. « *Cela peut paraître étonnant qu'une telle revue publie une telle conclusion. En fait, c'est surtout que les psychologues n'ont plus le choix. Les données sont là*[29] », indique Renaud Évrard. La question ne serait plus tant de savoir si des preuves existent, mais plutôt d'étudier ce que ces études nous révèlent.

« Et pourtant, elle tourne. »
Galilée.

26 Renaud Évrard, Entretien avec Miriam Gablier, en vue de la parution de « Étudier scientifiquement le paranormal », *Inexploré*, n° 43, juill.-sept. 2019.

27 Madeleine Castro, Roger Burrows, Robin Wooffitt, « The paranormal is (still) normal: the sociological implications of a survey of paranormal experiences in Great Britain », *Sociological Research Online*, 19 (3), 16, 2014.

28 Etzel Cardeña, « The experimental evidence for parapsychological phenomena: A review. », *American Psychologist*, 73(5), 663-677, 2018.

29 Renaud Évrard, Entretien avec Miriam Gablier, en vue de la parution de « Étudier scientifiquement le paranormal », *Inexploré*, n° 43, juill.-sept. 2019.

DES MODÈLES AUDACIEUX

S'il est un domaine dans lequel « *la carte n'est pas le territoire* », comme l'écrit le philosophe Alfred Korzybski, c'est celui de la parapsychologie. Penser les phénomènes paranormaux reste un véritable challenge. C'est peut-être pour cela que ce champ de recherche est si dynamique et novateur. En effet, les experts ont élaboré de multiples méthodes et propositions théoriques souvent à l'avant-garde de la science.

« La vérité n'est pas une réalité transcendante qui préexisterait à ceux qui la formulent, c'est l'homme qui la fait advenir dans le monde. [...] S'il est un domaine de l'expérience humaine où le processus du décrire-construire apparaît dans toute sa force, c'est bien celui de l'exploration des profondeurs du psychisme[30]. »
Bertrand Méheust, sociologue.

LA SURVIE DE L'ÂME ?

Traditionnellement, l'idée la plus courante est que les phénomènes extraordinaires sont liés à des dieux ou déesses, diable ou démons, lutins et autres farfadets. Dans ce cas, c'est le modèle surnaturel qui prévaut. Et si la possibilité que l'âme d'un défunt puisse également interagir avec le monde des vivants est ancienne, il semble qu'elle émerge plus particulièrement à la suite du retour en force des idées grecques au XVIIe siècle. Ainsi, c'est surtout après la relecture des textes de Platon que l'idée qui veut que l'âme voyage dans un au-delà et, au passage, renaisse dans une nouvelle vie refait doucement surface[31]. En 1857, Allan Kardec actualise cette conviction en inventant le terme de « réincarnation[32] ». Ce père du spiritisme, ainsi que l'occultiste Papus[33], alias Gérard Encausse, ou la théosophe Helena Blavatsky[34] détaillent ensuite leurs visions de ce que seraient le voyage de l'âme au moment de la mort, sa rencontre avec des êtres désincarnés, les phases qu'elle traverserait dans un au-delà et son choix d'un retour.

« Vous allez commencer une nouvelle carrière et renaître à la condition mortelle. Ce n'est pas un génie qui vous tirera au sort, c'est vous qui allez choisir votre génie[35]. »
Platon, philosophe.

30 Bertrand Méheust, *Somnambulisme et médiumnité, Le défi du magnétisme, Tome 1*, Éditions Les Empêcheurs de penser en rond, 2014, p. 88 et 94.

31 André Couture, *La Réincarnation au-delà des idées reçues*, Les Éditions de l'Atelier, 2000.

32 Allan Kardec, *Le Livre des esprits*, 1857.

33 Papus, *L'Âme humaine avant la naissance et après la mort*, Éditions Chamuel, 1898.

34 Helena Blavatsky, *La Doctrine secrète, Synthèse de la science, de la religion et de la philosophie*, Éditions Adyar, 1888.

35 Platon, *La République*.

Les influences orientales se faisant sentir, certains concepts hindous comme celui de « karma » (loi de cause à effet cosmique) sont également adoptés. Dans ce modèle de la survie, ce sont donc les âmes ou les esprits désincarnés qui, par leurs communications avec les vivants ou leur action sur le monde, produiraient les phénomènes paranormaux. Ce système dualiste indique souvent que l'âme est véhiculée par un ou plusieurs corps subtil(s), parfois appelé « périsprit », dans l'au-delà. Des débats ont alors lieu pour savoir si c'est par le biais de cette énergie ou par la volonté simple qu'elle pourrait interagir avec le monde physique. Et si l'hypothèse d'une survie de l'âme a rapidement été évacuée par la majorité des parapsychologues, tous n'y furent pas insensibles. En réalité, le dossier ne sera jamais vraiment clos. Stephen Braude[36], chercheur en parapsychologie, indique par exemple, en 2003, que l'hypothèse de la survie pourrait expliquer certains phénomènes paranormaux de manière plus directe que l'hypothèse psi. Le problème est qu'il est impossible d'objectiver scientifiquement la survie de l'âme. Seule une accumulation de données peut plaider en sa faveur.

« L'âme de l'homme est comme l'eau : elle vient du ciel, vers le ciel elle remonte, puis elle revient sur terre, en un va-et-vient incessant[37]. »
Johann Goethe, écrivain.

Peut-on penser la survie d'une forme de conscience sans corps ?

Les questions qui se posent ici sont notamment de savoir, d'une part, si une expérience consciente peut apparaître selon une ontologie – une façon d'être au monde – qui ne soit pas biologique et, d'autre part, si la survie est nécessairement celle d'un sujet transcendantal, et non juste celle de tendances psychiques. Ces réflexions, hautement métaphysiques, sont appréhendées différemment selon les traditions. Ce que nous pouvons dire est que la plupart des traditions qui pensent la survie, se mettent d'accord sur le fait qu'une forme d'expérience consciente peut survivre à la mort du corps physique, sous la forme d'un corps énergétique subtil. Elles estiment donc qu'une expérience consciente peut se vivre sans support biologique – mais rarement sans support énergétique. Cependant, les traditions diffèrent quant à la question du sujet. Par exemple, l'hindouisme considère que ce qui survit d'une existence à l'autre est l'expérience d'un sujet transcendantal[38] qui

36 Stephen Braude, *Immortal Remains*, Rowan and Littlefield Publisher, 2003.

37 Goethe, *Chant des esprits sur les eaux*.

38 André Couture, *La Réincarnation au-delà des idées reçues*, Les Éditions de l'Atelier, 2000.

catalyse des tendances psychiques. Au contraire, le bouddhisme considère que si ce qui passe de vie en vie est bien des tendances psychiques, il n'y a aucun sujet[39]. Pour cette tradition, l'expérience consciente pourrait donc se produire sans qu'il y ait d'être transcendantal à proprement parler.

Des forces énergétiques ?

Lorsque les magnétiseurs ont abordé les phénomènes paranormaux depuis un esprit rationnel, ils les ont d'abord observés de façon empirique : collectes de témoignages, sondages, examens psychologiques, etc. La priorité était de montrer la réalité de ces manifestations. Rapidement, ils ont également proposé des théories permettant de les interpréter. Celles-ci étaient souvent pensées en fonction des découvertes scientifiques de l'époque[40]. Parce que les théories sur le magnétisme étaient nouvelles, les magnétiseurs ont parlé d'un fluide magnétique circulant dans l'organisme et dans l'Univers. Lorsque les communications radiophoniques sont apparues, les chercheurs ont envisagé l'envoi de signaux invisibles de type ondes radio. Ainsi, les premiers modèles rationnels comportaient une prédominance « énergétique ». Ils cherchaient à comprendre comment une force physique peut voyager ou influencer un individu à distance. Cependant, si les mesures montrent qu'effectivement des phénomènes énergétiques peuvent se produire autour des phénomènes paranormaux, ceux-ci restent localisés. Aucune transmission d'ondes n'a pu être mise en évidence dans les recherches en laboratoire[41]. Des expériences de vision à distance, de précognition, de psychokinèse ont réussi à de très grandes distances, malgré la présence de cages de Faraday, ou depuis un sous-marin au fond des eaux. Par ailleurs, le modèle énergétique ne suffit pas en lui-même à expliquer le versant « intelligent » des forces qui semblent à l'œuvre. Il est progressivement abandonné afin de privilégier un modèle plus informationnel : celui du « psi ».

39 André Couture, *La Réincarnation au-delà des idées reçues*, Les Éditions de l'Atelier, 2000.

40 Renaud Évrard, Entretien avec Miriam Gablier, en vue de la parution de « Étudier scientifiquement le paranormal », *Inexploré*, n° 43, juill.-sept. 2019.

41 Dean Radin, *La Conscience invisible – Le paranormal à l'épreuve de la science*, Presses du Châtelet, 2000.

EXPERTISE

Crookes et la force psychique

En 1869, la Société dialectique de Londres charge le chimiste et physicien William Crookes d'étudier les phénomènes paranormaux. L'illustre scientifique étant connu pour son scepticisme, tout le monde pense qu'il va enfin mettre fin au scandale des phénomènes spirites. Cependant, William Crookes admet qu'il a été témoin de phénomènes qui lui échappent. Il parle tout d'abord d'une force naturelle inconnue, puis finit par dire que c'est une « *force psychique*[42] ».

UNE ACTION PSI ?

La piste de capacités psychophysiques latentes et encore inconnues scientifiquement est évoquée dès le début des recherches psychiques. Cette idée d'un potentiel inexploité en tout un chacun se dessine plus clairement au début du XXe siècle sous la forme du modèle « psi » – terme mobilisé pour la première fois en parapsychologie en 1942. Ce modèle rationnel, humaniste et pertinent, congédie alors les âmes désincarnées et les esprits et devient le scénario prédominant. Il avance que tout phénomène paranormal peut s'expliquer par des capacités psi humaines telles que la télépathie, la clairvoyance, la psychokinèse et surtout la précognition. Pour cela, il fait appel à des processus dans lesquels la mémoire individuelle est connectée à un champ mémoriel plus vaste, parfois appelé le « super-psi », dans lequel l'espace-temps classique est mis hors-jeu. Des chercheurs comme le médecin Gustave Geley ou le physicien George Tyrrell soulignent toutefois que ce modèle pourrait surévaluer le potentiel de l'être humain. « *Ce modèle peut se prêter à beaucoup de fantasmes, car nous pourrions argumenter qu'il présuppose l'existence chez l'être humain de fragments divins ou de capacités d'omnipotence et d'omniscience*[43] », explique Renaud Évrard. Par ailleurs, ce modèle est parfois mis en difficulté lorsqu'il s'agit d'expliquer certains témoignages de médiumnité, de souvenir de vies antérieures ou autres phénomènes de la sorte[44].

42 Crookes William, *Recherches sur les phénomènes du spiritualisme. Nouvelles expériences sur la force psychique*, 1874

43 Renaud Évrard, Entretien avec Miriam Gablier, en vue de la parution de « Étudier scientifiquement le paranormal », *Inexploré*, n° 43, juill.-sept. 2019.

44 Stephen Braude, *Immortal Remains*, Rowan and Littlefield Publisher, 2003.

SUPER-PSI, UN CHAMP INFORMATIONNEL ?

Afin de notamment expliquer l'accès paranormal de certains sujets à des informations passées, futures ou distantes, les chercheurs sont amenés à penser que la psyché individuelle baigne dans une dimension super-psi plus vaste, qui interconnecte tout le vivant, voire tout l'Univers. C'est-à-dire que la psyché individuelle serait une sorte de version localisée, réduite ou filtrée, d'un potentiel psychique insoupçonné. Lorsqu'elle entrerait dans un état hypnotique, de transe ou un état élargi de conscience, elle pourrait s'ouvrir davantage à ce champ et aller y puiser des informations et de l'énergie. Un individu extralucide serait donc une personne faisant l'expérience d'un contact avec ce niveau de « métaconscience » ou de « métamémoire ». Cette idée a été envisagée par d'éminents théoriciens, qui se sont mutuellement influencés :

- Frederic Myers conçoit l'existence d'un moi subliminal[45] connecté notamment à un espace « méta-éthérique ». Ce moi subliminal se localiserait et se rétrécirait en un moi individuel n'incarnant alors qu'un nombre limité de ses potentialités. « *Myers pense que l'esprit déborde le corps, qui n'est que son « pied-à-terre » dans la réalité*[46] », commente Bertrand Méheust.
- William James pense que le cerveau est comme un tamis qui limite un flux en provenance d'un monde transcendantal[47]. Les expériences paranormales dépendraient du seuil de conscience maintenu par le cerveau. Plus ce seuil serait bas, plus la personne serait en contact avec le monde « subliminal » – notion qu'il emprunte à Myers. Le sujet accéderait alors à un « *réservoir d'idées insoupçonnées et d'énergies latentes*[48] ».

45 Frederic Myers, *La Personnalité humaine, sa survivance, ses manifestations paranormales*, 1903.

46 Bertrand Méheust, *Les Miracles de l'esprit – Qu'est-ce que les voyants peuvent nous apprendre ?* Éditions Les Empêcheurs de penser en rond, 2011, p. 229.

47 James William, *De l'immortalité de l'âme humaine*, Éditions Rue d'Ulm, 2015.

48 James William, *Études et réflexions d'un psychiste*, Éditions Payot, 1924.

• Henri Bergson avance que le cerveau est un filtre qui limite la conscience. Il réduit en quelque sorte le champ informationnel auquel un individu pourrait potentiellement avoir accès. Toute la philosophie de Bergson consiste alors non pas à penser la mémoire mais les mécanismes de l'oubli[49]. « *Ce qui lui pose problème, ce n'est pas l'idée que nous puissions tous être reliés, c'est au contraire le fait de notre isolement*[50] », souligne Bertrand Méheust.

Une deuxième génération de penseurs va reprendre ces idées. Le psychanalyste Carl Jung pense l'inconscient collectif[51], le prêtre paléontologue Pierre Teilhard de Chardin développe la notion de « noosphère[52]» – inventée par Vladimir Vernadski –, le biologiste Rupert Sheldrake élabore la théorie des champs morphogénétiques[53], introduite par Alexander Gurwitsch. Notons qu'avec toute ces théories, le problème devient de savoir quelles sont les conditions d'individuation : comment un individu se forme-t-il au cœur d'un océan de métaconscience ? C'est le « *problème de la membrane*[54] », indique Bertrand Méheust.

EXPERTISE

Un esprit élargi

La notion de « noosphère » développée par Pierre Teilhard de Chardin serait une sorte de couche formée par l'accumulation des processus psychiques, une « *sphère de la pensée humaine* ». Dans ce cas, la noosphère ne serait pas préexistante mais apparaîtrait avec l'humanité. La théorie des champs morphogénétiques, élaborée par Rupert Sheldrake, indique qu'il existerait des schémas organisateurs invisibles, fonctionnant par des processus de résonance et de mémoire. Ils informeraient chaque individu ou groupe d'individus qui y seraient liés et les informations pourraient aller dans les deux sens : l'individu pourrait aussi influencer les champs morphogénétiques auxquels il est relié.

49 Henri Bergson, *Matière et Mémoire, Essai sur la relation du corps à l'esprit*, Félix Alcan, 1896.

50 Bertrand Méheust, *100 mots pour comprendre la voyance*, Éditions Les Empêcheurs de penser en rond, 2005, p. 53.

51 Carl Jung, *L'Énergétique psychique*, Genève, Georg, 1973, p. 99.

52 Pierre Theilard de Chardin, *Hominisation*, écrit en 1922, *Hominization, The Vision of the Past*, 1923.

53 Rupert Sheldrake, *Une nouvelle science de la vie : l'hypothèse de la causalité formative*, Éditions du Rocher, 2003.

54 Bertrand Méheust, *Les Miracles de l'esprit – Qu'est-ce que les voyants peuvent nous apprendre ?* Éditions Les Empêcheurs de penser en rond, 2011, p.231.

UNE NOUVELLE PHYSIQUE, DE NOUVEAUX MODÈLES

Du fait que les premières études étaient centrées sur des sujets psi exceptionnels, les chercheurs ont d'abord pensé que ceux-ci étaient essentiels à la production des phénomènes paranormaux. La parapsychologie américaine a ensuite mis en évidence, grâce à ses méthodes statistiques, que tout un chacun peut produire un effet psi. Une nouvelle tendance semble apparaître dans les recherches en parapsychologie : elle consiste à moins se centrer sur le sujet en tant que tel, mais à envisager que les individus font partie de systèmes. Ainsi, les phénomènes psi ne résulteraient pas simplement d'une faculté individuelle, mais d'un ensemble de forces qui comprennent des mécanismes psychiques, tels qu'ils sont pensés classiquement, mais également des mécanismes physiques, tels que décrits par la physique nouvelle. Ces modèles s'inspirent ainsi de la thermodynamique, de la théorie des systèmes et de la physique quantique. Ils ont pour noms : le modèle multiphasique de l'information psi, le modèle thermodynamique de précognition rétro-causale, le modèle de restauration induite de la symétrie temporelle par la conscience, le modèle de l'information pragmatique (MPI) et la théorie quantique généralisée (GQT) – qui peuvent être unis[55].

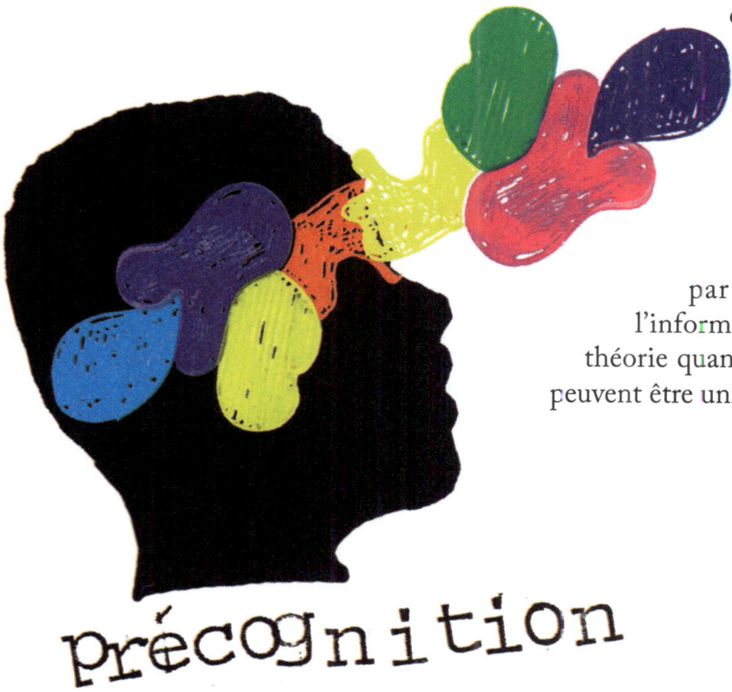

55 Walter von Lucadou, « The model of pragmatic information (MPI) and Generalised Quantum Theory (GQT), Mindfield », *The Bulletin of the Parapsychological Association* Vol 10, issue 3, 2018.

EXPERTISE

La théorie quantique généralisée

Fruit d'un effort collectif[56], la théorie quantique généralisée, qui associe principalement la théorie des systèmes et la physique quantique, est développée depuis 2002. Son avantage est d'arriver à rendre compte de la majorité des phénomènes paranormaux en plus d'autres phénomènes complexes. L'idée est que les descriptions quantiques – corrélation d'intrication, non-localité, complémentarité, etc. – peuvent servir à expliquer des manifestations macroscopiques ou psychophysiques. Nous ne sommes donc plus avec un signal physique qui voyage d'un point A à un point B, mais avec un effet non local et instantané. La théorie quantique généralisée explique donc l'effet psi en montrant que des corrélations d'intrications non locales peuvent perturber un système. Un système, c'est ce qui apparaît lorsque des interactions interagissent et contraignent ainsi une organisation : elles créent une sorte de clôture, un tout. Cette clôture peut englober un ensemble plus vaste qu'un individu : une famille ou un groupe de personnes, et leur environnement. Une tension et un effet non local peuvent donc produire un symptôme paranormal au cœur de ce système, comme nous le verrons dans les cas de poltergeists.

56 L'idée initiale du modèle d'information pragmatique et de la théorie quantique généralisée (GQT) remonte à Pascal Jordan, Wolfgang Pauli et Carl Jung. Son application à la parapsychologie a été décrite par Walter von Lucadou en 1972. Elle a été ensuite davantage développée en coopération avec Klaus Kornwachs en utilisant des idées d'Ernst von Weizsäcker et de Francisco Varela. Une formulation mathématique de la GQT a été donnée par Hartmann Römer en 2002.

L'INSOLENCE DU PSI

Le psi, qui reste le principe explicatif privilégié, serait, d'une certaine manière, un peu comme un chien dans un jeu de quilles : il sèmerait la pagaille. Les joueurs auraient du mal à le prendre au sérieux et essaieraient de le canaliser d'après leurs règles, mais le chien continuerait à n'en faire qu'à sa tête. En effet, les recherches sur le psi mettent en évidence que le phénomène est instable, fuyant, élusif. Plus encore, le psi défie non seulement les théories scientifiques, mais le cœur même de la méthodologie rationnelle. Ainsi, il vient notamment questionner nos compréhensions des processus de transmission d'énergie et d'information, des perceptions et de la cognition, de la relation esprit-matière, du continuum espace-temps et, pour finir, du rôle de la conscience.

« Nous allons vers la remise en question du paradigme qui limite la science aux phénomènes objectifs, qui nous contraindra à l'élargir jusqu'au champ de la subjectivité et de l'intersubjectivité en admettant la possibilité de phénomènes psycho-somato-physiques[57]. »
Hubert Larcher, médecin.

PSY OU PSI, QUI FAIT QUOI ?

La performance d'un sujet psi fluctue en fonction de ses états psychologiques, de son état de santé et de sa motivation à faire ce qu'il fait. Cependant, cette variation psy du psi prend parfois des tours inattendus. En 1942, Gertrude Schmeidler, de la City University de New York, questionne les sujets lambda qui participent aux expériences parapsychologiques. Elle met alors en évidence que les performances obtenues sont supérieures pour ceux qui croient au psi et inférieures pour ceux qui n'y croient pas. Elle appelle cela « *l'effet mouton-chèvre*[58] ». D'autres études montrent que les résultats d'un protocole peuvent également varier selon que le chercheur lui-même croit ou pas au psi. C'est « *l'effet observateur*[59] ».

À l'inverse, il arrive que des personnes qui déclarent être matérialistes et ne pas du tout croire aux phénomènes paranormaux produisent des résultats tellement négatifs, tellement en deçà de la ligne du hasard, qu'ils en deviennent significatifs. On parle alors de « *psi missing*[60] ».

57 Hubert Larcher, « Sciences de l'homme et métapsychique », *Revue Métapsychique*, 1978, n° 25, p. 4-14.

58 Gertrude Schmeidler, « Separating the Sheep from the Goats », *Journal of the American Society for Psychical Research*, 1945, 39: 47-49.

59 Richard Wiseman, Marilyn Schlitz, « Experimenter effects and the remote detection of staring : an attempted replication», *The Journal of Parapsychology*, sept. 1997.

60 Institut métapsychique international : https://www.metapsychique.org/le-psi-missing-et-leffet-mouton-chevre/

Enfin, « *l'effet de déclin*[61] » se produit lorsqu'un protocole est répété avec un sujet : les résultats ont tendance à décliner au fil du temps. Est-ce parce que le sujet s'ennuie et que la tâche finit par ne plus avoir de sens pour lui ? La question du « sens » se pose par ailleurs, lorsque les chercheurs se rendent compte que des paramètres intimes – qui ont donc du sens pour les sujets – favorisent les phénomènes psi. Par exemple, certaines personnes vivent des expériences exceptionnelles spontanées au moment du décès d'un proche. Ces fluctuations peuvent-elles être réduites seulement à la psychologie ? Peut-être pas.

UN PHÉNOMÈNE ÉLUSIF ET INTELLIGENT

Force est de constater que le psi semble être polymorphe et instable par nature. Par exemple, un sujet n'est rarement que télépathe, que voyant, que précognitif, etc. Le psi tendrait à présenter des typologies mixtes et fluctuantes qui ne dépendraient pas seulement de la vie intime du sujet. Plus encore, les résultats statistiques obtenus sur un grand nombre d'expériences mettent en évidence des fluctuations qui ne proviendraient ni des protocoles, ni du

61 Psi Encyclopedia : https://psi-encyclopedia.spr.ac.uk/articles/decline-effect-parapsychology

facteur humain. Lorsque les chercheurs répètent leurs expériences à l'identique, les effets se déplacent, s'inversent, déclinent, disparaissent, réapparaissent. « *Les parapsychologues ont même parfois l'impression que les phénomènes jouent avec eux, qu'ils les promènent*[62] », commente Renaud Évrard.

Prenons par exemple une expérience dite à « choix forcé ». Il est ici question de deviner à chaque fois le bon résultat d'une opération. Les résultats sont tenus secrets jusqu'à la fin de la série. Il arrive que le sujet donne le résultat qui coïncide non pas à l'opération en cours, mais à celle qui va se produire le coup suivant, ou celle qui s'est produite le coup d'avant : le sujet a souvent répondu juste, mais de manière décalée temporellement ! Sa performance est alors comptée comme étant nulle, bien qu'elle mette en évidence une complexité déconcertante. Les chercheurs parlent d'une intermittence, d'un déplacement, d'une élusivité[65] du psi. L'idée est qu'il y aurait une fugitivité inhérente au psi qui, par dérobades, échapperait ainsi partiellement aux protocoles scientifiques. Certains n'hésitent pas à penser le psi comme l'expression d'une force intelligente, et ainsi d'une forme de conscience. S'agit-il d'une entité désincarnée, de l'inconscient individuel et/ou collectif des participants, de la nature fondamentale de la réalité ? Aucun consensus ne répond à ces questions.

EXPERTISE

Un trickster à l'œuvre ?

Le modèle du trickster[63] de Lutz Müller, repris par George Hansen[64], exprime l'idée qu'une force joueuse et espiègle pourrait être à l'œuvre dans les phénomènes psi. Les phénomènes paranormaux, les sujets psi et les chercheurs sont vus comme étant tous liés par l'archétype du trickster – le fripon divin, le truqueur charismatique. Le trickster n'est donc pas une entité en tant que telle, mais un schéma de force apparaissant avec le phénomène psi. Le phénomène observé interagit avec les conditions de son observation. Cet archétype ferait que tour à tour les expériences seraient mises à mal ou produiraient, à l'inverse, des résultats époustouflants. Les frontières entre l'authenticité et la tromperie, le sens et l'absurdité, le succès et l'échec, seraient ainsi floutées par cette caractéristique du psi.

62 Renaud Évrard, Entretien avec Miriam Gablier, en vue de la parution de « Étudier scientifiquement le paranormal »,, *Inexploré*, n° 43, juill.-sept. 2019.

63 « Dossier : Le trickster, phénomène marginal au cœur de la métapsychique ? » *Bulletin Métapsychique* n° 8, mars 2011

64 George Hansen, *The trickster and the paranormal*, Xlibris Corporation, 2001.

65 « Dossier : L'élusivité du psi : quand la preuve se dérobe », *Bulletin Métapsychique*, n° 13, déc. 2012.

UNE CAPTATION HORS-CHAMP

Il arrive que les sujets psi captent des informations intéressantes, mais qui n'ont rien à voir avec la demande ou le protocole en cours. Pour illustrer ce fait, le professeur Wilhelm Tenhaeff[66] de l'université d'Utrecht aux Pays-Bas rapporte le cas d'une femme qui, en février 1964, consulte un voyant afin de retrouver la broche de sa grand-mère. Celui-ci lui décrit une armoire qui se trouve chez elle. La consultante va fouiller l'armoire. Elle ne trouve point de broche, mais une photo de son mariage qui montre qu'elle portait le bijou ce jour-là. Elle retourne chez le voyant avec la photo. Il lui donne alors une quantité étonnante de détails sur sa grand-mère. La femme est bouleversée, mais elle ne saura rien de l'endroit où se trouve la broche.

TÉMOIGNAGE

AU-DELÀ DE LA MATIÈRE ET DE L'ESPRIT

Autre particularité du psi : il semble opérer tant sur le plan psychique que sur le plan physique, si bien qu'il devient difficile de comprendre la relation qu'entretiennent les choses du monde avec les phénomènes de la psyché. L'exemple type est celui de la psychokinèse : la capacité à influencer le comportement d'objets physiques à distance. Un éventuel pouvoir de l'esprit sur la matière a ainsi souvent été mentionné. Ce pouvoir serait notamment à l'œuvre dans les cas de guérisons « miraculeuses » ou lors de l'effet placébo – quand la personne pense avoir pris un médicament effectif alors que c'est sa croyance en son efficience qui fait qu'elle guérit. Or, depuis le début du XXIe siècle, les chercheurs s'intéressent davantage aux mystérieuses capacités du corps. En effet, dans les cas de prémonition, les mesures physiologiques montrent que le corps réagit avant que l'information atteigne la sphère cognitive. Résultat : si les capacités de l'esprit et celles du corps sont certainement complémentaires, il devient de plus en plus difficile de savoir qui de la poule ou de l'œuf fait quoi entre le corps et l'esprit, et ainsi de maintenir un dualisme corps-esprit. On ne sait plus où se termine l'un et où commence l'autre. Certains parapsychologues indiquent que le psi nous invite à dépasser cette scission et à considérer que l'esprit et la matière forment un continuum. Encore une fois, il n'y a pas de consensus à ce propos.

66 Jack Harisson Pollack, *Les Yeux du miracle – Croiset, le Clairvoyant*, Préface de W. Tenhaeff, Éditions Planète, 1964, p. 22.

AU-DELÀ DE L'ESPACE ET DU TEMPS

Fidèles gardiens de la science, l'espace et le temps classiques semblent être congédiés par le psi. Cette remise en question est particulièrement contre-intuitive lorsqu'il s'agit du temps. Et pourtant, la précognition est l'expérience paranormale la plus rapportée et les recherches sur la prémonition ou le pressentiment « *obtiennent des preuves robustes d'un effet précognitif*[67] », précise Dean Radin. Cela implique que, d'une certaine manière, il serait possible de « voir » le futur ou, en tout cas, le futur le plus probable. Les parapsychologues se demandent même si la précognition n'est pas le phénomène qui expliquerait tous les autres. « *Pour comprendre comment fonctionne la précognition, on peut envisager la possibilité que l'esprit entre en contact avec lui-même, mais dans le futur, ou bien encore qu'il* "s'étale" *dans le temps*[68] », explique Dean Radin. Une information peut-elle remonter le temps ? Oui, répondent certains physiciens. Les équations de la physique mettraient en évidence l'existence d'une symétrie temporelle. « *Étrangement, il semble difficile de trouver la moindre loi ou le moindre principe scientifique qui serait explicitement violé par l'existence de phénomènes psi*[69] », indique le physicien Henry Margenau.

« Les gens qui, comme nous, croient en la physique, savent que la distinction entre le passé, le présent et le futur n'est qu'une illusion obstinément entretenue[70]. »
Albert Einstein, physicien.

UNE TEMPORALITÉ RELATIVE ET SYMÉTRIQUE

La théorie de la relativité d'Einstein nous dit que l'espace et le temps sont relatifs. Elle démontre que deux observateurs se déplaçant à des vitesses différentes ordonneront, par exemple, deux événements différemment dans le temps. La relativité générale démontre également que l'espace et le temps ne forment qu'un continuum indissociable qui n'est pas absolu, puisqu'il peut se courber sous l'effet d'amalgames d'énergie et de matière. Voilà déjà de quoi ébranler notre idée d'un espace immuable et d'un temps absolu. Mais l'exercice de haute voltige mentale continue. La science montre également que le temps est symétrique et qu'il coule

67 Dean Radin, *Superpouvoirs ? Science et yoga : enquête sur les facultés humaines extraordinaires*, InterÉditions, p. 166.

68 Dean Radin, *La Conscience invisible – Le Paranormal à l'épreuve de la science*, Presses du Châtelet, 2000, p. 131.

69 Henry Margenau cité par Dean Radin, In : *La Conscience invisible – Le Paranormal à l'épreuve de la science*, Presses du Châtelet, 2000.

70 Albert Einstein, cité par Dean Radin, In : *La Conscience invisible – Le Paranormal à l'épreuve de la science*, p. 125.

donc dans les… deux sens. « *Si l'on ne prend pas de précaution, les équations obtenues laissent entrevoir des situations dans lesquelles la disparition d'une particule peut précéder son apparition*[71] », indique le physicien Étienne Klein. Comme accepter une telle situation revient à nier l'existence du cours du temps classique, les physiciens ont commencé par tout simplement l'interdire, en contraignant le formalisme mathématique. Ils ont toutefois fini par l'admettre : le temps est symétrique. Le physicien Thibault Damour, membre de l'Académie des sciences, confirme que « *le temps est fondamentalement réversible*[72] ».

RÉTROCAUSALITÉ, LE NOUVEAU SÉSAME

Si le temps est symétrique, la causalité des événements n'est pas que passée, elle peut être future. « *La rétrocausalité est maintenant entrée dans le politiquement correct. Des événements futurs peuvent causer des événements passés*[73] », déclare l'ingénieur physicien Philippe Guillemant. Si le temps est symétrique et réversible, est-ce à dire que le futur existe déjà et que le passé existe encore ? Oui. Tout est-il alors déjà prédéfini ? Non. La théorie de la relativité tend à nous présenter un « univers bloc » dans lequel les dimensions sont figées. Cependant, d'autres chercheurs, tel que Philippe Guillemant, soutiennent que toutes les dimensions du temps constituent un système qui continue d'évoluer. « *Le futur, sans nécessairement être totalement réalisé, pourrait l'être suffisamment pour contenir des* "conditions finales"[74] », poursuit l'auteur de la théorie de la « double causalité[75] ». Ainsi, le futur pourrait changer et le passé également. Le mathématicien Alain Connes, membre de l'Académie des sciences, parle « *d'un passé qui bouge encore*[76] » et qui pourrait être altéré. Les conséquences de cette rétrocausalité sont considérables. Elles pourraient expliquer certains ou peut-être tous les phénomènes paranormaux.

« Le temps n'existe pas… Nous devons apprendre à penser le monde non comme quelque chose qui évolue dans le temps, mais d'une autre façon[77]. »
Carlo Rovelli, physicien.

71 Étienne Klein, *Le Temps existe-t-il ?* Éditions Le Pommier, 2002.

72 Cité par Philippe Guillemant, In : « Le temps et l'espace sont des illusions », Miriam Gablier, *Inexploré*, n° 30, avril-juin 2016.

73 Philippe Guillemant, Ibid.

74 Philippe Guillemant, cité par Jocelin Morisson et Romuald Leterrier, In : *Se souvenir du futur*, Éditions Guy Trédaniel, 2019.

75 Philippe Guillemant, *La Route du temps – Théorie de la double causalité*, Éditions Le Temps Présent, 2010.

76 Alain Connes, https://www.agoravox.tv/tribune-libre/article/alain-connes-un-passe-qui-bouge-76606

77 Carlo Rovelli, *Qu'est-ce que le temps ? Qu'est-ce que l'espace ?* Éditions Bernard Gilson, 2008.

LES MÉTHODES SCIENTIFIQUES BOUSCULÉES

Ce n'est rien de le dire : étudier le psi engendre un certain nombre de problèmes méthodologiques.

La science demande à ce que les expériences soient reproductibles. En parapsychologie, plus elles sont répétées et plus les résultats ont de chance de décliner.

La science demande à ce que les protocoles soient neutres. En parapsychologie, plus le sujet est extrait de son environnement et placé dans un laboratoire neutre, moins ses capacités fonctionnent. Les parapsychologues ont vu le besoin de respecter ce qu'ils appellent « l'écologie du sujet psy » » qui est particulièrement sensible aux conditions expérimentales.

La science demande à ce que toute forme de subjectivité soit exclue du champ d'étude. L'effet mouton-chèvre, l'effet observateur, le psi missing montrent que la croyance des sujets tout comme celle des chercheurs vont influencer les résultats. « *Le problème de l'observateur, qui est également posé par la physique quantique, remet profondément en cause la façon de faire de la science. Il n'y a plus d'objectivité absolue au sens où l'acte de mesurer prépare la façon dont le système va exister*[78] », souligne Renaud Évrard.

La science demande à ce que l'objet de l'étude soit suffisamment isolé pour être identifiable. Or, il est pratiquement impossible de s'assurer qu'un sujet psi est « psychiquement » isolé ou qu'on étudie un effet psi spécifique puisque la télépathie, la voyance, la précognition et la psychokinèse ont tendance à se mélanger.

Pour finir, l'aspect élusif du psi forcerait les chercheurs à développer une théorie de la connaissance capable d'englober le connaissable et l'inconnaissable, l'objectif et le subjectif. Les méthodes scientifiques, rationnelles, objectives, sont-elles adaptées à son étude ? Dans la mesure où le psi est souvent apparenté à la conscience, nous pouvons nous demander si la parapsychologie scientifique, tout comme les neurosciences, ne sont pas dans une impasse fondamentale lorsqu'il s'agit de définir la nature du psi. Nous l'avons vu, vouloir objectiver l'expérience consciente semble nous éloigner d'elle.

78 Renaud Évrard, Entretien avec Miriam Gablier, en vue de la parution de « Étudier scientifiquement le paranormal », *Inexploré*, n° 43, juill.-sept. 2019.

DES ÉTATS ÉLARGIS DE CONSCIENCE

La parapsychologie a statistiquement montré que tout un chacun est susceptible d'être un sujet psi. Or, si l'on comprend le psi comme un phénomène psychophysique, on comprend que son apparition s'accompagne d'une modification, plus ou moins prononcée, de l'expérience consciente. Et de toute évidence, l'examen des témoignages d'états élargis de conscience constitue une entrée importante dans l'étude des manifestations exceptionnelles de la conscience. Il s'agit ici d'explorer la dimension psychologique et phénoménologique de ces expériences, de comprendre leurs modalités d'être, leur qualité de vécu, leur impact, etc. Que se passe-t-il lorsque nous faisons l'expérience d'un phénomène paranormal, que nous vivons un état de conscience modifié « à la première personne » ? Plus encore, ces expériences peuvent-elles avoir une fonction heuristique (qui sert à la découverte) ?

UN FOISONNEMENT DE RECHERCHES

Sans surprise, l'examen rationnel des états modifiés de la conscience (EMC) a commencé à la fin du XVIIIe siècle, en même temps que l'étude rationnelle du somnambulisme magnétique. Le sociologue Georges Lapassade[79], spécialiste de la transe, indique que les pionniers étaient Franz Mesmer, le marquis de Puységur, Alexandre Bertrand, Jacques Moreau de Tours, Alfred Maury. Le versant pathologique de ces états fut également étudié par les hypnotiseurs et les psychiatres, comme Pierre Janet, pour n'en citer qu'un. Par la suite, l'étude des EMC aurait connu un regain dans les années 1960 aux États-Unis, notamment avec le psychologue Charles Tart[80]. En effet, le mouvement de contre-culture de l'époque se prêtait à toutes sortes d'expériences psychédéliques, que les poètes de la *beat generation*[81] et des écrivains comme Aldous Huxley, Timothy Leary et l'anthropologue Carlos Castaneda ont fait connaître auprès du grand public.

Notons qu'au-delà de ces moments historiques, les psychologues et les parapsychologues n'ont jamais cessé de se pencher sur l'étude des EMC. Les noms de Carl Jung, fondateur de la psychologie des profondeurs, de Roberto Assagioli,

79 Georges Lapassade, *Les États modifiés de conscience*, PUF, 1987 & Georges Lapassade, *La Transe*, PUF, 1990.

80 Charles Tart, *Altered States of Consciousness*, 1969.

81 Jack Kérouac, William Burroughs, Allen Ginsberg, etc.

fondateur de la psychosynthèse, ou encore d'Abraham Maslow et de Stanislav Grof, fondateurs de la psychologie transpersonnelle, doivent figurer dans la liste. L'étude des EMC est également prise en charge dans un cadre universitaire par la psychologie anomalistique. Ses représentants français sont les professeurs Renaud Évrard et Thomas Rabeyron.

UN FOISONNEMENT DE PHÉNOMÈNES

Les états modifiés de conscience, également appelés états de conscience « élargis, expansés, altérés, non ordinaires, hypnotiques, états de transe, etc. », regroupent un ensemble de vécus qui ont pour point commun de dévier de celui de la conscience ordinaire. Les EMC « *rassemblent un certain nombre d'expériences au cours desquelles le sujet a l'impression que le fonctionnement habituel de sa conscience se dérègle et qu'il vit un autre rapport au monde, à lui-même, à son corps, à son identité*[82] », décrit Georges Lapassade. Il est dit que le sujet expérimente un point de rupture qui modifie sa relation à son environnement, sa perception de l'espace et du temps, sa cognition, sa mémoire, son vécu d'identité, etc. Les chercheurs ont alors proposé des systèmes de classification en s'appuyant sur différents critères : qualité, intensité, usage, contexte d'apparition, etc. Georges Lapassade liste[83], par exemple, différentes transes : visionnaires et extatiques, initiatiques, thérapeutiques, divinatoires, liturgiques, professionnelles. Les EMC englobent aussi les rêves, les états hypnotiques, les états méditatifs, etc.

EXPERTISE

Trois grandes familles d'états modifiés de conscience

Le chercheur Pierre Étévenon[84] distingue trois types d'EMC :

- les états qui se produisent naturellement et spontanément ;
- les états de pathologies (mentales et neurologiques) et les intoxications par substances psychoactives ;
- les états de conscience modifiés volontairement.

DES REPÈRES FLOUS

La définition de l'état modifié de conscience reste toutefois difficile parce que l'état ordinaire à partir duquel il est caractérisé ne va pas de soi. L'état ordinaire est un consensus collectif qui varie d'une culture à l'autre. « *Notre état de conscience ordinaire est un outil, une structure, un mécanisme d'intégration qui nous permet d'interagir*

82 Georges Lapassade, *Les États modifiés de conscience*, PUF, 1987, p. 5.

83 Georges Lapassade, *La Transe*, PUF, 1990.

84 Pierre Étévenon, http://www.sgdl-auteurs.org/pierre-etevenon/index.php/pages/Biographie

avec une certaine réalité sociale acceptée[85] », explique Charles Tart. Les critères de cet accord normatif nécessaire sont donc variables. Par exemple, Georges Lapassade indique qu'il existe des « *sociétés à transes* », c'est-à-dire « *des sociétés dont les membres ont de la transe une connaissance courante*[86] ». Ce n'est pas le cas de notre culture occidentale, pour laquelle les états de transe restent majoritairement suspicieux. Pourtant, si les EMC sont habituellement pensés comme étant exceptionnels, il n'en reste pas moins que, dans leur écrasante majorité, ils sont vécus comme des glissements quasiment quotidiens dans des états de conscience légèrement altérés. De l'accord de tous les experts, chaque individu vit fréquemment des états de « mini-transe » : sensations ou émotions prégnantes, absorption dans une tâche, escapade dans l'imaginaire et la rêverie, état second sportif, extase artistique, état festif, vécu intuitif, expérience psi, etc. Certains, comme les voyants, font même leur métier de ces visites en état élargi de conscience.

EXPERTISE

Une culture en mal d'informations

« *L'oubli occidental de la transe en tant qu'activité collective, qui est un fait historique, constitue un appauvrissement*[87] », écrit Georges Lapassade. Les chercheurs sur les états modifiés de conscience déplorent notamment le fait que les médecins, les psychiatres, les psychologues ne soient pas suffisamment formés à la gestion de ces états et que peu d'informations à leur propos circulent auprès du grand public. « *Nous baignons dans une culture qui n'informe pas les gens sur l'existence d'états modifiés de conscience ou qui véhicule des idées principalement négatives sur eux*[88] », souligne la chercheuse Sylvie Déthiollaz. En France, l'Institut métapsychique international (IMI), l'Institut de recherche sur les expériences extraordinaires (INREES), le Centre d'information, de recherche et de consultation sur les expériences exceptionnelles (CIRCEE) et, en Suisse, l'Institut suisse des sciences noétiques (ISSNOE) proposent des informations sur les EMC ainsi que des services de consultation ou d'accueil de témoignages.

85 Charles Tart, *Altered states of consciousness*, The Anchor Book Edition, 1972

86 Georges Lapassade, *La Transe*, PUF, 1990, p. 119.

87 Georges Lapassade, Ibid.

88 Sylvie Déthiollaz, « Il sort de son corps sous les yeux de la science », Entretien avec Miriam Gablier, *Médecines Extraordinaires*, n° 4, nov. 2018.

EMC et pathologies, une frontière poreuse

À partir de la fin du XIXe siècle, les hypnotiseurs, les psychiatres et les psychologues ont eu tendance à « pathologiser » les manifestations hors norme de la conscience. Fut un temps où l'hystérie expliquait bien des phénomènes. Pour exemple, Sigmund Freud et Josef Breuer surnommèrent la mystique sainte Thérèse la « patronne des hystériques ». Par la suite, le DSM (*Manuel diagnostique et statistique des troubles mentaux*) classa de nombreux symptômes types des états modifiés de conscience dans des catégories pathologiques. Et bien que les modifications du DSM de 2003 aient rétabli la validité de certains EMC, leur interprétation pathologique reste répandue dans le monde médical. « *Les peuples premiers considèrent que les EMC font tout simplement partie du spectre d'états de conscience qu'un être humain est censé expérimenter. Pourtant, quand j'étais jeune médecin, j'ai été surpris de découvrir qu'en psychiatrie, il n'y a pas de catégorie pour nommer ces états-là. De plus, ils sont généralement considérés comme pathologiques*[89] », témoigne Stanislav Grof. Le problème est que si pathologie mentale et EMC se mélangent parfois dans un méli-mélo difficile à démêler, une phénoménologie hors norme n'est pas automatiquement pathologique. Nous aurions à faire à des phénomènes complexes qui mériteraient toute l'attention de psychopraticiens dûment formés à leur examen – ce qui est rarement le cas.

Un artiste voit le futur

En février 1982, Philip K. Dick, l'auteur de science-fiction à l'origine de blockbusters comme *Blade Runner* et *Minority Report*, est retrouvé inconscient, allongé face au sol à la suite d'un accident vasculaire cérébral. Il est pris en étau entre son canapé et la table basse de son salon. Sept ans avant sa mort, il avait décrit dans une lettre à une amie, Claudia Bush, une situation vue en rêve qui ressemble de manière frappante à ce qui allait lui arriver à cinquante-trois ans. Il relate avoir vu de haut « *une scène austère et horrible, inerte mais pas immobile : un homme d'âge moyen est allongé mort, face au sol, dans un salon entre le sofa et une table basse*[90] ». Souvent surnommé « *l'homme qui se souvenait du futur*[91] », l'écrivain a été maintes fois qualifié de visionnaire, car il a posé dès les années 1940 un univers futuriste dont certains éléments et questionnements sont devenus actuels. Or, Philip K. Dick était également connu pour être très instable psychologiquement. Sa pathologie mentale se mélangeait-elle à des capacités prémonitoires ?

89 Stanislav Grof, « Réaliser son étincelle divine », Entretien avec Miriam Gablier, *Inexploré*, Hors-Série n° 4, nov. 2015.

90 Anthony Peake, *A Life of Philip K. Dick, The Man Who Remembered The Future*, Arcturus Publishing, 2013.

91 Anthony Peake, Ibid.

CANALISER, INTÉGRER, FAIRE SENS

Les experts indiquent que ce qui fait la différence entre une déviation pathologique de l'expérience ou une orientation heuristique se joue au niveau de la capacité de la personne à canaliser et à intégrer ce qui lui arrive. Là où les professionnels du psi, les médiums, les chamanes, etc., savent plus ou moins maîtriser leurs expériences d'EMC, le psychotique n'arrive pas à la contenir et plonge dans un magma qui le submerge. « *Toute la question est de voir la manière dont chaque personne gère cela. Si l'état intérieur est agité, tourmenté, le risque est que ces perceptions subtiles soient détournées par le mental paniqué et récupérées à un niveau personnel. [...] Par contre, dans un état intérieur apaisé, ces informations seront intégrées de manière détachée et impersonnelle. Et bien sûr, entre les deux, il existe d'infinies variantes* », détaille le psychiatre Jean-Marc Mantel. Certains experts se demandent même si, à l'inverse, les états pathologiques ne sont pas parfois des phénomènes psi mal vécus. Georges Lapassade suggère, par exemple, que l'hystérie pourrait être une sorte de transe avortée.

« Si les états modifiés de conscience entrent dans la nosographie des maladies mentales, ils peuvent aussi servir de vecteur de guérison quand ils sont manipulés par le chamane, le médium ou encore l'hypnothérapeute[92]. »

Nancy Midol, anthropologue, et Sébastien Baud, ethnologue.

EXPERTISE

Des voies de la connaissance

Pour Charles Tart, nous pourrions accéder à la connaissance de différentes façons : par la voie de l'expérience, de l'autorité, de la raison et par celle de la révélation ou de la connaissance noétique. « *Cette dernière manière de connaître implique d'entrer dans un état altéré de conscience au cours duquel une idée ou une compréhension nouvelle se présente entière, telle une révélation ou un savoir*[93] », explique le psychologue.

92 Nancy Midol et Sébastien Baud, « Le normal et le pathologique à la croisée des regards psychiatriques et anthropologiques" ». In : *La Conscience dans tous ses états*, Éditions Masson, 2009.

93 Charles Tart, *Le Psychologue, la science et l'extraordinaire*, InterÉditions INREES, 2010, p. 42.

Des technologies du sacré

Une transe peut être naturellement induite par la fluctuation de nos états quotidiens ou par les rêves. Elle peut aussi être volontairement produite par ce que l'on appelle les « *technologies du sacré*[94] ». Ce sont des pratiques qui s'inscrivent dans une démarche spirituelle ou de développement personnel. Il convient ainsi de les pratiquer dans un cadre approprié et en étant accompagné par un enseignant expérimenté. Ces méthodes n'ont pas, en tant que telles, pour objectif d'amener l'individu dans un état de conscience modifié. Elles cherchent à le faire grandir en connaissance ou en conscience. Les technologies du sacré utilisent certains exercices physiques, énergétiques et respiratoires, l'écoute ou la production de certains sons ou musiques, la répétition de certaines prières ou mantras, des mouvements ou danses spécifiques, des méthodes de concentration ou de méditations, de mise en état hypnotique, des formes d'isolement social et sensoriel, de jeûne ou de diète, certaines prises de substances contrôlées, etc. Elles jouent sur une modification des paramètres psychophysiologiques d'un individu, ce qui aurait pour effet de modifier son état de conscience.

Un élargissement heuristique

Le plus souvent, ces expériences ne sont ni « bonnes » ni « mauvaises », mais mixtes. Le sujet doit généralement faire le tri entre la richesse et l'inconfort, l'évidence et la complexité ressentis lors d'un EMC. Ainsi, un vécu de conscience élargi peut avoir de multiples effets. Une personne peut ressentir une amplification de l'état dans lequel elle se trouve, accéder à une forme de métavision ou de perception extrasensorielle lui permettant des prises de conscience. Elle peut ressentir une activation de sa circulation énergétique, sentir ce qui ressemble à une anatomie subtile ou expérimenter des phénomènes énergétiques hors norme – parfois appelés « montée de kundalini ». Il peut y avoir une sensation que la personnalité habituelle, l'ego, n'est qu'un outil transitoire alors que l'essentiel se révèle. Cela s'accompagne souvent de la sensation d'accéder à des compréhensions profondes, d'être relié à des dimensions plus vastes, de vivre des distorsions spatiotemporelles.

Les états élargis de conscience peuvent également générer des expériences « transpersonnelles ». « *Il devient alors possible de s'identifier aux processus du vivant, comme par exemple faire l'expérience de devenir une plante, un animal, un autre humain. Vous pouvez aussi devenir des entités archétypales, visiter des mythes, voyager dans le*

94 Stanislav Grof, *Pour une psychologie du futur – Le Potentiel de guérison des états modifiés de conscience*, Éditions Dervy Poche, 2009, p. 279.

temps et dans l'espace, revivre des scènes ancestrales, etc.[95] », détaille Stanislav Grof. Le sujet peut faire des expériences dites « numineuses », c'est-à-dire avoir la sensation d'être face à une présence supérieure sacrée, qui communique par des signes porteurs d'une qualité vibratoire particulière. Il serait ainsi possible d'accéder à un savoir d'un nouveau genre, sur nous-mêmes et sur le monde, qui pourrait engendrer des modifications de la conscience à long terme.

EXPERTISE

Le numineux

Carl Jung et, avant lui, Rudolf Otto[96] ont signalé la récurrence d'expériences « numineuses » en état de conscience élargi. Dérivé du latin *numen*, « présence, être surnaturel(le) », cette appellation désigne à la fois une sensation énergétique et un sentiment d'être en présence de l'ineffable, du transcendant et, pour certains, du divin. « *Le numineux caractérise donc l'expérience intérieure qui peut non seulement se réaliser dans un contexte religieux, mais également dans tous les états d'ouverture ou d'éveil de la conscience (les dimensions verticales de l'être), et dans toutes les activités et toutes les fonctions de l'homme qui ont comme dénominateur commun la quête de valeurs élevées*[97] », écrit la psychologue Djohar Si Ahmed.

Quelle réalité percevons-nous ?

Nous savons que nos filtres physiologiques, à commencer par nos cinq sens, ne nous font percevoir qu'un spectre de notre environnement. Par exemple, nous ne voyons ni la lumière infrarouge, ni les ultraviolets, nous n'entendons pas les ultrasons et notre odorat est limité comparé à celui des animaux. Par ailleurs, nos perceptions et nos compréhensions sont conditionnées par notre éducation et notre mémoire. Les images que nous pensons voir avec les yeux résultent, par exemple, d'une synesthésie – un mélange de plusieurs sens –, mais surtout d'une synthèse entre les signaux sensoriels et des signaux internes à la personne. Les neurosciences indiquent notamment que le cerveau fabrique ses images avec 20 % d'informations visuelles et 80 % de signaux en provenance des autres sens et de données émotionnelles, mémorielles ou culturelles

95 Stanislav Grof, « Réaliser son étincelle divine », Entretien avec Miriam Gablier, *Inexploré*, Hors-Série n° 4, nov. 2015.

96 Rudolf Otto, *Le Sacré, l'élément non rationnel dans l'idée du divin et sa relation avec le rationnel* (1917), Éditions Payot, 2015.

97 Djohar Si Ahmed, « Les Expériences psycho-spirituelles ». In : Stéphane Allix, Paul Bernstein, *Manuel clinique des expériences extraordinaires*, InterÉditions INREES, p. 280.

propres au sujet[98]. La perception qu'un individu a de la réalité est donc un phénomène hautement modulable. Un état élargi de conscience joue avec cette plasticité naturelle de la conscience en l'ouvrant à des signaux non perçus jusqu'alors. Dans tous les cas, normal ou élargi, nous ne cessons d'interpréter ce que nous éprouvons. « La » réalité ne semble pas être celle que nous pensons.

Le rêve fait vaciller la réalité

Tchouang-tseu, un sage taoïste chinois du IVe siècle av. J.-C., rêva qu'il était un papillon qui voltigeait, heureux de lui-même. Il se réveilla, mais il ne sut plus s'il était Tchouang-tseu qui avait rêvé qu'il était un papillon... ou s'il était un papillon qui rêvait qu'il était Tchouang-tseu. Si, lorsque nous rêvons, nous n'avons pas conscience d'être endormis, ne sommes-nous pas en train de rêver lorsque nous sommes éveillés ? La parabole du rêve a souvent été utilisée pour questionner la validité de la réalité sensible. Aristote, Platon, et évidemment René Descartes et son célèbre argument du rêve, ont souligné que la réalité éprouvée est instable. Mis à part certains idéalistes, les philosophes s'accordent à dire qu'il existe une dimension qui ne dépend pas de nous. Mais le grand mystère est de savoir quelle est cette « réalité ». Où se situe le réel ?

Devons-nous définir la conscience depuis un état élargi de conscience ?

Choisir un état de conscience « crédible », depuis lequel nous pouvons définir notre réalité, n'est pas sans conséquence sur le corpus de connaissance qui en découle. Or, lorsqu'il s'agit de définir la conscience, nous ne pouvons justement pas exclure toute la richesse de l'expérience et ne favoriser qu'une fenêtre objective. Il s'agit d'examiner l'ensemble de l'expérience consciente, car la conscience englobe par définition tout ce qui se donne à nous. Le rêve, l'imagination, l'ivresse, la folie, le génie ainsi que tous les états de transe doivent, d'une manière ou d'une autre, être inclus. Il serait donc possible de tirer quelques enseignements positifs des états de conscience élargis. « *L'attitude à adopter face aux états de conscience non standards consiste dès lors à les voir comme autant d'expressions de l'excès de richesse de l'être indéterminé, encore indompté*[99] », indique Michel Bitbol.

98 Hervé Cochet, *De la clinique comme d'un regard*, Éditions De Boeck, 2014.

99 Michel Bitbol, *La Conscience a-t-elle une origine ?* Éditions Flammarion, 2014, p. 218.

Psi réceptif
télépathie
voyance
psychokinèse
précognition

LES PHÉNOMÈNES LIÉS AU PSI

Cette partie est plus particulièrement consacrée aux phénomènes liés au psi, tels qu'ils ont été abordés par la parapsychologie. Le psi réceptif comprend les phénomènes lors desquels une information est reçue par le sujet : télépathie, voyance, précognition, etc. Le psi projectif comprend les événements qui impliquent une influence du sujet sur l'environnement : les formes de psychokinèse. Une difficulté dans les états liés au psi réside dans le fait que, cliniquement, ils ne sont pas si distincts les uns des autres : la télépathie pourrait être de la voyance, la voyance de la précognition, et d'une certaine manière la précognition pourrait être une forme de psychokinèse.

L'ensemble des phénomènes liés au psi a fait l'objet de nombreuses recherches, analyses et méta-analyses. Ils ont ainsi chacun été étudiés par l'application de protocole similaires. Nous détaillons ceux-ci dès à présent, avant de passer à l'examen des phénomènes.

Des collections de cas

De nombreux chercheurs ont rassemblé des collections de cas de télépathie, voyance, précognition, psychokinèse, etc., et, par conséquent, il existe des dizaines de milliers de témoignages connus. Nous pouvons citer la collection publiée en 1886 dans l'ouvrage fondateur *Les Hallucinations télépathiques*[1] par Edmund Gurney, Frederic Myers et Frank Podmore, ou les collections d'Eleanor Sidgwick publiée à la fin du XIXe siècle, de Camille Flammarion publiées au début du XXe siècle, de Louisa Rhine publiée entre 1948 et 1983. Autre exemple, en 1928, Walter Prince a rassemblé des témoignages de scientifiques, d'hommes de loi, du clergé, etc. Ces collections ne servent pas à prouver les phénomènes. Elles sont particulièrement intéressantes parce qu'elles étudient les modalités et la fréquence de cas apparaissant dans leur écologie naturelle. Effectivement, ces cas spontanés pourraient différer des cas provoqués en laboratoire.

Des tests à choix forcé

Dès 1880, Charles Richet utilise les cartes comme cible et établit des statistiques avec les résultats. D'autres chercheurs poursuivent dans cette direction. Les tests les plus connus sont menés par Joseph Banks Rhine et ses collègues à la Duke University aux États-Unis, des années 1920 à 1965. Ils utilisent une technique dite à « choix forcé » avec les cartes de Zener – constituées de cinq symboles (carré, cercle, lignes ondulées, étoiles, triangle). Dans ce protocole, l'« émetteur » choisit une carte au hasard et le « récepteur » doit la deviner télépathiquement, par la voyance, ou influencer par la psychokinèse quelle est la carte qui va être tirée. Des jets de dés sont aussi utilisés. Par la suite, des techniques électroniques et informatiques automatisées – comme des générateurs de nombres aléatoires (GNA) – finissent par remplacer les émetteurs. Cette technologie permet d'éviter de nombreux biais puisqu'elle sélectionne les cibles par des procédés aléatoires, basés sur des phénomènes quantiques dont l'imprévisibilité est certaine, et enregistre les résultats sans qu'il n'y ait de témoin.

Des tests à choix libre

Le défaut des tests à choix forcé est d'être répétitifs et ennuyeux. « *Même si elles tiennent la route, les tâches à choix forcé sont abstraites, éloignées des préoccupations du monde réel, monotones et peu propices au développement de stratégies mentales*[2] », indique

1 Edmund Gurney, Frederic Myers, Frank Podmore, *Phantasms of the Living*, Frederic Myers ed.,1886.

2 Dean Radin, *Superpouvoirs ? Enquête sur les facultés humaines extraordinaires*, InterÉditions INREES, 2014, p. 144.

Dean Radin. Au cours des années 1960, les chercheurs élaborent des protocoles à « choix libre » qui sont plus motivants pour le sujet. Celui-ci doit décrire une cible – généralement visuelle – en ayant le temps de livrer ses impressions et de tourner autour du pot. Un jury indépendant est ensuite chargé de comparer les descriptions données avec la cible. Parmi ces protocoles se trouve notamment celui du Ganzfeld.

Le protocole Ganzfeld

Dans les années 1930, certains psychologues en Gestalt, tels que Wolfgang Metzger, élaborent les prémices du protocole. Dans les années 1970, ce travail, relayé par Charles Tart, inspire Charles Honorton, William Braud et Adrian Parker, chacun de leur côté. Presque en même temps, ils ont l'idée d'isoler le sujet psi du parasitage ambiant afin de le placer dans des conditions favorables à l'apparition du psi. *Ganzfeld* signifie « champ sensoriel uniforme ». « *L'idée de base est que si l'on place une personne dans un environnement qui la prive de perceptions sensorielles, [...] les impressions ténues, normalement submergées par l'activité des sens ordinaires, n'en sont alors que mieux décelées*[3] », explique Dean Radin. Le sujet est donc isolé dans une pièce, installé dans un fauteuil confortable. Il porte un casque audio émettant un fond sonore neutre et ses yeux sont couverts de manière à ce qu'il puisse juste détecter une lumière rouge diffuse. On lui demande ensuite de décrire une cible lointaine dans l'espace et le temps, ou de percevoir si quelqu'un lui envoie une cible par télépathie. Puis il doit détecter parmi quatre images – la cible et trois leurres – laquelle est la bonne. Des dispositifs de sélections aléatoires de cibles, de contrôle par ordinateur, de multiplication des systèmes vidéo sont également ajoutés progressivement.

Des analyses et des méta-analyses

Il est impossible de détailler ici tous les résultats obtenus tant ils sont nombreux. Notons juste que toutes les expériences à choix forcé ont été répliquées dans différents laboratoires pendant plus de quarante ans. Elles ont été menées sur des milliers de sujets lors de plus de quatre millions de tests et relayées dans une centaine de publications. De 1974 à 1997, plus de 2 500 séances Ganzfeld font l'objet de comptes-rendus rédigés par des chercheurs du monde entier, dans plus de quarante publications. À partir des résultats de toutes les recherches, de nombreuses méta-analyses ont été effectuées : celles de Charles Honorton et Diane Ferrari en 1989, de Dean Radin en 1997, de Julia Mossbridge, Patrizio Tressoldi, Jessica Utts en 2014, etc. À présent, il faut compter avec l'avènement de méta-analyses de méta-analyses telle que celle d'Etzel Cardeña publiée en 2018. Toutes indiquent que les évidences expérimentales penchent en faveur des phénomènes paranormaux.

3 Dean Radin, *La Conscience invisible – Le paranormal à l'épreuve de la science*, Presses du Châtelet, 2000, p. 86.

La télépathie

Un jour de 1887 où Alfred de Musset marchait avec deux amis dans Paris et qu'ils passaient sous un guichet du Louvre, Musset s'arrêta brusquement. Il devint pâle. « "N'entendez-vous pas ?" ***demande-t-il à voix basse. Les deux jeunes gens répondent par la négative mais, saisi d'un léger tremblement, le poète rajoute :*** **"J'entends une voix qui me dit : Je suis assassiné au coin de la rue Chabanais."** ***Ils éclatent de rire, mais en voyant Musset si épouvanté qui ne cessait de répéter :*** **"C'est affreux, j'entends des cris !",** ***ils décident de se rendre sur les lieux. En arrivant au coin de la rue Chabanais, ils voient passer devant eux une civière sur laquelle reposait le corps ensanglanté d'un jeune homme qui venait de se faire assassiner***[4] **», rapporte le journaliste Erik Pigani.**

Freud et la télépathie

Sigmund Freud, qui était membre de la Society for Psychical Research anglaise et américaine, a écrit plusieurs articles sur la télépathie. « *J'ai souvent eu l'impression, lors d'expériences faites en petit comité, que des souvenirs fortement colorés émotionnellement se transmettent avec succès sans grande difficulté. [...] Sur la foi de nombreuses expériences, je suis enclin à conclure qu'une transmission de pensée de cette sorte a toutes les chances de se produire au moment où l'idée émerge de l'inconscient*[5] », écrit-il en 1936. Plusieurs psychiatres et psychanalystes s'intéressent aussi à l'étude de la télépathie dans le cadre de la relation analytique.

4 Erik Pigani, *Psi – Enquête sur les phénomènes paranormaux*, Presses du Châtelet, 1999, p. 84-85. Source : Publié par Mme Veuve Martellet, *Annales politiques et littéraire*, 1897.

5 Sigmund Freud, « Rêve et occultisme » In : *Nouvelles conférences d'introduction à la psychanalyse*, p. 45-79, Gallimard, 1932/1984.

UNE CONNEXION D'ESPRIT À ESPRIT

Le terme « télépathie », qui signifie « affection à distance », a été formé en 1882 par Frederic Myers. Classiquement comprise comme relevant d'une « transmission de pensée », la télépathie suppose la possibilité d'une communication de psyché à psyché n'utilisant pas les sens ordinaires. Il y aurait ainsi un esprit émetteur, un esprit récepteur et un transfert d'information. Par la suite, le terme est écarté par la parapsychologie américaine au profit de la notion plus générale de « perception extrasensorielle » (PES). En effet, les chercheurs se rendent compte qu'il est difficile de distinguer la télépathie de la voyance, de la précognition, voire de la psychokinèse. À l'instant où, par exemple, une cible est notée sur une feuille de papier afin que le résultat de l'expérience puisse être contrôlé par la suite, les phénomènes de voyance ou la précognition peuvent expliquer le résultat. En définitive, c'est même la notion de « transfert » qui est remise en question : une information ne « voyagerait » pas d'un point A à un point B. « *Certains se sont imaginé que* "télépathie" *désignait un transfert littéral de signaux d'un esprit à un autre, que c'était une sorte de radio mentale, comme l'ont présumé nombre de gens pendant des années. En fait, les ondes cérébrales sont extrêmement faibles*[6] », explique Dean Radin. Des expériences menées sur de longues distance ou avec des cages de Faraday bloquant les signaux électromagnétiques n'empêcheraient pas le phénomène de se produire. Certains chercheurs suggèrent qu'il s'agit d'un phénomène qui relève d'une « *communion* » entre deux psychismes ou alors d'une « *corrélation non locale* » de type quantique.

Une radio mentale

L'ouvrage *Mental Radio*, publié en 1930 par le romancier Upton Sinclair, fait sensation. Ce lauréat du prix Pulitzer, réputé pour être rationnel, rapporte les performances de sa femme, entraînée à percevoir des dessins réalisés à distance. En préface, Albert Einstein précise : « *Les résultats des expériences télépathiques soigneusement et clairement exposées dans ce livre dépassent certainement de loin ce qu'un explorateur de la nature croit pensable.* »

6 Dean Radin, *La Conscience invisible – Le paranormal à l'épreuve de la science*, Presses du Châtelet, 2000, p. 28.

UNE INTIMITÉ COLLECTIVE

Bien que le phénomène télépathique soit maintenant considéré davantage comme une PES, la télépathie a fait l'objet de collectes de cas, de recherches à choix forcés ou libres, et d'une mise en évidence statistique hautement significative. L'ouvrage *Les Hallucinations télépathiques*[7], publié en 1886 par Edmund Gurney, Frederic Myers et Frank Podmore, compile plus de sept cents cas reliés à la télépathie. René Warcollier, chercheur en chimie et président de l'Institut métapsychique international de 1950 à 1962, s'est également longuement penché sur le phénomène. Son intérêt principal, plutôt que de tenter d'accumuler des preuves, est de mettre en évidence ses mécanismes. René Warcollier est connu pour avoir dessiné une phénoménologie de la télépathie. Par exemple, il a remarqué que la réception d'une information se fait par « décharge », par à-coups, et que le percipient ne reçoit pas l'information de manière logique. Il peut ne pas comprendre ce qu'il est en train de percevoir. Warcollier a aussi identifié des processus de parasitages, de déformations et de déstructurations des messages. Il a établi des liens avec le mécanisme des rêves ou de la mémoire. Finissant par rejeter le modèle d'un signal voyageant d'une personne à l'autre, Warcollier parle d'une communion entre deux personnes – la télépathie aurait donc plus de chances de survenir lorsque deux individus sont liés affectivement. Il évoque également un « *polypsychisme* » : une sorte de subconscience collective au sein de laquelle des osmoses de personnalités seraient fréquentes. Cela donnerait lieu à des mélanges de contenus psychiques et même à des « *contagions mentales* ». Par ailleurs, la télépathie ne serait pas uniquement un phénomène visuel, mais elle pourrait prendre la forme de sensations, d'émotions, d'impulsions irraisonnées, de symptômes physiques. Enfin, il ne serait pas nécessaire que l'émetteur fasse un effort volontaire ; par contre, la télépathie fonctionnerait mieux lorsque le receveur serait dans un état modifié de conscience.

Le père du *remote viewing*

René Warcollier a mis en place des expériences transatlantiques avec les États-Unis, à base d'images et de dessins. De ce fait, le chercheur français est considéré comme un précurseur du protocole de *remote viewing* ou « vision à distance » – une méthode élaborée par les espions psi de la CIA (voir le chapitre sur la voyance, p. 126).

7 Edmund Gurney, Frederic Myers, Frank Podmore, *Phantasms of the living*, Frederic Myers ed., 1886.

UNE TÉLÉPATHIE ANIMALE

Le téléphone sonne, la maîtresse de maison sait que c'est son mari qui appelle. Pourquoi ? Parce que « *Whiskins, le chat gris tigré du foyer, fonce sur le combiné et le tripote avec sa patte*[8] », relate le biologiste Rupert Sheldrake. Le mari ne téléphone pourtant pas à heure fixe. Lors d'autres appels, le chat ne bouge pas. Sheldrake a collecté des centaines d'histoires auprès de propriétaires et professionnels du monde animal, et a élaboré des protocoles afin d'étudier le psi chez les animaux. Par exemple, il a demandé à une personne de voyager en taxi et de rentrer chez elle de manière aléatoire. Pendant ce temps-là, il a filmé son chien, Jaytee, à la maison. Les statistiques issues de 1 200 vidéos, montrent que Jaytee se poste beaucoup plus souvent devant la fenêtre lorsque sa propriétaire est sur le chemin du retour que le reste du temps. N'kisi est un perroquet bavard, possédant un vocabulaire de 950 mots, dont la propriétaire a la sensation qu'il « capte » ses pensées. Rupert Sheldrake a alors isolé N'kisi dans une pièce équipée de caméras et il a demandé à sa propriétaire, elle aussi isolée et filmée, d'ouvrir une série d'images scellées dans des enveloppes, tirées de manière aléatoire. Les transcriptions faites par des experts indépendants montrent que le taux de coïncidence entre les moments où la propriétaire voit les images et les moments où le perroquet prononce des mots correspondant aux images dépassent la ligne du hasard.

Des jumeaux connectés ?

Dans *Les Jumeaux et le mystère du lien télépathique*, l'écrivain Guy Lyon Playfair rassemble notamment les études indiquant une forte récurrence de liens télépathiques chez des paires gémellaires. Un exemple : une mère raconte que l'une de ses filles de six ans la prévient régulièrement que sa sœur jumelle a fait ou va faire une crise d'épilepsie. « *Ce n'est rien de spécial ; je le sais, c'est tout* », déclare la petite fille.

8 Rupert Sheldrake, *Les Pouvoirs inexpliqués des animaux*, Éditions J'ai lu, 2005.

LA VOYANCE

Au XIXe siècle, un jeune Parisien d'origine modeste « *acquit une réputation qui passa les frontières et stupéfia, par ses démonstrations, les rois et les princes d'Europe*[9] », relate Bertrand Méheust. Alexis Didier semblait capable de lire dans les pensées, dans un livre fermé, de percevoir à travers « *un quadruple bandeau* », de voir des lieux inconnus à distance, de raconter l'histoire d'un objet et des personnes qui l'avaient touché ou possédé, de prédire des événements. Le révérend Townshend, un prêtre anglican intime de Charles Dickens, voulut tester le jeune prodige. Un soir d'octobre 1851, alors qu'il était de passage à Paris, il plongea Alexis Didier dans l'état magnétique et lui demanda d'aller visiter sa maison, sans lui dire qu'elle se trouvait au bord du lac Léman et non en Angleterre. Alexis Didier commença à dépeindre une maison bourgeoise auprès d'une étendue d'eau. Le révérend lui demanda d'aller dans le salon. Le voyant précisa alors qu'il y avait de nombreux objets d'art et tableaux, que ces derniers étaient tous récents, sauf deux. Il se mit à décrire les deux peintures avec une précision époustouflante. L'une des deux était un tableau « *religieux* ».

Le révérend raconte la scène : « *Il a dit aussitôt :* "Il y a trois personnes sur le tableau – un vieillard, une femme et un enfant. Est-ce que la femme serait la Vierge Marie ?" *(Il s'est interrogé à haute voix, comme s'il réfléchissait).* "Non ! Elle est trop vieille." *Il a continué de la sorte, en répondant à ses propres questions, pendant que je restais parfaitement silencieux.* "La femme a un livre sur les genoux, et l'enfant montre avec ses doigts quelque chose qui se trouve dans le livre. Il y a une quenouille dans l'angle." *Effectivement, le tableau représentait sainte Anne en train d'apprendre à lire à la Vierge Marie et tous les détails de la scène étaient corrects*[10]. » Alexis Didier ira jusqu'à voir que le tableau a été peint sur de la pierre « *noirâtre* » et jusqu'à regarder « *derrière* » le tableau en précisant que celui était bombé. Ce détail si particulier a-t-il ponctué l'entretien ? Non, le voyant a continué à décrire le salon, les fenêtres, un miroir, ainsi qu'un autre tableau, encore une fois dans les moindres détails. « *Le cas d'Alexis reste une énigme*[11] », conclut simplement le sociologue.

9 Bertrand Méheust, *Les Miracles de l'esprit – Qu'est-ce que les voyants peuvent nous apprendre ?*, Éditions Les Empêcheurs de penser en rond, 2011, p. 40.

10 Bertrand Méheust, Op. cit., p. 43.

11 Bertrand Méheust, Op. cit., p. 46.

UNE MULTITUDE D'APPELLATIONS

La clairvoyance diffère de la télépathie dans la mesure où personne n'a « envoyé » l'information qui est perçue. Celle-ci provient d'un endroit éloigné, ou même caché, dans lequel il ne se trouve pas forcément un témoin vivant. Il ne s'agirait donc pas d'une connexion d'esprit à esprit. La clairvoyance est une prise de connaissance directe d'un objet, d'un lieu, d'un événement ou d'une expérience, en dehors d'un contact habituel. Ce phénomène a aussi été appelé « métagnomie » (connaissance de ce qui est au-delà ou transcendant), « télesthésie » (sensibilité à ce qui est distant), « cryptesthésie » (sensibilité à ce qui est caché), « connaissance supranormale » ou encore sixième sens, double-vue, lucidité, etc. Et comme cette acquisition d'information peut aussi passer par le canal des autres sens que la vue, on parle parfois de « clairaudiance » ou de « clairsensation ». Autant dire que la voyance a fait l'objet de nombreuses réflexions. Par ailleurs, l'acquisition de ce savoir peut prendre de nombreuses formes :

- Vision à distance : c'est la vision ou la sensation d'un lieu, de personnes ou d'événements éloignés que le voyant reçoit par « flashs » ou qu'il décrit comme s'il s'y déplaçait – auquel cas il existe parfois des similarités avec le vécu des expériences de sorties hors du corps. Le *remote viewing* (vision à distance) fait spécifiquement référence à une méthode développée par les espions psychiques ayant travaillé pour la CIA.
- Psychométrie : il s'agit d'une acquisition de connaissance à partir d'un objet que l'on a généralement en main, comme un bijou ayant appartenu à quelqu'un. Les recherches ont montré qu'il ne semble pourtant pas y avoir d'« *imprégnation psychique de la matière* ».
- Autoscopie ou hétéroscopie : la première est la visualisation de l'intérieur de son propre corps, la seconde est la visualisation de l'intérieur du corps de quelqu'un d'autre ou d'un objet opaque.
- Radiesthésie : c'est la localisation à distance d'objets, de personnes ou d'événements à l'aide d'un pendule ou d'une baguette, et la prise de connaissance de leur état. La radiesthésie peut s'opérer dans un lieu ou sur une carte.
- Clairvoyance par « mancies » : il s'agit d'une voyance induite par les indications d'un ou plusieurs support(s) – cartes de tarot, runes, osselets, Yi King, boules de cristal, etc.
- Clairvoyance par la transe : les traditions ont développé des moyens somato-psychiques – exercices respiratoires, mouvement, danse, transe, immersion sonore, prise de substances psychotropes, etc. – permettant d'acquérir des informations distantes.

Une voyante à la télévision

La voyante Maud Kristen s'est fait remarquer après son passage dans *Les Dossiers de l'écran* en 1987. Par la suite, elle frappe l'imaginaire des Français lorsqu'en 1992, dans l'émission *Mystère* sur TF1, elle réussit une démonstration de psychométrie : à partir d'un bout de béton, elle devine qu'il s'agissait d'un fragment du Mur de Berlin. En 2001, M6 diffuse un reportage dans l'émission *Normal Paranormal* dans lequel elle est amenée les yeux bandés dans un appartement inconnu. Elle découvre qu'il s'agissait autrefois de l'emplacement d'un cirque. Les capacités de voyance et de précognition de Maud Kristen ont été testées dans plusieurs laboratoires, comme le montre le documentaire *La science face au paranormal* de Marie-Monique Robin.

DÉCLENCHER LA VOYANCE

La voyance peut être spontanée ou déclenchée de manière plus volontaire : en utilisant des moyens divinatoires, en favorisant certains états de conscience. De fait, certaines personnes en font leur métier. Le sociologue Bertrand Méheust s'est penché sur les mécanismes de la voyance[12]. Il rapporte que, puisqu'il s'agit de chercher une information dont on ne connaît encore rien, il faut avoir au départ une intentionnalité afin de provoquer « *un saut dans le vide* ». À partir de là, les processus inconscients prennent le relais et souvent un élément déclencheur se présente. Cette image, ou sensation, est une clé qui peut être apparentée à la « madeleine de Proust », dans le sens où elle permet le déploiement d'une atmosphère. En effet, Bertrand Méheust suppose l'existence d'une sorte de matrice informationnelle, tout d'abord indicible, qui organise une ambiance et présente des thématiques, des métaphores, des symboles. Ensuite, le processus de voyance se clarifie par décantation, rapprochements, raffinements successifs, jeux de mots, etc., jusqu'à ce que l'objectif soit atteint. Le chercheur note également que la pensée est multimodale et qu'ainsi le voyant perçoit différents points de vue, différentes subjectivités, différents objets ou humains, etc., en même temps. Et finalement, tout se passe comme si le voyant retrouvait un souvenir, une mémoire… qu'il n'a jamais eus. « *Le voyant se rapproche de sa cible comme on se rappelle un vieux souvenir, par étapes, par bonds successifs, comme s'il recouvrait une impression cachée dans le passé*[13] », indique le sociologue.

12 Bertrand Méheust, *Les Miracles de l'esprit – Qu'est-ce que les voyants peuvent nous apprendre ?*, Éditions Les Empêcheurs de penser en rond, 2011.

13 Bertrand Méheust, Ibid.

EXPERTISE

DES VISIONS MÉDICALES

Que ce soit par le biais de la voyance générale ou par la visualisation de l'intérieur du corps, des sujets psi se sont rendus utiles dans le champ médical. Comme le souligne le médecin Eugène Osty, le principal problème est leur manque de vocabulaire anatomique et pathologique. Charles Richet en donne un exemple en 1923 : Héléna, une patiente, décrit « *angoisse, étouffement, douleur là (montrant le creux épigastrique). C'est comme une poche qu'il faudrait vider. Il y a de la fièvre*[14] », rapporte le prix Nobel. Il s'agissait d'un sujet tuberculeux, ayant une caverne tubuleuse remplie de pus, à la base du poumon gauche, avec suffocation, dyspnée et œsophagisme.. Plus récemment, à la suite d'une intervention chirurgicale, Natasha Demkina découvre qu'elle peut voir à l'intérieur des corps. Dans les années 2000, elle réalise des diagnostics si précis qu'on la surnomme « la fille aux yeux rayons X ».

LES ESPIONS PSI DE LA CIA

Nous avons vu que la voyance a fait l'objet de collectes de cas, d'études à choix forcés et libres et de méta-analyses. Par exemple, entre 1933 et 1934[15], le professeur Joseph Pratt a usé d'un protocole à choix forcés avec l'étudiant en théologie Hubert Pearce. Celui-ci réussit par moment à voir 25 cartes sur 25, avec une moyenne finale de 18 sur 25. Par ailleurs, le projet de *remote viewing* est unique dans l'histoire de la parapsychologie. Sa particularité est d'avoir été un programme financé par le gouvernement américain pour des opérations de renseignement sur plus de vingt ans. « *Notre programme au SRI a fourni des informations importantes à pratiquement toutes les branches de la communauté américaine du renseignement au cours de la guerre froide*[16] », indique le physicien Russell Targ. Les enjeux, les moyens et les exigences étaient donc de taille. L'opération, qui sera appelée *Stargate*, commence au Stanford Research Institute (SRI) de 1972 à 1988 et se poursuit au Science Applications International Corporation (SAIC) de 1988 à 1995. En collaboration avec des

14 Charles Richet, *Dictionnaire de Physiologie 2e Fascicule*, 209-576, Alcan, 1923.

15 Pratt, Rhine, B. M. Smith, Stuart, Greenwood, *Extra-Sensory Perception after Sixty Years*. New York, NY, US: Henry Holt. 1940.

16 Russell Targ, *L'Esprit sans limites, la physique des miracles – Vision à distance et transformation de la conscience*, Éditions Trajectoire, 2012, p. 28.

sujets doués, comme l'artiste new-yorkais Ingo Swann – dont la contribution fut majeure –, les physiciens Hal Puthoff et Russell Targ ont cherché à comprendre les mécanismes de la vision à distance et à élaborer une méthode fiable. « *Ingo nous a enseigné la vision à distance, nous avons révélé son existence à l'armée, et l'armée l'a fait connaître au monde entier*[17] », résume Russell Targ.

MIEUX VOIR EN ÉTANT ACCOMPAGNÉ

L'idée centrale du *remote viewing* est que tout doit être fait pour que le voyant puisse être à l'aise et laisser venir les informations à lui. Celui-ci est alors accompagné par un « interviewer » qui le relance avec des questions non intrusives et qui prend en charge l'analyse des données. En effet, le voyant, qui n'est pas du tout dans un mode de perception rationnel, peut décrire, par exemple, deux lignes droites qui se rejoignent à un bout, sans se rendre compte qu'il est en réalité en train de voir la lettre « V ». L'accompagnant qui, lui, comprend mieux ce qu'il se passe peut alors l'orienter. Les résultats des expériences avec le *remote viewing* furent pour le moins surprenants. En 1995, le Parlement américain demande à l'American Institute for Research de les réexaminer. La statisticienne Jessica Utts conclut son rapport en disant : « *Les résultats statistiques de ces études sont loin de relever du hasard. On ne peut pas davantage soutenir que ces résultats sont dus à un défaut de méthodologie. [...] Continuer à chercher des preuves de leur existence ne présente guère d'intérêt*[18]. »

« Les données de la recherche dans le domaine de la vision à distance montrent sans aucun doute que notre esprit ne connaît pas de limites et que notre conscience occupe et transcende à la fois le temps et l'espace tels qu'on les perçoit ordinairement[19]. »
Russell Targ, physicien.

L'un des voyants, Joseph W. McMoneagle a, par exemple, participé à quarante-quatre démonstrations filmées. Trente-cinq d'entre elles sont considérées comme ayant été un succès.

17 Russell Targ, *L'Esprit sans limites, la physique des miracles – Vision à distance et transformation de la conscience*, p. 54.

18 Jessica Utts, « An Assessment of the Evidence for Psychic Functioning », *Journal of Scientific Exploration*, 10 (1), 3-30. Also in *Journal of Parapsychology*, 59(4), 289-320.

19 Russell Targ, Op. cit. p. 11.

EXPERTISE

Une archéologie intuitive

Mise au point par Stephan Schwartz en 1976, l'opération *Deep Quest* permet de montrer que la voyance fonctionne malgré une barrière physique de taille : l'océan – qui bloque la plupart des ondes électromagnétiques. Alors que le voyant et l'interviewer se trouvent dans un sous-marin plongé dans les eaux du Pacifique, chaque cible lointaine est décrite avec justesse. Notons que Stephan Schwartz fut également à l'origine d'une forme d'archéologie intuitive. Le *remote viewing* a favorisé la découverte[20] du palais de Cléopâtre, du Timonium de Marc-Antoine, des ruines du phare d'Alexandrie, des épaves de navires et de l'antique cité de Maréa. Une *remote vieweuse*, Hella Hammid, guida littéralement un jour le chauffeur d'une voiture dans une ville qu'elle ne connaissait pas vers la configuration qu'elle avait décrite au préalable à distance.

RETROUVER DES CHOSES PERDUES

Traditionnellement, la radiesthésie sert à localiser des sources, mais pas seulement. Gisements, minerais, objets ou personnes ayant disparu ont pu être localisés par un pendule ou des baguettes de sourcier, parfois sur un simple plan. De nombreux services de police ont, de manière plus ou moins officielles, également eu recours au service de voyants réputés. Ces collaborations se comptent par milliers. En 1979, le *Bulletin d'information criminelle* du département de la justice de Californie publie un article qui stipule qu'« *un extrasensible talentueux peut vous assister à localiser la zone géographique où se trouve la personne disparue, réduire le nombre de pistes sur lesquelles vous concentrer, mettre en avant des informations qui ont été négligées, ou vous donner des informations jusque-là inconnues*[21] ». Et ce sont parfois les policiers eux-mêmes qui se découvrent un flair surprenant. Les chercheurs Arthur Lyons et Marcello Truzzi[22] ont notamment montré que des officiers de police ont résolu un grand nombre de cas de manière intuitive.

20 Stephan Schwartz, *Les Cavernes secrètes du temps – L'Archéologie psychique*, Éditions Robert Laffont, 1980 & *Le Projet Alexandrie*, Éditions Sand, 1985.

21 « L'Utilisation de voyants dans l'application de la loi », *Bulletin d'information criminelle*, Département de la justice de Californie, 1979.

22 Arthur Lyons, Marcello Truzzi, *The Blue Sense: Psychic Detectives and Crime*, Ed. The Mysterious Press, 1992.

LA PRÉMONITION

Le 6 janvier 1957, Gerard Croiset rejoint le professeur Wilhelm Tenhaeff ainsi que deux autres professeurs de l'université d'Utrecht aux Pays-Bas qui lui tendent un papier sur lequel est dessiné le plan des places pour une réunion qui se déroulera dans le futur. Le 1er février doit avoir lieu à La Haye, chez une personne que les membres présents ne connaissent pas, une séance de voyance réunissant trente participants. Ces derniers ne savent pas encore qu'ils ont été invités. Gerard Croiset, qui ne sait rien du protocole en cours, commence à parler. Tout est enregistré. « *Le vendredi 1er février 1957, chez une dame de La Haye s'assoira sur la chaise n° 9 une petite femme entre deux âges, active et enjouée*[23] », déclare-t-il. Il poursuit en donnant de nombreux faits et détails. Cette femme se serait souvent rendue, en 1928 et 1930, au cirque Strassburger à Scheveningen. Il continue en décrivant trois hommes. L'un d'entre eux travaillerait outre-mer, possiblement dans un territoire britannique. « *Je vois aussi un morceau de papier avec le numéro 6 écrit en haut. D'abord c'était un 5, mais elle le changea en 6. Cela vient juste de se produire et il y eut de nombreuses discussions à ce sujet*[24] », précise-t-il. Il mentionne une boîte de peinture avec laquelle elle se serait légèrement tachée et blessée, le fait qu'elle aurait été impressionnée par l'opéra *Falstaff*, lequel aurait peut-être été le premier opéra qu'elle aurait vu, etc.

> « C'est une drôle de sorte de mémoire que celle qui ne peut aller qu'en arrière ! » dit la reine blanche à Alice[26]. »
> Lewis Caroll.

Le 1er février qui suivit, trente invités arrivèrent à la réunion à La Haye. Ils furent placés par tirage au sort. On leur donna alors une retranscription listant les déclarations du voyant, en leur demandant de cocher les cases correspondantes s'ils se sentaient concernés. Une dame de quarante-deux ans, assise sur la chaise n° 9 signala que la plupart des faits rapportés la concernaient. « *Comme aucune des déclarations de Croiset ne s'appliquaient aux autres vingt-neuf individus, on la considéra comme la personne* "en question"[25] », relate Jack Pollack. Les chercheurs vérifièrent ensuite les données. Cette femme était chanteuse d'opéra. Elle eut son premier rôle dans *Falstaff*. Son père travaillait aux Indes néerlandaises. Quand il revenait, il l'emmenait souvent au cirque à Scheveningen. Peu de temps avant, elle avait retiré des mains d'enfants, une boîte de peinture en se tachant. Juste après, elle s'était coupée avec une boîte de conserve. Elle venait également de mettre à jour son livre de comptes et s'était aperçue qu'elle avait mis un 5 au lieu d'un 6 dans une addition, ce qui fut un sujet de dispute avec son mari.

23 Jack Pollack, *Les Yeux du miracle : Croiset le Clairvoyant*, Éditions Planète, 1964, p. 72.

24 Jack Pollack, Ibid.

25 Jack Pollack, Op. cit. p. 75.

26 Lewis Carroll, *Alice's Adventures in Wonderland and Through the Looking Glass*, 1865.

La renommée de Gerard Croiset – du « cerveau-radar » ou du « sorcier d'Utrecht » – était telle qu'il a reçu des lettres des États-Unis avec pour seule adresse « Le fameux voyant de Hollande », ou d'Asie avec « Croiset, Europe ». Et bien qu'au cours de ses quelque 20 000 séances – privées ou officielles –, il n'ait pas toujours eu raison, « *les cas de Croiset se rangent parmi les plus éclatants dans l'histoire de la recherche psychique* », conclut Jack Pollack.

LE PHÉNOMÈNE PSI LE PLUS IMPORTANT

La rétrocognition est la prise de connaissance d'événements passés. La précognition – également appelée « prémonition », « faculté de prévision », « prophétie », etc. – est la prise de connaissance d'événements futurs. Et si la précognition est une forme de voyance qui se présentent à la conscience du sujet, le pressentiment est plutôt un ressenti physique, émotionnel ou intuitif du futur, qui n'est pas clairement accessible par la cognition. La prémonition en général, est en fait l'expérience psi la plus rapportée. Douglas Stroke indique qu'autour de 60% des expériences à l'état de veille de la collection du laboratoire de parapsychologie de l'université Duke, sont des expériences prémonitoires. Par ailleurs, 75% des expériences à base de rêves sont des expériences prémonitoires. Cela peut prendre la forme de visions par « flashs », de sensations de « savoir » que quelque chose va arriver, ou de stimuli auditifs, sensoriels, corporels. Comme toujours avec les capacités psi, les sujets capables de prémonition font souvent preuve d'un mélange d'aptitudes. Ils seraient souvent également télépathes ou clairvoyants.

Un président américain croit aux présages

« *Un journal de Cleveland,* le Plain Dealer, *a évoqué la foi du président dans les prophéties. Interrogé à ce sujet, Lincoln a répondu :* "La seule erreur dans cette affirmation, c'est qu'on ne dit pas la moitié de ce que je pense à ce sujet. Cet article ne mentionne même pas les choses merveilleuses dont j'ai été témoin"[27] », rapporte Dean Radin.

27 Dean Radin, *La Conscience invisible – Le Paranormal à l'épreuve de la science*, Presses du Châtelet, 2000, p. 126.

Prémonitions du naufrage du *Titanic*

En 1898, Morgan Robertson publie *Le Naufrage du Titan*, alors que le naufrage du *Titanic* eut lieu en 1912. Cependant, Bertand Méheust souligne que la nouvelle pourrait avoir été construite sur une suite d'événements auxquels il était possible de s'attendre. Le sociologue indique que les deux nouvelles de William Thomas Stead, *Comment le paquebot-poste sombra au milieu de l'Atlantique*, en 1886, et *De l'Ancien Monde au Nouveau*, en 1892, apportent des détails prémonitoires plus troublants. Surtout que Stead aurait été sujet à d'autres formes de prémonition. En 1960, le psychiatre Ian Stevenson a également publié une importante étude ayant trait aux rêves prémonitoires du naufrage du *Titanic*.

UNE DATATION DIFFICILE

Les expériences prémonitoires sont souvent vécues comme si l'événement perçu se déroulait en direct, au présent. De l'aveu des voyants professionnels, le plus difficile est ainsi de dater ce qu'ils voient. La pratique leur permet d'affiner des repères sensoriels afin d'évaluer la temporalité d'un événement perçu, mais ils ne peuvent annoncer de date précise. Il est donc difficile pour le sujet de savoir où, quand, comment et si ce qu'il/elle perçoit va se produire. C'est souvent *a posteriori* que les faits sont confirmés comme ayant été l'objet d'une prémonition. Les enquêtes menées par Celia Green[28] et John Orme[29] montrent toutefois que dans environ la moitié des cas de prémonitions spontanées et non professionnelles, l'événement perçu apparaît dans les 48 heures, et souvent dans les 24 heures, qui suivent. Comme souvent, un facteur déterminant semble être le lien d'intimité avec la personne concernée par l'événement perçu : dans la majorité des cas, la prémonition concerne un conjoint, un membre de la famille ou un ami. Et ici encore, les chercheurs[30] notent que les phénomènes prémonitoires sont souvent liés à un choc émotionnel. Quatre-vingts pour cent des prémonitions semblent liées à des événements dramatiques : mort, maladie, accidents, catastrophes naturelles. Sauf chez les enfants dont la plupart des prémonitions concerneraient la vie quotidienne.

28 Celia Green, *Analysis of spontaneous cases*, Proceedings 53, pp. 97-161, 1960.

29 John Orme, « Precognition and time », *Journal of the Society for Psychical Research*, n° 47, 1974.

30 Saltmarsh, 1934 ; Sanwald, 1963 ; Shouten, 1982 ; Steinkamp, 2000.

EXPERTISE

Voir l'avenir sans voir le temps ?

« *Le plus dur, c'est d'avoir la notion du temps dans une prédiction*[31] », déclare le voyant Guy Angeli. Sa manière à lui de voir consiste à regarder à côté du consultant. Là, il voit comme un film qui se déroule. Si les images sont en couleurs, il estime que l'événement va se produire rapidement ; si elles sont en noir et blanc, c'est quelque chose de plus lointain dans le temps. Et bien qu'il arrive à donner des informations temporelles assez précises, il spécifie toujours que ce ne sont que des indications. Fin juin 1996, une consultante appelle le voyant des États-Unis pour confirmer son rendez-vous à Paris. Guy Angeli décroche mais, étonnamment, il lui dit de ne pas venir et surtout de ne pas prendre l'avion. Il annule catégoriquement le rendez-vous. Un mois plus tard, la consultante vient le voir et lui explique que l'avion qu'elle aurait dû prendre était le vol de la TWA qui s'est écrasé peu après son décollage de New York en juillet. Connaissant le voyant, elle avait décidé de suivre ses conseils.

LE PRESSENTIMENT EN LABORATOIRE

Tout comme les autres phénomènes psi, la précognition fait l'objet de collecte de cas, d'études à choix forcés et à choix libres. L'avantage est que les protocoles évacuent de nombreux biais puisque les cibles sont tirées au hasard, après que les réponses ont été données. « *Les expérimentations de précognition fournissent des preuves statistiquement impressionnantes*[32] », écrit Dean Radin. Par ailleurs, les procédures de *remote viewing* ont également été utilisées pour tester la précognition, avec succès. « *Il n'est pas plus difficile de décrire un événement qui va se produire dans le futur que de décrire un événement qui se déroule au moment de l'expérience, ce qui remet en question notre compréhension de la causalité elle-même*[33] », conclut Russell Targ. Les recherches sur le pressentiment constituent alors une nouvelle génération d'études. Elles partent du principe que le corps peut réagir à un événement futur et produire des changements organiques perceptibles : modification des systèmes nerveux et

31 Guy Angeli, « Rencontre avec des voyants », Entretien avec Miriam Gablier, *Inexploré* n° 19, juill.-sept. 2013.

32 Dean Radin, *Superpouvoirs ? Enquête sur les facultés humaines extraordinaires*, InterÉditions INREES, 2014, p. 143.

33 Russell Targ, *L'Esprit sans limites – La physique des miracles : vision à distance et transformation de la conscience*, Éditions Trajectoire, 2012, p. 27.

cardiaque, de la conductivité de la peau, de la dilatation des pupilles, etc. Elles mesurent ainsi objectivement des réactions physiologiques en corrélation avec des stimuli futurs. C'est un gros avantage : il ne s'agit plus d'évaluer les appréciations cognitives faites par le sujet, mais de lire les résultats de mesures biologiques tangibles.

DES PREUVES ROBUSTES

La première recherche sur le pressentiment fut menée en 1961 par Irving Good. Le protocole était centré sur la possibilité que l'organisme d'un sujet situé dans le noir puisse prévoir la survenue de flashs de lumière quelques secondes avant que ceux-ci ne soient produits. La même année, Zoltán Vassy prit comme stimuli de légères décharges électriques. Les deux chercheurs ont obtenu des résultats significatifs. Cependant, c'est surtout les études menées par Dean Radin, publiées en 1997, qui mirent davantage en évidence le phénomène du pressentiment. Dans ce cas, les sujets étaient placés devant un écran. Le chercheur leur demandait d'appuyer sur un bouton lorsqu'ils se sentaient prêts. Dans les secondes qui suivaient, une image tirée au hasard apparaissait à l'écran. Les photos étaient choisies pour leur contenu affectif : certaines étaient clairement plaisantes, déplaisantes, érotiques, révoltantes, apaisantes, etc. Les mesures des réactions physiologiques des participants montrent clairement que leur corps a réagi, là aussi, avant que l'image apparaisse à l'écran. Des expériences similaires furent reproduites dans d'autres laboratoires et en 2011, Daryl Bem publie un article qui fait sensation. Dans *Feeling the Future*[34], il présente les résultats de quinze ans de recherche sur la précognition. Le chercheur a notamment travaillé avec les effets d'images subliminales, en faisant en sorte que les stimulations aient lieu après plutôt qu'avant que l'individu réponde aux questions. En 2014, une méta-analyse de Julia Mossbridge, Patrizio Tressoldi et Jessica Utts sur les résultats des recherches sur le pressentiment révèle que « *les tests du pressentiment obtiennent des preuves robustes d'un effet précognitif inconscient et reproductible*[35] », indique Dean Radin. Il existe désormais une base de données expérimentales cumulant des centaines d'études publiées par des chercheurs des États-Unis, d'Italie, d'Espagne, des Pays-Bas, d'Autriche, de Suède, d'Angleterre, d'Écosse, d'Iran, du Japon et d'Australie. Notons qu'elles montrent que le corps dans son ensemble, et pas seulement le système nerveux ou cardiaque, serait capable d'avoir des pressentiments.

34 Daryl Bem, « Sentir le futur : preuves expérimentales d'influences rétroactives anomales sur la cognition et l'affect », *Journal of Personnality and Social Psychology*, 2011.

35 Dean Radin, *Superpouvoirs ? Enquête sur les facultés humaines extraordinaires*, InterÉditions INREES, 2014, p. 156.

La méditation accentue la précognition

« *Avec la pratique, le méditant pourrait atteindre un espace mental dans lequel sa conscience non seulement n'est pas contrainte par les distances, mais se défait du temps*[36] », écrit Dean Radin. Le chercheur a mené une expérience sur le pressentiment avec des méditants qui ont fait preuve de capacités précognitives statistiquement plus significatives que les autres groupes.

APPRENDRE À VOIR LE FUTUR

« *Il y a actuellement des recherches sérieuses et des techniques qui montrent comment optimiser ses capacités et les utiliser de manière plus efficace*[37] », déclare le voyant Alexis Tournier. Lui-même, Alexis Champion, Maud Kristen ou d'autres, proposent des stages ou des formations afin d'apprendre à développer ses capacités extrasensorielles. Les approches comptent de nombreux aspects : développer sa sensorialité afin d'apprendre à écouter les messages du corps, apprendre à laisser le mental et l'ego de côté, pratiquer les protocoles de parapsychologie, mieux comprendre les mécanismes de la voyance, etc. Contre toute attente, les enseignants insistent sur le fait que moins le sujet en sait au départ sur la cible, plus c'est facile. « *C'est en fait plus facile quand on ne sait rien de la personne. Sinon, il faut constamment faire le tri entre les informations véritablement intuitives et celles qui résultent d'une déduction logique* », explique Alexis Tournier. Le voyant se souvient d'un jeune homme en jogging, mal coiffé et tenant nonchalamment un téléphone portable. Il le voit pourtant donner des ordres et diriger une équipe dans un contexte professionnel, sérieux et impeccable. Il voit des gens en costume qui parlent de droit, de patrimoine, d'argent. À la fin de la séance, le consultant lui confirme, tout en s'excusant de ne pas avoir pu se changer après sa séance de sport, qu'il gère un portefeuille dans une banque.

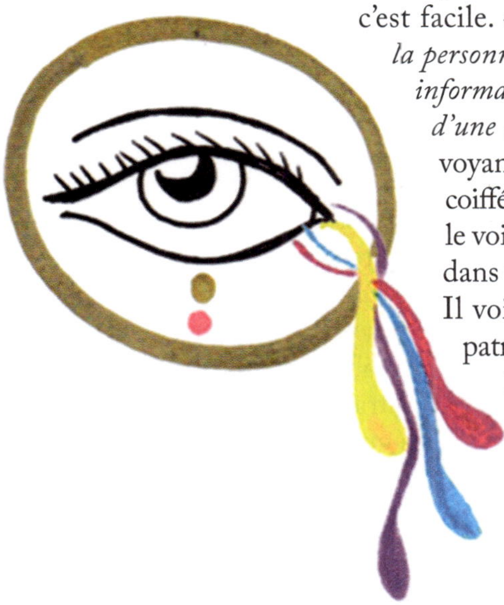

36 Dean Radin, *Superpouvoirs ? Enquête sur les facultés humaines extraordinaires*, p. 159.

37 Alexis Tournier, « Rencontre avec des voyants », Entretien avec Miriam Gablier, *Inexploré* n° 19, juill.-sept. 2013.

DES ANIMAUX SENTENT LE FUTUR

De nombreux témoignages indiquent que les animaux peuvent pressentir l'avènement de catastrophes naturelles majeures, telles que les tsunamis et les tremblements de terre. Par conséquent, certains chercheurs ont investigué les talents précognitifs des animaux. La procédure courante est de générer un signal de manière aléatoire et d'observer le comportement des animaux. Ainsi, certains ont envoyé un courant électrique modéré à la moitié du sol des cages qui servaient aux tests. Ils ont alors objectivé les déplacements des animaux afin de voir s'ils cherchaient à éviter le courant électrique à un niveau statistiquement significatif. Les hamsters, les cochons d'Inde, les gerbilles, les rats, les chats et les crevettes ont fait preuve d'aptitudes prémonitoires[38]. Dans une étude, Chester Wildey a cherché à voir si les vers de terre pouvaient montrer un effet de pressentiment en utilisant une vibration mécanique.

38 Levy, Davis, Mayo, 1973a, 1973b, Irwin et Watt, 2007 p. 109-110 – Données communiquées par l'IMI.

Il a constaté davantage d'activité avant les stimulations que durant les autres périodes sans vibrations. Le chercheur Fernando Alvarez a utilisé des pinsons bengalis exposés à des vidéos de serpents ayant un comportement agressif. Il a montré que ces oiseaux ont tendance à faire preuve de pressentiment.

Qu'en est-il du libre arbitre ?

Si nous pouvons voir le futur, cela signifie-t-il que tout est déjà écrit ? Nous avons vu que les modèles physiques qui présentent une symétrie temporelle indiquent que si le passé existe encore et que le futur existe déjà, l'ensemble pourrait continuer à évoluer. Cela implique que non seulement le futur peut changer, mais le passé aussi. Ce modèle permet donc de préserver la notion de libre arbitre. Ainsi, ce que le sujet psi perçoit serait des structures informationnelles autour d'un événement qui « s'étaleraient » dans le futur et le passé. Le voyant percevrait les probabilités que telle structure aille dans telle direction, se comporte de telle façon. Il verrait ainsi le devenir le plus probable, au moment de sa voyance, de l'événement. Toutefois, ce futur pourrait encore changer. « *En réalité, rien n'est fixé, tout peut changer. C'est juste que la plupart du temps, la force d'inertie des choses est telle que les chances qu'elles se comportent d'une certaine manière sont extrêmement élevées, et du coup, elles se comportent bien comme on l'avait dit*[39] », indique Stephan Schwartz. Et d'après la voyante Maud Kristen, une information précognitive, plutôt que de nous conditionner, pourrait au contraire nous permettre de mieux exercer notre libre arbitre. « *Un vrai voyant vous offre une cartographie des probabilités et des possibles, qui n'est pas forcément celle que vous voulez entendre. Il vous indique les autoroutes, les chemins et les impasses. Et paradoxalement, il vous aide à mieux utiliser votre libre arbitre. Vous pouvez choisir de ne pas prendre l'autoroute alors qu'elle se présente à vous. Par contre, j'ai pu vérifier au cours de ma pratique que vous pourrez difficilement poursuivre en choisissant une impasse*[40] », dit-elle.

39 Stephan Schwartz, « Rencontre avec des voyants », Entretien avec Miriam Gablier et Stéphane Allix, *Inexploré* n° 19, juill.-sept. 2013.

40 Kristen Maud, « Rencontre avec des voyants », Entretien avec Miriam Gablier, *Inexploré* n° 19, juill.-sept. 2013.

LA PSYCHOKINÈSE

Eldon Byrd, un physicien du Bureau des armes de surface de la marine aux États-Unis, est un spécialiste du métal. Lors d'une expérience menée en 1973, il présente un morceau de Nitinol à Uri Geller. Ce métal a la particularité de posséder une mémoire physique, c'est-à-dire qu'il reprend toujours sa forme initiale même lorsqu'il est tordu. Pour réellement le déformer, il faut le chauffer à 500 °C et exercer sur lui une pression considérable à l'aide d'un équipement adapté. Uri Geller a simplement effleuré le milieu du fil de métal, que Byrd n'a lâché à aucun moment de l'expérience. « *Vingt secondes plus tard, le fil s'était déformé pour adopter un angle droit* », relate Erik Pigani[41]. Les physiciens du Centre ont essayé de lui rendre sa forme initiale, sans succès. L'analyse cristallographique a montré que les cristaux du morceau de Nitinol s'étaient agrandis. Le rapport de ces expériences a été publié par le physicien Charles Panati[42].

« Un jour, j'ai vu, de mes yeux vu, un objet banal se mouvoir seul et sans impulsion, pendant quelques instants. Et je n'étais pas l'unique spectateur de cet étrange phénomène dont la cause immédiate m'a toujours échappé[45]. »
Léon Daudet, écrivain.

Uri Geller, star de la psychokinèse, a tordu des clefs et des cuillères, remis des montres cassées en marche ou lu dans les pensées sur pratiquement toutes les télévisions du monde, et souvent en direct. Ses tournées mondiales furent controversées, mais les deux professionnels de la Société des illusionnistes américains qui ont essayé de le prendre en défaut ont déclaré en 1975, « *qu'aucun trucage n'a pu être utilisé dans les conditions auxquelles Uri Geller était soumis*[43]». Surtout, ses performances sont devenues un objet d'études scientifiques. Entre 1972 et 1975, il fut examiné par au moins seize laboratoires dans huit pays. Un article rédigé par les chercheurs du Stanford Research Institute (SRI) sur ses capacités de télépathie et de clairvoyance a même été publié dans la revue *Nature*[44] en 1974. Pour la petite histoire, Dali, le peintre surréaliste, lui aurait dit : « *Toute ma vie, j'ai peint des fourchettes et des cuillères tordues et j'aime ce que vous faites !* »

41 Erik Pigani, *Psi – Enquête sur les phénomènes paranormaux*, Presses du Châtelet, 1999, p. 173.

42 Charles Panati, *The Geller Papers*, Ed. Houghton Mifflin, 1976.

43 Arthur Zorka et Abb Dickson, *Rapport officiel de la Société des illusionnistes américains*, XXXe Assemblée, sectior d'At anta, juin 1975.

44 Harold Puthoff, Russell Targ, « Transmission de l'information dans des conditions d'isolation sensorielle », *Nature*, n° 5476, oct. 1974.

45 Léon Daudet, *Lettre à la rédaction de L'Écho du merveilleux*, n° 48, janvier 1899.

INFLUENCE DE L'ESPRIT SUR LA MATIÈRE

Les phénomènes de psychokinèse (PK) posent de sérieux problèmes à la physique telle qu'elle est comprise aujourd'hui. Également appelé « télékinésie », *psychokinèse* signifie « mouvement par l'esprit ». Classiquement, il est pensé qu'elle résulte de l'influence, volontaire ou involontaire, de l'esprit d'un individu sur une substance matérielle, sans l'utilisation de mécanismes ou d'énergies connues. Elle pourrait ainsi produire un mouvement ou une altération de ses propriétés physico-chimiques. Ainsi, un sujet qui serait doué d'une telle capacité pourrait faire bouger un objet, le tordre ou même le faire léviter, par exemple. Pour la parapsychologie, la psychokinèse constitue le versant « actif » ou « projectif » des facultés psi et cette discipline scinde le phénomène en plusieurs parties :

- La macro-PK concerne les effets qui sont visibles à l'œil nu : torsions de métaux, déplacements, matérialisations ou lévitations d'objets, psychophotographie (impression d'une pellicule photo par la pensée), etc. Notons que les parapsychologues classent ici les phénomènes de poltergeists, d'apparitions et de hantises.
- La micro-PK concerne les effets qui ne sont pas visibles à l'œil nu : altération du comportement de particules atomiques ou de systèmes en évolution. Ses effets sont souvent repérables par une analyse statistique effectuée sur un grand nombre d'événements aléatoires déviant de la ligne du hasard.
- La bio-PK ou DMILS (*Direct Mental Interactions with Living Systems*) concerne les effets sur les organismes vivants : bactéries, cellules végétales, animales ou humaines, etc.

La bio-PK, les poltergeists ou les phénomènes d'apparition et de hantise seront examinés dans des chapitres ultérieurs.

Des montres s'arrêtent

Notre quotidien pourrait être le théâtre de « mini-effets » PK. Nous pourrions, surtout dans des moments exceptionnellement chargés en émotions, engendrer des perturbations sur des appareils mécaniques ou électroniques. Montre qui s'arrête, voiture qui ne veut pas démarrer, ordinateur qui bloque, appareil photo qui se dérègle, etc. Comme pour les autres phénomènes psi, les chercheurs soulignent que les phénomènes de psychokinèse spontanée semblent particulièrement liés à des événements traumatiques, et notamment à la mort. Louisa Rhine rapporte plusieurs cas de phénomènes de psychokinèse au moment du décès de quelqu'un, comme une montre qui s'arrête, une ampoule qui explose, un objet qui tombe, etc.

PLUS D'UN SIÈCLE D'ENQUÊTE

Les textes mythologiques ou religieux, en provenance d'une grande variété de cultures, offrent des anecdotes qui pourraient être interprétées comme des effets de psychokinèse. À partir de la fin du XVIIIe siècle, les recherches sur le somnambulisme magnétique montrent qu'il semble possible d'établir « un rapport » avec un sujet ou un objet et de l'influencer à distance. Avec l'arrivée du spiritisme au milieu du XIXe siècle, des médiums à effets physiques se mettent à produire plus ouvertement des phénomènes étranges : ectoplasmes, mouvements de table, bruits, lévitations, dématérialisations et matérialisations d'objets, etc. Si beaucoup d'entre eux truquent leurs séances, certains ne sont jamais pris en défaut. Les premières recherches scientifiques sur la psychokinèse commencent alors par l'étude de sujets comme l'Écossais Daniel Dunglas Home ou l'Italienne Eusapia Palladino. Les grands médiums à effets physiques du siècle dernier comptent également l'Américain Ted Serios, la Russe Nina Kulagina, l'Américaine Felicia Parise, l'Israélien Uri Geller, le Français Jean-Pierre Girard et le Chinois Zhang Baosheng.

À partir des années 1930, la psychokinèse fait aussi l'objet d'un grand nombre d'études à choix forcés avec des lancers de dés ou des générateurs de nombres aléatoires (GNA). L'université de Princeton lance notamment le PEAR Project (*Princeton Engineering Anomalies Research*), dans le but d'étudier l'influence de l'esprit humain sur des GNA en laboratoire, et produit l'une des recherches les mieux documentées sur le phénomène. « *Après soixante ans d'expérimentation avec des dés ou leur version technologique moderne, le GNA, les chercheurs ont apporté des preuves convaincantes, cohérentes et reproductibles, du fait que l'intention mentale intervient dans le déroulement de ces phénomènes physiques*[46] », résume Dean Radin.

À L'ÉPREUVE DES INFRAROUGES

Le docteur Eugène Osty, deuxième directeur de l'IMI, mena des recherches qui firent grand bruit. Il mit en place un protocole avec un médium à effets physiques qui utilisait un système de détection automatisé. Il demanda à l'Autrichien Rudi Schneider de déplacer par télékinésie des objets posés sur une table, elle-même protégée par un rideau de rayons infrarouges. Si ce dernier était coupé, une alarme et des prises de photos se déclenchaient. Plus de quatre-vingt-dix séances furent menées, et les résultats laissèrent les chercheurs perplexes. Les objets ont bougé.

46 Dean Radin, *La Conscience invisible – Le Paranormal à l'épreuve de la science*, Presses du Châtelet, 2000, p. 159.

L'alarme a sonné parce que le rideau infrarouge a été perturbé. Des photos ont été prises. Y avait-il eu fraude de la part du médium ou de quelqu'un ? Non. Les photos ont montré que personne ne s'était approché de la table et que le médium était affalé sur sa chaise. En réalité, il était dans un état de conscience si modifié qu'il était incapable de bouger. Mais alors, si Rudi Schneider arrivait à déplacer les objets à distance, qu'est-ce qui déclenchait l'alarme ? « *Le rideau infrarouge était suffisamment sophistiqué pour mesurer la densité de ce qui interrompait les rayons. Une main solide aurait donné une mesure de 100 %. Les chercheurs ont trouvé des mesures variables. Schneider semblait capable d'émettre une force invisible dont la densité était fluctuante mais scientifiquement mesurable*[47] », explique Mario Varvoglis. Une « *force invisible* » de densité variable aurait perturbé le rideau de rayons infrarouges.

DE LA PSYCHOPHOTOGRAPHIE

Ted Serios, liftier dans un hôtel de Chicago, semblait capable d'imprimer une projection de sa pensée sur une pellicule photographique. Il s'approchait d'un Polaroid, le fixait en se concentrant et en faisant d'étranges grimaces. Lorsqu'il se sentait prêt, l'obturateur était déclenché. Son talent ne fonctionnait pas toujours, mais parfois il obtenait des images représentant des scènes, des gens, des bâtiments, des paysages, des objets divers. Ces photos étaient parfois en noir et blanc, parfois en couleur. Les performances de Ted Serios furent étudiées par plusieurs chercheurs, dont les psychiatres Jule Eisenbud[48] à l'université de Denver et Ian Stevenson, à l'université de Virginie. Les chercheurs ont évidemment tenté de détecter toute forme de fraude. Cependant, Ted Serios semble avoir été notamment capable, dans des conditions contrôlées, de reproduire sur la pellicule d'un appareil fermé des images qui se trouvaient dans des enveloppes scellées et qu'il n'a donc pas vues.

TÉMOIGNAGE

47 Mario Varvoglis, « Ils étudient le paranormal depuis 100 ans », par Miriam Gablier, *Inexploré* Hors-Série n° 7, nov. 2018, p. 139-141.
48 Jule Eisenbud, *The world of Ted Serios, Thoughtographic Studies of an Extraordinary Mind*, McFarland & co. 1967.

L'EFFET GELLER

Suite à l'effet généré par les apparitions étonnantes de Uri Geller dans les médias, de nombreux enfants ont commencé à s'essayer à la psychokinèse. John Hasted[49] a alors lancé une étude en laboratoire sur les performances de certains d'entre eux. Nicholas Williams et Stephen North semblent avoir été notamment capables de tordre du métal ou de téléporter des objets en dehors de containers scellés. Julie Knowles aurait exécuté des torsions supérieures à la force humaine. Par ailleurs, l'effet Geller a déclenchée une vogue de « PK Party » ou « *spoon bending party* », notamment encouragées par Jack Houck, durant lesquelles des personnes se rassemblaient afin d'apprendre la psychokinèse. En France, après le passage de Uri Geller à la télévision, Jean-Pierre Girard, représentant dans l'industrie pharmaceutique et magicien amateur, se fait connaître pour ses démonstrations durant lesquelles il semble courber lui aussi des barres métalliques. En 1974, il se met au service de la recherche en laboratoire. Bien que ses performances aient fait l'objet de polémiques, le directeur scientifique Charles Crussard affirme que des tests concluants ont été menés, notamment au laboratoire scientifique de la société Péchiney. Plusieurs barres, préalablement marquées, auraient été tordues par Jean-Pierre Girard. Les mesures de son activité cérébrale à ce moment-là auraient montré des ondes alpha, signe de profonde relaxation, alors que les battements de son cœur atteignaient 160 battements par minute.

FAIRE UN AVEC LA CIBLE

La parapsychologue Pamela Rae Heath[50], spécialiste de la psychokinèse, a notamment étudié sa phénoménologie – ou plutôt ce qu'elle appelle la « *matrice de la psychokinèse* ». En premier lieu, les sujets exerçant cette faculté ont généralement besoin de se mettre dans un état de concentration extrême, ce qui les met alors dans un état de conscience modifié plus ou moins marqué. Notons que, dans le cas de psychokinèse involontaire, ce serait justement à partir d'un état psychologique particulier que le phénomène se produirait. Ensuite, les sujets rapportent souvent un sentiment de « connexion » avec l'objet. Il s'agit d'établir un lien afin de ne faire qu'un avec la cible. Pamela Rae Heath constate qu'une dissociation de l'ego et une suspension de l'intellect se produisent alors. Certains sujets auraient aussi l'impression d'être comme désincarnés ou constitués d'énergie. Beaucoup d'entre eux évoquent le fait

49 John Hasted, *The Metal-benders*, Ed. Routledge, 1981.

50 Pamela Rae Heath, *The PK Zone, A cross-cultural review of psychokinesis*, Ed. iUniverse, 2003.

de ressentir une énergie à l'intérieur ou autour d'eux, et de pouvoir la manipuler afin de produire un effet de psychokinèse. Enfin, les sujets disent expérimenter un grand nombre de sensations physiques : picotements, chaleur, sensations de pressions, etc. Bien qu'ils puissent être dans une attitude ludique, leur expérience est souvent une épreuve.

L'appel des poussins

D'un côté se trouvent une quinzaine de poussins dans une cage. De l'autre, un appareil cylindrique monté sur roulettes et programmé pour se déplacer de manière aléatoire. Quel est le lien entre les deux ? À la naissance, les poussins ont été conditionnés pour adopter ce robot comme leur mère – selon la « théorie de l'empreinte » de Konrad Lorenz. Ainsi, enfermés dans leur cage, ils piaillent pour l'appeler à venir vers eux. Peuvent-ils influencer le comportement de ce robot aléatoire ? L'expérience, mise au point par le docteur René Peoc'h pour sa thèse de médecine, soutenue en 1985, semble montrer que oui. Au bout de quatre ans de recherche avec 2 500 poussins, utilisé lors de 600 expériences, les tracés indiqueraient que le robot se déplacerait 2,5 fois plus souvent vers la cage que le voudrait le hasard.

UNE CONSCIENCE GLOBALE

Est-ce qu'un ensemble de personnes, vivant une expérience commune, pourrait provoquer un effet de psychokinèse ? Les humains peuvent-ils influencer des générateurs de nombres aléatoires (GNA) cachés et dispersés sur un territoire ? Dans les années 1990, des parapsychologues, comme Roger Nelson, ont l'idée d'étudier ce qu'ils appellent des « *champs de conscience* ». Ils commencent tout d'abord sur des petits groupes, puis à une échelle plus grande, et finalement... planétaire. L'idée est que des personnes dispersées, mais focalisées sur un même objet d'attention – comme une émission de télévision ou un événement mondial –, pourraient en quelque sorte produire un effet collectif cohérent et modifier les données d'un GNA. Dean Radin met en place une expérience en 1995, lors de la 67e cérémonie des Oscars. Résultats ? Aux moments clés de la cérémonie, les résultats produits par les GNA s'écartent de manière significative de la ligne du hasard. Les chercheurs ont alors l'idée de connecter par Internet des générateurs placés dans plus de soixante-dix sites dans le monde. Le Global Consciousness Project (GCP) – Projet Conscience Globale -, débute en 1998. Depuis, à plusieurs reprises, le projet a mis en évidence des impacts globaux. Un examen[51] attentif du comportement des GNA – avant, pendant et après les attentats du 11 septembre 2001 – montrent que les générateurs ont produit des résultats hautement significatifs ce matin-là. Le plus étonnant est qu'ils ont commencé quelques heures… avant les attentats. Nous pourrions donc être en présence de données indiquant un effet de psychokinèse prémonitoire. Parmi les autres grands événements, il faut par exemple citer les funérailles de la princesse Diana en août 1997 et le tsunami de décembre 2004.

EXPERTISE

De la psychokinèse dans le passé ?

Un chercheur demande à un sujet d'influencer les données que produit un générateur de nombres aléatoires. Le sujet se concentre. Ce qu'il ne sait pas, c'est que les données qu'il essaie d'influencer ont déjà été enregistrées par un ordinateur, il y a plusieurs semaines. Et personne ne connaît les résultats[52]. « *Or, le sujet obtient des effets, il obtient une modification de quelque chose mais à rebours du temps. On se rend alors compte qu'on obtient les mêmes effets que si l'expérience avait été menée dans le présent. C'est-à-dire que, dans ce cas, la causalité est future*[53] », indique Renaud Évrard.

51 Dean Radin, *Global Consciousness Project Analysis for september 11, 2011*, Institute of Noetic Sciences.

52 Janin résume bien l'idée en français : http://gerp.free.fr/PA2_PJRetroPK.htm Les expériences d'Helmut Schmidt le confirment ensuite.

53 Renaud Évrard,Entretien avec Miriam Gablier en vue de la parution de « Étudier scientifiquement le paranormal », *Inexploré* n° 43 juill.-sept. 2019

LA BIO-PSYCHOKINÈSE

Alors qu'il participe au triathlon de Palm Spring en 1986, Joe Dispenza est renversé par un véhicule utilitaire. Il se retrouve avec six vertèbres brisées et les médecins réalisent que des fragments osseux commencent à migrer vers sa moelle épinière. La situation est grave, le coureur risque une paralysie irréversible. Les médecins lui proposent de subir une chirurgie pouvant elle-aussi engendrer des risques irrémédiables. Joe Dispenza prend une décision radicale : il refuse l'opération. « *J'étais jeune et audacieux ! Et je crois surtout qu'il y a une intelligence à l'intérieur de chacun d'entre nous qui est dispensatrice de vie et avec laquelle nous pouvons collaborer*[54] », raconte-t-il.
Il prend refuge chez deux amis et consacre chacune de ses journées à la reconstruction de sa colonne vertébrale, notamment par la visualisation et la méditation. « *C'était fastidieux, frustrant et, très franchement, ce fut une des expériences les plus difficiles de ma vie*[55] », confie-t-il. Neuf semaines et demi après son accident, il réussit à se lever sans avoir à subir de chirurgie. Depuis, le docteur Joe Dispenza, devenu l'auteur de livres sur l'effet placebo, a mené une enquête dans dix-sept pays auprès de personnes qui se sont guéries de pathologies lourdes. Selon lui, les phénomènes de rémission mystérieuse seraient beaucoup plus fréquents que nous le pensons. « *Je peux vous assurer qu'il y a beaucoup de gens sur cette planète qui font beaucoup de choses incroyables !*[56] », s'exclame-t-il.

ORIENTER LE VIVANT

Les archives sur la vie de saints, de sages et autres illustres personnages sont remplies de récits d'auto-guérisons ou de guérisons d'autrui par le biais d'influences non médicales ou non conventionnelles. Prière, méditation, ascèse, pratiques énergétiques, impositions des mains, intention ou prise de conscience, semblent avoir opéré des miracles. En effet, certains cas mentionnent des processus impossibles en temps normal, telle la régénération tissulaire. Au XIXe siècle, les magnétiseurs constatent qu'il semble possible d'influencer les guérisons de somnambules par le biais de suggestions. L'idée est ensuite développée par les hypnotiseurs. Cependant, la recherche scientifique *stricto sensu* sur l'éventualité de guérisons paranormales se révèle difficile : les paramètres qui entrent en jeu sont multiples et complexes, le phénomène est difficilement reproductible et soulève des questions éthiques. Aujourd'hui, nous possédons principalement trois sources de données en ce qui

54 Joe Dispenza, « L'aventurier de l'auto-guérison », Entretien avec Miriam Gablier, *Inexploré* n° 27, juill.-sept. 2015.
55 Joe Dispenza, Ibid.
56 Joe Dispenza, Ibid.

concerne le phénomène d'amélioration ou de guérison :

- l'analyse de milliers de cas de rémissions spectaculaires, qui ont pu être objectivées grâce à des dossiers médicaux et des témoins crédibles ;
- des études scientifiques sur la guérison, dont les résultats sont annoncés prudemment ;
- des recherches sur la psychokinèse, effectuées sur des organismes vivants en laboratoire. On parle alors de bio-psychokinèse ou bio-PK.

Sauvé de l'amputation par des mantras

Après avoir été torturé, le moine Phakyab Rinpoché fuit le Tibet en 1999 et arrive aux États-Unis avec de graves séquelles. En avril 2003, il est hospitalisé en urgence à New York pour une gangrène sévère au pied droit. Alors que les médecins veulent l'amputer dans les jours qui suivent, il reçoit un message du Dalaï-Lama. « *Tu as en toi la sagesse qui guérit et une fois guéri tu enseigneras au monde comment guérir*[57] », lui écrit le guide spirituel. Pendant les trois années qui suivent, Phakyab Rinpoché médite sur les yogas secrets de l'énergie interne, auxquels il a été initié à seize ans. Depuis son petit studio de Brooklyn, il repousse l'infection et reconstruit les os de sa cheville. Seule une greffe osseuse aurait dû permettre une telle guérison. Le docteur Lionel Coudron qualifie cette guérison de « *phénomène d'une puissance exceptionnelle*[58] ».

UN EFFET PSYCHOLOGIQUE DÉSIRABLE

Marc Ian Barasch et Caryle Hirshberg[59] ont mené une enquête minutieuse sur des cas extraordinaires dont les preuves médicales sont irréfutables. Ils ont cherché à comprendre le mécanisme de la guérison et à voir ainsi quels sont les dénominateurs communs à tous ces cas. Le problème est que chaque personne interrogée leur a répondu quelque chose de différent. L'un a dit que c'était parce qu'il pratique le qi gong de manière régulière. L'autre parce qu'il est passé à un régime macrobiotique

57 Phakyab Rinpoché, *La Méditation m'a sauvé*, Éditions Poche Marabout, 2016.

58 Phakyab Rinpoché, Ibid.

59 Marc Ian Barasch, Caryle Hirshberg, *Guérisons remarquables : nous avons tous en nous un « système guérisseur »*, Éditions France Loisirs, 1997.

qu'il suit à la lettre. Un troisième dit que c'est parce qu'il est allé voir un guérisseur aux Philippines. Un quatrième parce qu'il fait une psychothérapie et qu'il se libère des souffrances émotionnelles… En définitive, le dénominateur commun semble être une profonde conviction que l'action entreprise a du sens et qu'elle est effective. L'effet placebo, attesté maintenant par des centaines d'études, se produit lorsque la guérison est le résultat de la croyance du patient plutôt que du traitement en lui-même. Publiée en 1955 par Henry Beecher[60] de l'université Harvard, une étude historique indique que chez 35% des patients, la douleur est soulagée par la prise d'un médicament sans effet médicinal. Les résultats seraient similaires avec des interventions chirurgicales factices. Finalement, l'effet placebo se révèle n'être qu'un aspect d'un vaste champ : la psychosomatique, un domaine d'étude des interactions entre le corps et l'esprit.

DES MILLIERS PAR AN ?

« Une recherche minutieuse parmi les publications de l'année 1993 a permis de répertorier trois mille cinq cents comptes-rendus de rémissions spontanées, à travers plus de huit cents revues médicales et scientifiques en vingt langues[61] », note Dean Radin, parapsychologue. Combien de rémissions inexpliquées y a-t-il eu depuis 1993 ?

LA BIO-PK EN LABORATOIRE

De tous temps et partout sur la planète, des personnes semblent avoir fait preuve de dons leur permettant d'atténuer ou de faire disparaître les douleurs, les brûlures, les plaies, les œdèmes, la fièvre, etc., chez l'homme ou l'animal. Par ailleurs, certains guérisseurs se servent également de prières ou de connexions avec des « entités » dans un éventuel au-delà, afin de produire des guérisons. À côté de cela, de nombreux courants spirituels ont développé des pratiques énergétiques – yoga, arts martiaux, etc. – qui favoriseraient l'apparition de capacités à manier une énergie vitale parfois utilisée pour la guérison. Du fait que ces passes énergétiques ou psychiques semblent modifier les structures moléculaires d'un corps, les parapsychologues les classent dans la catégorie « bio-psychokinèse ». C'est ainsi que, plus particulièrement depuis les années 1960, de nombreuses expériences de bio-psychokinèse ont été menées en laboratoire sur des organismes vivants de différentes tailles : graines germées, bactéries, levures, champignons, petits mammifères, salamandres, etc. Le protocole de base veut qu'un lot d'organismes soit soumis à une influence et qu'un autre lot soit un repère témoin. « *Plus de 130 publications décrivent des recherches contrôlées*

60 Henry Beecher, « The powerful placebo », *Journal of the American Medical Association*, Vol. 159, n° 17, dec. 1955.

61 Dean Radin, *La Conscience invisible – Le paranormal à l'épreuve de la science*, Presses du Châtelet, 2000, p. 166.

sur des systèmes vivants – cultures de cellules ou de bactéries, plantes, souris, hamsters, chiens, humains… Des résultats atteignant 100 chances contre 1 ou davantage ont été signalés pour 56 de ces études[62] », indique Dean Radin.

LA SCIENCE ET L'IMPOSITION DES MAINS

En 1965, Bernard Grad, un biologiste de l'université McGill au Canada, décide de mener une étude sur les prétendues capacités de guérison d'Oskar Estebany. Durant la Seconde Guerre mondiale, ce dernier aurait découvert qu'il avait un don. Soldat, il était chargé de soigner les chevaux. « *Il semblait particulièrement doué avec ceux qui étaient blessés ; ces animaux paraissaient guérir bien plus vite qu'ils auraient normalement dû le faire*[63] », rapporte Charles Tart. Oskar Estebany tente alors de soulager ses collègues soldats par imposition des mains et acquiert une solide réputation de guérisseur. Les protocoles de Bernard Grad impliquent alors de tenter d'améliorer, toujours par imposition des mains, la condition de lots de souris légèrement blessées et de grains d'orge partiellement brûlés. D'autres lots, qui resteront intouchés, servent de « contrôle ». Au bout de deux semaines, l'analyse de la taille des blessures des souris révèle des différences significatives. « *Dans le groupe expérimental traité par Estebany, la guérison était bien plus avancée*[64] », signale Charles Tart. Quant aux plants de blé, les mesures montrent que ceux dont le guérisseur s'est occupé ont davantage poussé.

TÉMOIGNAGE

Des coupeurs de feu à l'hôpital

Force est de constater qu'un nombre grandissant de médecins attestent de l'efficacité des « faiseurs de secret » et qu'une multitude de services hospitaliers – des urgences, des brûlés ou de radiologie –, possèdent une liste, souvent officieuse, de noms de coupeurs de feu à qui ils se réfèrent parfois. La réalité de la promiscuité entre ces « faiseurs » et le corps médical est telle qu'elle a fait l'objet d'une thèse. Soutenue à la faculté de médecine de Grenoble par Nicolas Perret, elle s'intitule : *Place des coupeurs de feu dans la prise en charge ambulatoire et hospitalière des brûlures en Haute-Savoie en 2007*[65].

62 Dean Radin, *La Conscience invisible – Le paranormal à l'épreuve de la science*, Presses du Châtelet, 2000, p. 168.

63 Charles Tart, *Le psychologue, la science et l'extraordinaire*, InterÉditions INREES, 2012, p. 177.

64 Charles Tart, Op. cit., p. 179.

65 Miriam Gablier, « Les faiseurs de secret », *Inexploré* n° 34, avril-juin 2017.

MÉTA-ANALYSE DE GUÉRISONS À DISTANCE

La guérison à distance, par une intention mentale ou par la prière, a fait l'objet de plusieurs recherches expérimentales. Une étude souvent citée fut réalisée en 1988 dans l'unité des maladies coronariennes de l'hôpital général de San Francisco. Le docteur Randolph Byrd[66] a choisi 193 patients au hasard. Puis il a envoyé leurs noms et leurs diagnostics à diverses communautés religieuses en leur demandant de prier pour eux. Pendant ce temps, un groupe de patients présentant les mêmes caractéristiques n'a bénéficié d'aucune intention. Les patients du premier groupe ont eu besoin de cinq fois moins d'antibiotiques que les autres. Ils ont développé trois fois moins d'œdèmes pulmonaires et aucun n'a eu à subir d'intubation trachéale. D'autres études utilisant ce qui est appelé l'« Interaction Mentale Directe avec des Systèmes Vivants » – DMILS, en anglais – ont également été menées. Le psychologue William Braud et l'anthropologue Marilyn Schlitz ont, par exemple, réalisé une étude qui a duré rien de moins que dix-sept années, à la Mind Science Foundation de San Antonio. L'objectif était de mesurer l'influence de l'intention à distance sur le système nerveux de sujets récepteurs. Les résultats, présentés en 1991, ont abouti à une probabilité supérieure à 100 trillions de chances contre une[67]. Une méta-analyse des études sur l'intention de guérir à distance, publiée en 2011[68], signale qu'il y a moins de décès lorsqu'un patient bénéficie de prières que lorsqu'il reçoit seulement des soins normaux. Notons toutefois que les chercheurs restent prudents dans leur conclusion.

UN ASTRONAUTE GUÉRI À PARTIR D'UNE PHOTO

Edgar Mitchell, pilote du module lunaire de la mission Apollo 14, est le sixième homme à avoir mis le pied sur la Lune. Alors que les médecins lui proposent une intervention chirurgicale pour rectifier une irrégularité sur un rein, il refuse l'opération, préférant se mettre en contact avec un guérisseur. « *Pendant un mois nous avons fait des séances une fois par semaine*[69] », raconte-t-il. Trois mois plus tard, sa complication avait été complètement éliminée. Petit détail : Edgar Mitchell vit en Floride, et le guérisseur à Vancouver. Opérant à plus de 5 000 kilomètres de lui et travaillant à partir d'une photo, le guérisseur semble avoir agi sur la pathologie de l'astronaute.

TÉMOIGNAGE

66 Dean Radin, *La Conscience invisible – Le paranormal à l'épreuve de la science*, Presses du Châtelet, 2000, p. 167.

67 Dean Radin, Op. cit., p. 168.

68 L. Roberts, I Ahmed, S. Hall, A. Davison, « Intercessory prayer for the alleviation of ill health ». *Cochrane Data System Rev.* 2011(3):1-48.

69 Edgar Mitchell, *The living matrix*, Documentaire de Greg Becker, 2009.

QUAND L'AMOUR FAIT LA DIFFÉRENCE

Trente-six paires d'individus liés émotionnellement – des couples, des amis ou des membres d'une même famille – sont recrutées par le parapsychologue Dean Radin. L'idée est de lancer une « *love study* », une étude sur l'effet de l'amour. L'un des deux est en bonne santé. Il est « l'émetteur » et il est placé devant un écran. L'autre est malade et suit un traitement pour un cancer. Il est le « récepteur » et il est allongé dans une pièce isolée en étant filmé par une caméra. Lors de l'expérience, l'émetteur, qui a suivi une formation afin d'apprendre à émettre une « intention compassionnelle », doit envoyer de la compassion à son binôme, lorsque l'image de celui ou celle-ci apparaît sur l'écran, et ce, à intervalles irréguliers. Les chercheurs, qui contrôlent la conductance cutanée des sujets ainsi que leur rythme cardiaque et respiratoire, ont montré que « *même s'ils ne s'en rendent pas compte, leur conductance cutanée augmente significativement peu après que les émetteurs aient commencé à voir leur image*[70] », écrit Dean Radin.

70 Dean Radin, *La Conscience invisible – Le paranormal à l'épreuve de la science*, Presses du Châtelet, 2000, p. 219.

LES POLTERGEISTS

Un des cas de poltergeist les plus connus est survenu à Rosenheim en 1967. En novembre, des phénomènes physiques et électriques inexplicables apparaissent dans les bureaux d'un avocat, maître Sigmund Adam. Des machines se dérèglent, les disjoncteurs sautent, des ampoules électriques grillent, explosent ou tombent, des plafonniers oscillent jusqu'à toucher le plafond, les téléphones sonnent sans raison, le liquide de la photocopieuse jaillit de son réservoir, etc. L'avocat fait venir des techniciens afin de vérifier le réseau électrique. Ceux-ci installent des enregistreurs de tension et d'intensité qui révèlent, en effet, des variations considérables. Les phénomènes étranges se manifestent également en présence des techniciens, de contrôleurs municipaux et d'autres témoins. Une ligne d'alimentation directe est alors reliée au transformateur du réseau électrique ; elle est ensuite remplacée par un groupe électrogène de secours, sans que les phénomènes ne cessent.

En décembre, les anomalies se multiplient : des tableaux tournent ou se décrochent, une armoire à documents pesant plus de 150 kilos se décolle deux fois de 30 centimètres de la cloison. Au total, plus d'une quarantaine de personnes sont témoins de ces phénomènes. Le professeur de physique Wilhelm Büchel voit des tiroirs sortir seuls de leur meuble. Le docteur Friedbert Karger et le physicien Gerhard Zicha de l'Institut Max-Planck de Munich concluent[71] que les anomalies, dûment observées et enregistrées, ne sont pas explicables par les connaissances actuelles. Elles semblent sous contrôle intelligent et tendent à apparaître là où on ne regarde pas. Seul le balancement des lampes et des tableaux a pu être filmé et les nombreux bruits suspects ont été enregistrés sur magnétophone.

L'avocat prend contact avec l'Institut pour les zones frontières de la psychologie et de la psychohygiène à Fribourg (IGPP). L'équipe de Hans Bender constate que les phénomènes augmentent en présence d'une jeune employée nommée Anne-Marie Schneider. Elle pourrait être la « personne focus » ou « l'agent » du poltergeist – c'est-à-dire qu'elle agirait par psychokinèse inconsciente sur les installations. Quand la jeune fille part en repos, les phénomènes cessent. À la mi-janvier 1968, Anne-Marie Schneider est alors déplacée dans une autre étude et tout rentre dans l'ordre chez maître Adam. Certains phénomènes apparaissent sur le nouveau lieu de travail d'Anne-Marie Schneider, mais finissent par s'estomper avec le temps. Le dossier du cas de poltergeist de Rosenheim, d'une taille considérable, est conservé à l'IGPP[72].

71 Arthur Koestler, *Le Hasard et l'Infini*, Éditions Tchou, 1977, p. 28-32.

72 Hans Bender, « Der Rosenheimer Spuk – Ein Fall spontaner Psychokinese », *Zeitschrift für Parapsychologie und Grenzgebiete der Psychologie*. Aurum Verlag, Freiburg im Breisgau, 11 : p. 104-112, 1968.

UN ÉTRANGE PHÉNOMÈNE

Poltergeist est un terme allemand, apparu en 1540, qui signifie « esprit frappeur ». Toutefois, il n'est pas toujours pensé que ce phénomène résulte d'un esprit, tout du moins pas d'un esprit désincarné. Ainsi, l'effet poltergeist vient défier frontalement les modèles théoriques. Déjà, ce phénomène rapporté dans toutes les régions du monde est souvent impressionnant. Il comprend un vaste ensemble de manifestations physiques inexpliquées. « *Dans les années 1970, les parapsychologues Gauld et Cornell ont analysé tous les cas qu'ils ont pu recenser depuis 1800, à partir desquels ils ont établi des statistiques*[73] », rapporte l'enquêtrice Pascale Catala. Dans 48% des cas, il y aurait des bruits, sans cause physique : coups (raps), bruits de pas, glissement, frottement, claquements, sons explosifs, voix, chants, murmures, cris, gémissements, etc. Dans 64% des cas, on observerait des mouvements : déplacements et bris d'objets, ouverture et fermeture de portes et de fenêtres, matérialisations subites d'objets extérieurs ou disparitions inexpliquées, déplacements de personnes, etc. Il faut y ajouter les perturbations d'objets mécaniques ou électroniques, l'apparition de lumières, des variations de température et du champ électromagnétique, l'apparition de formes mystérieuses, d'odeurs, des sensations tactiles, etc. La liste de ces manifestations, que la parapsychologie rapporte au phénomène de poltergeist, est très longue. Les chercheurs ont également remarqué qu'ils apparaîtraient souvent sur des périodes courtes, allant de quelques heures à plusieurs mois, et qu'ils connaîtraient donc un fort effet de déclin. Par ailleurs, l'arrivée d'un ou plusieurs observateurs extérieurs changerait souvent « l'écologie » du phénomène. Ainsi, de tous les phénomènes psi, les poltergeists seraient peut-être les plus élusifs et ainsi les plus difficiles à objectiver.

« Tout aussi fréquents sont les cas de "pluies de pierres", présentant des traits caractéristiques fort remarquables, comme lorsque les pierres parcourent des trajectoires contraires aux lois physiques, ou s'arrêtent en l'air, ou tombent lentement, ou atteignent avec une dextérité très insolite un but déterminé, ou frappent sans faire de mal, ou bien sans rebondir ensuite, comme si elles étaient empoignées par une main invisible ; ou comme lorsque les pierres se trouvent être chaudes, voire brûlantes[74]. »
Ernest Bozzano, parapsychologue.

73 Pascale Catala, *Apparitions et maisons hantées*, Presses du Châtelet, 2004, p. 24.
74 Ernest Bozzano, *Les Phénomènes de hantise*, Éditions Philman, 2014.

Un film inspiré de faits réels

Grand succès de l'été 1982, le film *Poltergeist*, produit par Steven Spielberg et réalisé par Tobe Hooper, raconte l'histoire d'une famille qui emménage dans une nouvelle maison, construite sur un ancien cimetière indien. D'étranges phénomènes se produisent : des bruits se font entendre, des objets se déplacent, des portes claquent… « *Nous nous sommes inspirés d'une quantité de phénomènes surnaturels recensés depuis trente ans dans les maisons dites "hantées"*[75] », confie Steven Spielberg.

UN VÉRITABLE DÉFI SCIENTIFIQUE

L'explication folklorique qui veut que ce soient des esprits malins, des fées ou des lutins qui produisent ces phénomènes fut en quelque sorte le premier scénario explicatif des poltergeists. Au XIXe siècle, le modèle spirite – qui soutient qu'ils sont dus à l'esprit d'un ou plusieurs défunts – occupe le devant de la scène. Dans ce cas, on pense souvent que l'esprit d'un mort qui n'arrive pas à quitter un lieu ou à se détacher d'une personne continue à se manifester auprès des vivants. Ces explications furent ensuite évacuées par les chercheurs en parapsychologie, qui mirent en avant une explication « psi ». Ce serait alors l'esprit dérangé d'une personne vivante, fréquemment un ou une adolescent(e) en difficulté, qui produirait plus ou moins consciemment cet effet de psychokinèse. En effet, il a été démontré qu'il existe souvent une personne « focus » autour de laquelle se produisent les manifestations. Dans certains cas, les phénomènes auraient même « suivi » ladite personne lors de déménagements. Cependant, cette approche psychologique ne semble pas rendre compte de toutes les modalités des

75 Erik Pigani, *Psi, enquête sur les phénomènes paranormaux*, Presses du Châtelet, 1999, p. 256.

poltergeists, ni expliquer pourquoi tous les sujets qui ont des conflits psychiques ne provoquent pas ce phénomène. « *Tous les lycées et collèges devraient littéralement exploser pendant les périodes d'examens*[76] *!* », plaisante Erik Pigani. Les théories contemporaines vont plus loin. Elles penchent pour une explication systémique. Dans ce cas, les poltergeists seraient produits par l'ensemble d'un système dans lequel se trouveraient des êtres vivants. Ils ne dépendraient donc pas d'une seule personne, mais seraient le résultat d'une configuration de forces psi incluant des effets non locaux et élusifs. Cette idée est notamment détaillée dans le Modèle de l'Information Pragmatique (voir chapitre « Des modèles audacieux », p. 93).

EXPERTISE

Un phénomène énergétique ?

L'hypothèse de l'action d'une force énergétique a également été mise en avant. Les chercheurs ont parfois constaté des anomalies géomagnétiques, ainsi que des variations électromagnétiques autour des phénomènes ou des personnes focus. Le parapsychologue William Roll de l'université de West Georgia, qui a nommé les poltergeists des *recurrent spontaneous psychokinesis* (RSPK)[77], a avancé qu'il pourrait exister une interaction entre les ondes dues à l'état mental de l'agent et les ondes électromagnétiques du lieu. Nous avons toutefois vu que l'hypothèse d'ondes électromagnétiques ne suffit pas à expliquer entièrement les phénomènes psi.

DES MANIFESTATIONS ÉLUSIVES

L'avantage du Modèle de l'Information Pragmatique (MPI) est de permettre de prédire l'évolution des poltergeists, en particulier leur élusivité. Tout d'abord, le phénomène exprimerait un symptôme au sein d'une configuration systémique. Tant que la tension qui en est à l'origine ne serait pas résolue, il continuerait à produire des phénomènes nouveaux. L'intervention d'observateurs extérieurs, surtout s'ils sont critiques, perturberait ensuite le système original. Et plus les observateurs chercheraient à objectiver le phénomène, plus l'autonomie du poltergeist diminuerait et deviendrait élusive, jusqu'à disparaître. Ainsi, le MPI indique que les poltergeists surviendraient,

76 Erik Pigani, *Psi, enquête sur les phénomènes paranormaux*, Presses du Châtelet, 1999, p. 261.

77 William Roll, *The Poltergeist*, Nelson Doubleday Editions, 1972.

par nature, dans des situations qui ne sont pas complètement objectivables, car l'objectivation perturberait le phénomène en lui-même. Par exemple, il démontre qu'un enregistrement vidéo complet comprend plus d'information pragmatique que le système ne pourrait en produire[78]. Par ailleurs, Hans Bender, le père de la recherche allemande sur les poltergeists, confirme que « *les efforts pour photographier, filmer un phénomène de poltergeist en action, ou pour enregistrer des bruits sur des cassettes audio, sont presque toujours gênés par un problème : ces phénomènes semblent se dérober à l'observation critique. L'on peut difficilement esquiver l'impression que ces forces intelligentes évitent l'observateur, en produisant une matérialisation exactement à l'endroit qui ne peut pas être enregistré ou photographié*[79] ».

PHILIP, UN FANTÔME FACTICE

À la fin des années 1970, la Société de recherche psychique de Toronto lance un étrange projet de recherche sous l'impulsion du docteur George Owen et sa femme Iris. L'objectif est de provoquer une sorte de poltergeist artificiel, ou encore une expérience spirite illusoire. Un groupe, qui se stabilise à huit participants, se réunit alors régulièrement et s'entraîne à simuler une séance spirite, en plaçant leurs mains autour d'une table. En même temps, ils créent ensemble un personnage de toutes pièces, qu'ils appellent « Philip », à qui ils attribuent une fausse histoire, comprenant des détails incohérents. L'idée est de montrer qu'il est possible de faire apparaître un fantôme factice et, par conséquent, de matérialiser le fruit de leur imagination et de leurs forces inconscientes. Pendant la première année de l'expérience, le groupe n'obtient aucun résultat. Ses membres décident alors d'adopter une attitude plus détendue et rapidement… des bruits se font entendre. Le groupe arrive même à établir un code de communication et à discuter avec « Philip ». À plusieurs reprises, des mouvements ou des lévitations de table se produisent devant témoins et certains sont filmés. Des bruits dont la signature sonore est unique sont enregistrés. Le rapport de l'expérience, publié par Isis Owen et Margaret Sparrow[80] en 1979, fait grand bruit. En effet, le groupe semble avoir, au minimum, produit un phénomène de poltergeist. Quand à la question des fantômes : « *Parvenir à faire parler un fantôme fictif ne démontre pas que tous les fantômes sont fictifs*[81] », note Erik Pigani.

78 Walter von Lucadou, *Psyche und Chaos – Theorien der Parapsychologie*, Insel Verlag, 1995.

79 Hans Bender, « Zur Entwicklung der Parapsychologie von 1930-1950 ». In : *Hans Driesch, Parapsychologie. Die Wissenschaft von den "okkulten" Erscheinungen*, Bruckmann, 1952.

80 Iris Owen, Margaret Sparrow, *Philip, le fantôme*, Éditions Québec Amérique, 1979.

81 Erik Pigani, *Psi, enquête sur les phénomènes paranormaux*, Presses du Châtelet, 1999, p. 312.

DES EXPÉRIENCES EXTRAORDINAIRES

Cette partie propose une exploration des phénomènes paranormaux qui débordent des perceptions extrasensorielles ou du psi classiques : de l'intuition aux synchronicités, des rêves paranormaux à l'émergence spirituelle, des sorties hors du corps aux expériences de mort imminente, etc. Que disent les recherches scientifiques sur ces phénomènes ou ces expériences ? Quelles sont leurs modalités d'apparition ? Notons que ces phénomènes flirtent parfois avec les manifestations traditionnellement rapportées à l'hypothèse de la survie de l'âme. Celles-ci seront plus spécifiquement abordées dans la dernière partie de l'ouvrage.

L'ÉTAT INTUITIF

Alex, un jeune américain, est en train de nettoyer son révolver à six coups. Par prudence, il ne charge jamais la chambre qui se trouve en face du percuteur. Il n'engage donc que cinq balles. « ***Mais au moment d'introduire la dernière, il eut un sentiment de malaise et de peur*** **[1] », raconte Dean Radin. Alex décide de se fier à son intuition et de ne pas introduire cette cinquième balle. Quinze jours plus tard, le jeune homme se trouve dans un pavillon de chasse avec sa fiancée et les parents de celle-ci. Ces derniers sont sur le point de divorcer et une violente dispute éclate entre eux. Fou de rage, le père saisit le révolver d'Alex et le braque vers sa femme. Le jeune homme essaie de s'interposer, mais le père est déjà en train de presser sur la détente. «** ***Pendant une horrible fraction de seconde, Alex se vit tué d'une balle à bout portant. Mais, au lieu de la détonation fatale, il n'entendit qu'un "clic"*** **[2] », poursuit le parapsychologue. Le percuteur venait de heurter la chambre où aurait dû se trouver la cinquième balle.**

UN FLOU SUFFISAMMENT PRÉSENT

L'intuition est en quelque sorte la version « light » du psi. Elle est à la fois le résultat d'une capacité cognitive et la « pointe de l'iceberg » des perceptions extrasensorielles. D'une part, elle serait due à une forme d'intelligence, c'est-à-dire à un mode de traitement d'informations inconscientes en provenance d'une multitude de signaux environnementaux et d'une réminiscence de souvenirs enfouis. Tout cela créerait une sensation diffuse de « quelque chose » que notre attention vigile n'a pas perçu directement, mais qui se fait tout de même sentir. D'autre part, de nombreux experts s'accordent à dire que l'intuition apparaît aussi quand notre intelligence se laisse guider par les prémices de perceptions extrasensorielles. C'est-à-dire qu'elle flirte alors avec ce qui pourrait devenir de la télépathie, de la voyance, de la précognition, mais qui ne l'est pas encore pleinement. Être intuitif, avoir le « nez fin », c'est sentir quelque chose d'un peu flou, mais de suffisamment déclaré pour être une acquisition d'information qui ne s'explique pas entièrement rationnellement.

« L'intuition ne connaît pas de contraintes temporelles ou spatiales : pour elle, tout est ici et maintenant, elle s'abreuve dans un puits informationnel qui contient toutes les informations du passé, du présent et du futur[3]. »

Alexis Champion, fondateur d'IRIS ; Marie-Estelle Couval, formatrice et consultante.

1 Dean Radin, *La Conscience invisible – Le paranormal à l'épreuve de la science*, Presses du Châtelet, p. 40.

2 Dean Radin, Ibid.

3 Alexis Champion, Marie-Estelle Couval, *Développez votre intuition*, Éditions Leduc Pratique, 2018, p. 10.

UN DIFFÉRENTIEL ENTRE DEUX ÉTATS

Être intuitif, c'est être ouvert aux petits signaux qui sortent légèrement du bruit ambiant. Cependant, parce qu'une intuition n'est pas aussi puissante qu'une perception véritablement extrasensorielle, elle peut être facilement engloutie de nouveau par le bavardage intérieur. La subtilité de l'affaire est que, lorsqu'elle apparaît, l'intuition est relayée par notre système psychocorporel : elle génère des sensations physiques, des perceptions, des émotions, des pensées. Tout le travail consiste alors à discerner l'impact de ce qui est nouvellement perçu sur ce qui est déjà en nous : nos mémoires, nos habitudes, nos conditionnements, nos réflexes, etc. En ce sens, l'intuition n'est pas un signal « pur ». Elle est une co-construction entre un signal légèrement perçu et la manière dont ce qui est en nous réagit à ce signal. Il ne s'agit donc pas d'extraire un signal, mais de repérer le différentiel entre qui nous sommes avant le signal et qui nous sommes après. L'intuition est un différentiel dans notre traitement de l'information. Ainsi, nous pouvons dire qu'une intuition est déjà une interprétation. Et ce qui est vrai pour l'intuition l'est aussi pour les perceptions extrasensorielles. Bien que, dans ce cas, le signal soit beaucoup plus fort, il n'en reste pas moins qu'il est filtré par le système psychophysique de la personne qui le capte. Par exemple, un voyant doit apprendre à bien se connaître pour savoir que lorsqu'il ressent tel ou tel symptôme en lui, c'est le signe qu'il se passe tel ou tel phénomène psi.

EXPERTISE

Un pont vers une dimension supérieure

Carl Jung, fondateur de la psychologie analytique, considérait que l'intuition faisait partie des quatre fonctions fondamentales avec la sensation, le sentiment et la pensée. Roberto Assagioli[4], fondateur de la psychosynthèse, comparait l'intuition à un pont qui relie la conscience au supraconscient, la dimension psychologique à la dimension spirituelle.

4 Roberto Assagioli, *Le Développement transpersonnel*, Desclée de Brouwer, 1994.

DES SCIENTIFIQUES PAS SI RATIONNELS

L'état intuitif viendrait nous nourrir jusque dans nos activités les plus rationnelles. La science, qui se targue de sa neutralité et mystifie l'idéal de l'objectivité, n'en serait pas exempte. « *En étudiant les mémoires des grands scientifiques et inventeurs, l'architecte Richard Buckminster Fuller est parvenu à la conclusion que leur dénominateur commun est l'intuition. [...] Souvent les grandes découvertes scientifiques sont apparues sous forme de* "flashs", *d'illumination soudaines, semblables aux impressions que ressentent les sujets psi*[5] », rapporte Dean Radin. Intuition, instinct, illogisme semblent avoir souvent affecté le processus inventif. Plus encore, « *diverses enquêtes minutieuses ont montré de façon convaincante que le mythe de la méthode expérimentale, sous la forme la plus rigide et la plus radicale, était pratiquement indéfendable en un grand nombre de cas*[6] », signale Pierre Thuillier. Pour ce philosophe des sciences, il serait même préjudiciable d'essayer de se couper de l'intuition : les idées apparemment les plus bizarres pourraient se révéler fécondes, les faits les plus déraisonnables pourraient déclencher des recherches remarquables. Si la nécessité d'une méthode scientifique reste, bien sûr, nécessaire, l'irrationnel pourrait être vu comme un allié.

« Après avoir raillé les alchimistes, brûlé les sorcières et ridiculisé les médiums, la pensée occidentale a inventé le "génie", fourre-tout commode, évitant de se poser de gênantes questions sur les mécanismes cachés de la découverte scientifique[7]. »
Nicolas Witkowski, physicien.

L'INTUITION AU CŒUR DU BUSINESS

Peu d'entre eux l'avouent vraiment, mais les entrepreneurs sont souvent de grands intuitifs. Dans une recherche publiée en 1974, Douglas Dean et John Mihakasky, du Newark College of Engineering, ont testé douze hommes d'affaires ayant connu des succès conséquents. Ils ont alors mis en lumière leurs aptitudes précognitives. Après la publication de cette étude, Alexander Poniatoff, le fondateur d'Ampex Corporation, a confessé : « *Je n'aurais jamais confié à personne, et surtout pas aux hommes d'affaires, pourquoi j'ai pris certaines décisions contraires à la logique. Maintenant que je sais que d'autres suivent aussi leurs intuitions, je n'hésite plus à le dire*[8]. » De son côté, William Keeler, ancien président de Phillips Petroleum, confie : « *Il y a trop de choses qui ne peuvent pas s'expliquer par des coïncidences. Mes fortes impressions étaient justes, quand je m'y laissais aller. Des champs de pétrole ont été trouvés sur des intuitions, à la suite de rêves prémonitoires, et par des gens qui ne connaissent absolument rien à la géologie*[9]. »

5 Dean Radin, *La Conscience invisible – Le Paranormal à l'épreuve de la science*, Presses du Châtelet, 2000, p. 213.
6 Pierre Thuillier, *D'Archimède à Einstein*, Livre de Poche, 1993.
7 Nicolas Witkowski, *Science et Avenir*, Hors-Série déc. 1996.
8 Dean Radin, *La Conscience invisible – Le Paranormal à l'épreuve de la science*, Presses du Châtelet, 2000, p. 214.
9 Dean Radin, Ibid.

LE VÉCU DE SYNCHRONICITÉS

Joseph Campbell est assis à son bureau en train de rédiger le chapitre sur les Bushmen africains, pour son œuvre *The Way of the Animal Powers*[10]. Le célèbre anthropologue habite alors à Greenwich Village, New York, au quatorzième étage d'un gratte-ciel. Au beau milieu de son travail, il ressent le besoin d'aller ouvrir l'une des fenêtres qui reste habituellement fermée et donne sur la sixième avenue. Là, il fait une « rencontre » des plus étonnantes. Il tombe nez à nez avec une mante religieuse. Or, l'une des divinités les plus importantes du panthéon des Bushmen se trouve être la mante religieuse. Il est saisi par la coïncidence. « *Le moins que l'on puisse dire, c'est que l'apparition d'une mante religieuse au quatorzième étage d'un gratte-ciel en plein milieu de Manhattan est en soi quelque chose de très inhabituel*[11] », rapporte Stanislav Grof. Cet épisode n'est pas sans rappeler l'histoire du scarabée du psychanalyste Carl Jung : au moment où une patiente lui raconte un rêve dans lequel elle a vu un scarabée d'or, ils entendent un petit bruit. Le psychanalyste ouvre la fenêtre et trouve un scarabée qui vient de se cogner contre la vitre. Cet événement marqua un tournant dans la cure analytique de la patiente.

UNE COÏNCIDENCE PORTEUSE DE SENS

Paul Kammerer, un biologiste autrichien, est l'un des premiers scientifiques à s'intéresser aux coïncidences. Il note dans des carnets les étrangetés qu'il rencontre au quotidien. Les compilations de Kammerer[12] éveillent la curiosité de Carl Jung et celle du physicien prix Nobel, Wolfgang Pauli. Ils se mettent à étudier[13] les rouages de ces apparitions, nommées « synchronicité » pour la première fois en 1928[14]. Plus complexe que la notion de coïncidence, cette nouvelle notion désigne une concordance d'incidents, porteurs d'un sens précis pour la personne qui les perçoit. C'est-à-dire que les événements en jeu ne sont pas reliés par la loi de cause à effet classique. Ils apparaissent, certes, en même temps, cependant ils dépendent de chaînes causales qui n'ont rien à voir les unes avec les autres sur le plan objectif. Le point important, c'est que leur apparition fait sens dans la vie subjective de l'individu. Ainsi, c'est l'expérience intime qui entre dans l'équation.

10 Joseph Campbell, *The Way of the Animal Power, The Historical Atlas of World Mythology*, Vanderbilt Univ., 1983.

11 Stanislav Grof, *Quand l'impossible arrive – Aventures dans les réalités non ordinaires*, Guy Trédaniel Éditeur, 2007, p. 37.

12 Paul Kammerer, *Das Gesetz der Serie* (La Loi des séries), 1919.

13 Wolfgang Pauli, Carl Jung, *Correspondance 1932-1958*, Albin Michel, 2000.

14 Carl Jung, « Dream Analysis », p. 44-45, *Compte-rendu du séminaire sur l'analyse des rêves.*

Une nouvelle sorte de causalité pourrait-elle unifier des événements objectifs et des états subjectifs ? C'est l'hypothèse de Jung et de Pauli. Le hasard ne suffit pas à expliquer ces phénomènes, la causalité non plus, il doit y avoir un autre type de causalité. Il fallait bien un physicien quantique et un spécialiste de la psychologie des profondeurs pour percevoir une telle possibilité. Ce que la théorie de la synchronicité pose est que des événements émotionnellement chargés pourraient être reliés entre eux par un enchaînement acausal, se produisant au-delà de l'espace et du temps classiques.

Une étrange répétition de chiffres

Un jour, Paul Kammerer achète un ticket de tramway et une place de théâtre portant les mêmes chiffres. Le soir même, un proche lui conseille de contacter quelqu'un dont le numéro de téléphone présente 'exacte même combinaison.

UN THÈME SOUS-JACENT

Le concept de synchronicité suggère ainsi que la psyché et la matière pourraient être unifiées par un champ commun. Jung dessine alors l'inconscient collectif, peuplé d'archétypes. En effet, ce que Jung constate est que, entre l'éprouvé personnel et l'événement externe, il y a un « thème » ou un motif archétypal commun. Plus encore, il remarque que ses patients semblent régulièrement être « en prise » avec un thème archétypal qui paraît à la fois les travailler de l'intérieur et se présenter dans leur vie quotidienne. Ce même thème se retrouverait dans les matériaux psychiques ainsi que dans les événements qui se présentent à eux. L'existence d'événements synchronistiques fit alors prendre conscience à Carl Jung que les archétypes semblent être des structures autonomes porteuses de sens, qui informent à la fois la psyché et la matière. De son côté, Wolfgang Pauli comprend que la physique quantique

« Il est parfaitement possible que l'inconscient ou un archétype prenne possession complète d'un homme et détermine son destin jusqu'au moindre détail. Simultanément, des phénomènes parallèles non psychiques peuvent avoir lieu et ceux-ci représentent également l'archétype. Il est avéré que l'archétype se fait réalité non seulement psychiquement chez l'individu, mais objectivement à l'extérieur de celui-ci[15]. »
Carl Jung, psychanalyste.

15 Carl Jung, *Answer to Job*, Princeton University Press, 2010.

indique que la conscience de l'observateur semble conditionner l'apparition des particules élémentaires et possiblement des phénomènes macroscopiques. C'est-à-dire que la conscience pourrait jouer un rôle fondamental dans l'apparition du monde perçu comme étant matériel. Ce domaine scientifique indique également que ce qui se manifeste est stabilisé par une intrication fondamentale, et que des éléments de l'Univers seraient reliés par un lien non local.

DIALOGUER AVEC LE FUTUR

Stéphane[16] est assis en terrasse. Il hésite à accepter un nouveau poste de graphiste. Féru de photographie, il rêve d'en faire son métier. Un rayon de soleil perce entre les nuages. Machinalement, il pointe son smartphone pour prendre un cliché de la scène, nouvellement éclairée, qui se trouve devant lui. Deux ouvriers déplaçant un panneau publicitaire annonçant un salon de la photo entrent dans le cadre de son cliché. Stéphane décide alors de tout mettre en œuvre pour faire de la photo. Pouvons-nous accéder à des informations précieuses en dialoguant avec le monde ? « *À la fin de sa vie, Jung était tellement convaincu du rôle important joué par la synchronicité dans l'ordre naturel des choses qu'il s'en servait comme d'un principe directeur dans sa vie quotidienne*[17] », rapporte Stanislav Grof.

Le fait est que nous ne sommes pas isolés du monde et que nous pourrions laisser une résonance entre nous et la réalité extérieure nous porter conseil. Par ailleurs, si nous prenons en considération la symétrie temporelle et ainsi la possibilité qu'il existe une influence de notre moi futur sur notre moi présent, il devient possible de concevoir que les synchronicités soient autant de signes venant de notre future conscience afin de nous orienter. C'est en tout cas l'avis du physicien Philippe Guillemant, auteur de la théorie de la double causalité. « *Le mécanisme de production d'opportunités non causales, intuitions, hasards favorables, coïncidences, synchronicités [...] est issu d'un déterminisme inversé qui crée le pont entre la source future de nos intentions et un futur proche, vers lequel nous allons*[18] », écrit-il.

16 Témoignage rapporté dans « Synchronicité, la vie nous guide », par Miriam Gablier, *Inexploré*, n° 30, avril-juin 2016.

17 Stanislav Grof, *Quand l'impossible arrive – Aventures dans les réalités non ordinaires*, Guy Trédaniel Éditeur, 2007, p. 37.

18 Philippe Guillemant, *La Route du temps*, Éditions le Temps Présent, 2014.

LES EXPÉRIENCES ONIRIQUES

Un chauffeur de Los Angeles rêve qu'il est en train de conduire son tramway. Il arrive à une intersection qu'il connaît bien et qui est suivie d'une sortie où des voitures traversent parfois les voies du tram. Dans son rêve, le chauffeur voit le tram n° 5, circulant dans le sens inverse, arriver vers lui. Il salue le conducteur. Mais, « *soudainement, juste devant lui et sans aucun avertissement, un gros camion de couleur rouge vif traverse les voies*[19] », raconte la parapsychologue Louisa Rhine. Un terrible accident a alors lieu dans le rêve du chauffeur. Le camion se renverse sur le côté. De ses trois passagers, deux hommes se retrouvent allongés, morts, et une femme hurle de douleur. « *Le conducteur va alors vers la femme ; elle le regarde avec les plus grands yeux bleus qu'il ait jamais vus et lui crie : "Vous auriez pu éviter cet accident"*[20] », continue de relater la chercheuse, à qui le chauffeur a confié son rêve.
Le chauffeur se réveille inondé de sueur. Il se lève afin d'entamer sa journée et finit par oublier son rêve, ou presque. Car lorsqu'il arrive à ladite intersection, il commence à se sentir mal. Il voit le tram n° 5 arriver en face et, lorsque son conducteur le salue, tout son rêve lui revient d'un coup. « *Il écrase immédiatement les freins et coupe le contact. Un camion apparaît alors – pas complètement rouge comme dans le rêve, mais ayant une publicité peinte en rouge – qui lui coupe directement la route. S'il avait continué à rouler, il l'aurait percuté*[21] », termine Louisa Rhine. Dans le camion se trouvaient deux hommes et une femme. La femme se penche alors par la fenêtre et le regarde avec les mêmes yeux bleus qu'il avait vus dans son rêve.

UN ÉTAT DE CONSCIENCE PARTICULIER

Nous rêvons toutes les nuits et le moins que l'on puisse dire est que le rêve est un état de conscience non ordinaire. Nous vivons l'expérience comme si nous étions éveillés alors que nous dormons, et le contenu de nos rêves mélange des éléments de notre vie quotidienne à des créations imaginaires. Ainsi, le rêve abolit les contraintes physiques et psychiques habituelles, défie l'espace et le temps, et permet d'innombrables possibilités. Le rêve est donc une expérience psychique complexe et fascinante qu'il est possible d'aborder depuis bien des entrées. En premier lieu, c'est un espace de régulation psychique : certains éléments du quotidien y sont « digérés » ou intégrés. Plus encore, c'est un révélateur de nos états internes : l'expérience

19 Louisa Rhine, *The Invisible Picture*, Ed. McFarland, 1981, p. 118.

20 Louisa Rhine, Ibid.

21 Louisa Rhine, Ibid.

onirique amène à la conscience des éléments de la vie intime, dont la personne n'a pas ou peu conscience, d'où la célèbre citation de Sigmund Freud : « *L'interprétation des rêves est la voie royale qui mène à la connaissance de l'inconscient*[22]. » Le rêve pourrait également être une voie d'accès à des connaissances en provenance de dimensions psychiques plus vastes, telles que l'inconscient collectif de Carl Jung ou le niveau subliminal de Frederic Myers. En effet, de nombreuses recherches montrent qu'en rêve la psyché semble capter des schémas archétypaux ou numineux. Plus encore, le rêve pourrait être le lieu de phénomènes paranormaux – télépathie, voyance, précognition, etc. On parle alors parfois de « grands rêves ».

65%

Louisa Rhine, la femme de Joseph Bank Rhine, a rassemblé plus de 10 000 témoignages de personnes rapportant des expériences psi. Dans son dernier rapport en 1981, elle précise que 65% de toutes les expériences de perceptions extrasensorielles apparaissent dans les rêves. L'expérience onirique, qui est en soi un état élargi de la conscience, semble se prêter plus particulièrement à l'apparition des phénomènes psi.

Communiquer en rêve

Les Aborigènes d'Australie pensent qu'à l'origine, les Êtres Rêves ont sillonné la Terre en chantant et en semant leurs empreintes fabuleuses. Pouvant changer de forme, ils créèrent un rêve pour chaque chose et modelèrent ainsi le monde matériel visible à partir d'une structure de rêve invisible. Les Êtres Rêves auraient alors enseigné aux hommes comment maintenir un contact avec eux, notamment à travers ce que nous appelons les perceptions extrasensorielles et les rêves. Ainsi, il serait possible d'obtenir des informations en se mettant en contact avec le Temps des rêves, qui désigne à la fois l'ère qui précède la création du monde et une dimension parallèle. Il serait également important d'entretenir les rêves, car il est pensé que si le rêve meurt, le vivant meurt. Ainsi, chaque individu serait modelé par un ou plusieurs rêves, dont il serait également le gardien.

22 Sigmund Freud, *L'Interprétation du rêve*, 1900.

DES CAHIERS DE RÊVES PRÉMONITOIRES

Nous avons vu que les rêves prémonitoires sont le phénomène psi le plus rapporté. L'histoire regorge de rêves prophétiques. Au début du xxe siècle, Mère Yvonne-Aimée de Malestroit aurait, par exemple, fait un grand nombre de rêves contenant de multiples prémonitions concernant la Seconde Guerre mondiale. La particularité de ces rêves est qu'ils ont été enregistrés avant que leurs contenus ne se réalisent.

« L'homme a du génie quand il rêve. »
Akira Kurosawa, cinéaste.

En 1923, alors qu'elle a vingt ans, elle voit en rêve des avions jeter de gros cylindres sur les trains, sur les gares, et détruire et incendier tout. « *Je voyais des hommes habillés de vert, monter et descendre du train ; on aurait dit des costumes militaires, mais cependant cela ne ressemblait en rien à nos soldats. J'avais le cœur serré et j'entendais une voix grave et douce qui disait :* "Ce sera l'épreuve, la grande épreuve".[23] » Cependant, « *en 1923, le nazisme est encore dans les limbes, l'Allemagne est occupée, l'aviation n'a encore jamais été utilisée pour bombarder des trains et les gares dans la profondeur du territoire, et la tenue vert-de-gris n'équipera l'armée allemande qu'en 1935* », précise Bertrand Méheust. Curieux du phénomène, plusieurs parapsychologues, comme Hans Bender, ont tenu des cahiers de rêves, afin d'évaluer leur capacité prédictive. En 1927, l'ingénieur John William Dunne indique[24] qu'au moins 10% de ses rêves semblent présenter un évènement futur. En 2010, les chercheurs Michael Schredl, Simon Götz et Suzanne Ehrhardt-Knutsen[25] élaborent un protocole qui utilise des cahiers de rêves. Ils demandent à un groupe de personnes de noter leurs rêves pendant une semaine, en sachant qu'à la fin de celle-ci ils seront amenés à visualiser un film. L'analyse des contenus des rêves montre significativement qu'ils contiennent des éléments du film.

23 Bertrand Méheust, *Les Miracles de l'esprit – Qu'est-ce que les voyants peuvent nous apprendre ?*, Éditions Les Empêcheurs de penser en rond, 2011.

24 John William, *An Experiment with Time*, Faber & Faber, 1927.

25 Michael Schredl, Simon Götz, Suzanne Ehrhardt-Knutsen, « Precognitive dreams: a pilot diary study », *Journal of the Society for Psychical Research*, 74, 2010.

Des découvertes scientifiques en rêve

C'est en somnolant au coin du feu que le fondateur de la chimie organique, August Kekulé, aurait vu une chaîne d'atomes de carbone se refermer sur elle-même, comme un serpent qui se mord la queue. Cette vision lui aurait donné l'idée de structurer le benzène en chaîne fermée, ce qui fut une contribution fondamentale pour le développement de la chimie organique. Jérôme Cardan aurait trouvé la solution de l'équation du troisième degré en rêvant. Otto Loewi, prix Nobel de physiologie en 1936 pour la découverte de la transmission chimique de l'influx nerveux, se serait réveillé un matin avec la sensation très nette d'avoir rêvé la solution de l'énigme.

DES RÊVES PSI EN LABORATOIRE

Les expériences avec la télépathie et les rêves ont commencé dès le XIXe siècle. Mais c'est surtout à partir des années 1950 que Montague Ullman systématise et appareille la recherche sur l'induction de phénomène télépathique en rêve. En 1961, il crée un laboratoire du rêve au Maimonides Hospital, à New York. Ullmann a notamment travaillé avec les chercheurs Karlis Osis, Douglas Dean, Stanley Krippner et Charles Honorton. À la suite de la découverte montrant que les rêves sont généralement accompagnés de mouvements rapides des yeux, le protocole est amélioré.

Le procédé de base est le suivant : alors qu'un sujet dort, son activité cérébrale est enregistrée par encéphalographie et, à la fin de chaque période de mouvements rapides des yeux, les chercheurs le réveillent afin qu'il puisse raconter son expérience onirique. Pendant ce temps, un « émetteur » passe la nuit dans une autre pièce à se concentrer sur une image cible tirée au hasard, en tentant d'influencer les rêves du dormeur par télépathie. Des examinateurs indépendants comparent ensuite les rapports des rêves et les images cibles. Ces recherches comptent désormais parmi les études les plus connues sur les phénomènes extrasensoriels. Une méta-analyse, notamment menée par Dean Radin en 1997, montre que les protocoles ont obtenu un taux de succès de 63%. « *Les résultats permettent de penser que, si l'on demande à un sujet d'envoyer des images mentales à une personne qui rêve, celle-ci les incorpore éventuellement à son rêve*[26] », indique-t-il. Par la suite, les chercheurs ont investigué les phénomènes de précognition. Ils ont demandé à un sujet de rêver d'un événement imprévisible qui lui arrivera le lendemain. Pendant la nuit, il est réveillé et raconte ses rêves. Le lendemain, une personne qui n'a aucune connaissance du

26 Dean Radin, *La Conscience invisible – Le paranormal à l'épreuve de la science*, Éditions Presses du Châtelet, p. 81.

contenu des rêves sélectionne un mot-clé de manière aléatoire et choisit une image qui semble refléter l'ambiance du mot-clé. Des juges indépendants sont ensuite chargés de comparer les transcriptions des rêves avec la bonne image, cachée dans un lot d'images qui contient celle qui a été sélectionnée. Sur huit essais, les juges ont associé cinq retranscriptions de rêve avec les bonnes images[27].

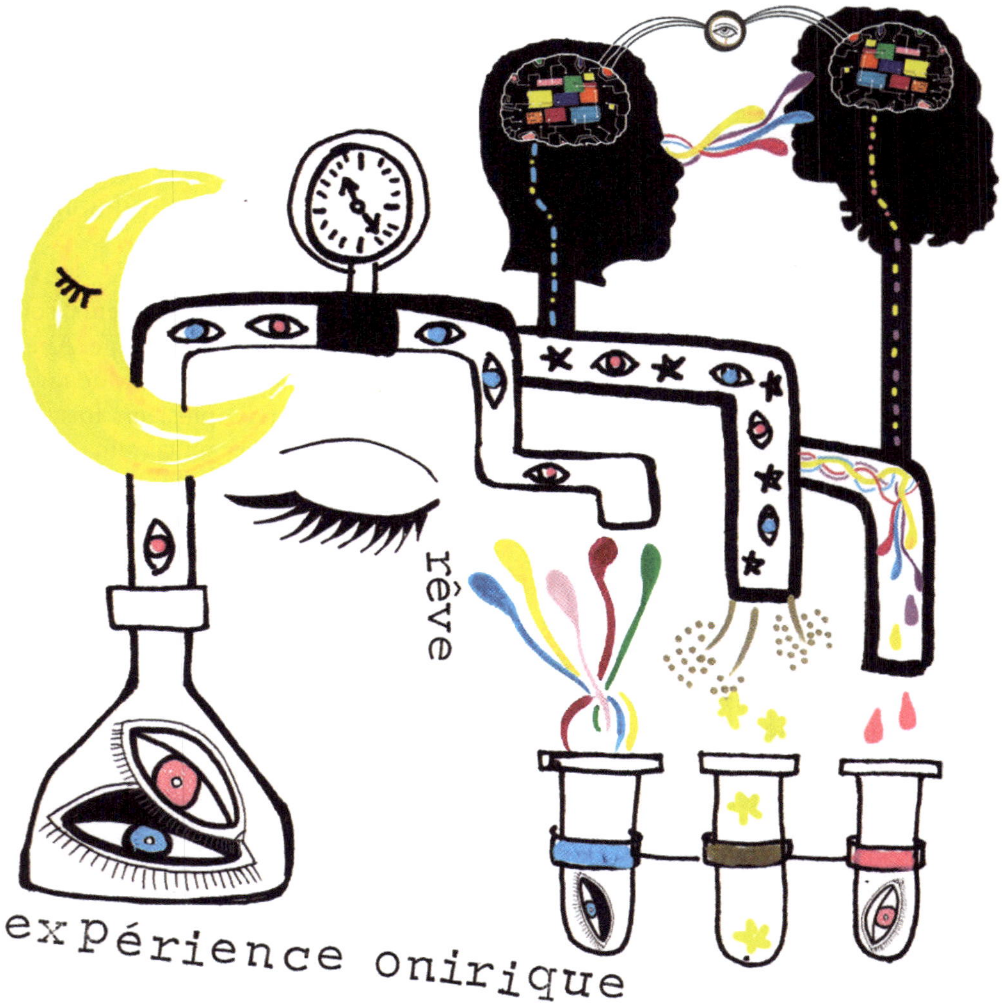

27 Norma Bowles & Fran Hynds, *Le Bilan de la Parapsychological Association*, 1983.

Les rêves lucides

Le rêve lucide se produit lorsque, durant l'expérience onirique, le rêveur prend conscience qu'il est justement en train de rêver sans pour autant se réveiller. Il continue de vivre son rêve en en ayant conscience. Certains rêveurs lucides seraient alors en pleine possession de leurs facultés : l'expérience onirique leur paraît intensément réelle, ils pourraient raisonner et avoir la possibilité d'agir volontairement dans leur rêve. Des pratiques s'apparentant au rêve lucide ont été développées dans les traditions soufi, juive, tibétaine, senoï, aborigène, amérindienne, etc. Le rêve lucide a été redécouvert en Occident par Léon d'Hervey de Saint-Denys[28] à la fin du XIXe siècle. C'est ensuite le psychiatre Frederik van Eeden qui nomme l'expérience « rêve lucide » en 1913[29]. Dans les années 1970, le phénomène devient un sujet d'études scientifiques menées par plusieurs chercheurs, comme Keith Hearne, Robert Waggoner, Adrian Parker ou Stephen LaBerge. Ainsi, les traditions et les chercheurs ont élaboré des techniques permettant de favoriser le rêve lucide. Par exemple, il est possible de se demander plusieurs fois dans la journée si l'on rêve ou encore de répéter certaines phrases ou certains gestes de manière à ce qu'ils réapparaissent dans la phase onirique et qu'ils deviennent des déclencheurs de lucidité. D'autres moyens consistent à tenter de maintenir la conscience vigile jusque dans le rêve au moment de l'endormissement, ou à tenir un cahier de rêves permettant de s'entraîner à maintenir un fil de conscience entre les rêves et l'éveil. Une technique majeure reste toutefois la méditation. Du fait que celle-ci renforce l'aptitude à se désidentifier du contenu impermanent de l'expérience consciente à l'état de veille, elle permet d'apprendre au méditant à être juste le témoin de ce qui se déroule dans son esprit, que ce soit dans l'état de veille ou dans l'état onirique.

« D'après ma propre expérience et les témoignages de milliers d'autres personnes, les rêves lucides peuvent être extraordinairement vifs, intenses, plaisants et exaltants. Nombreux sont ceux qui considèrent leurs rêves lucides comme faisant partie des expériences les plus merveilleuses de leur vie[30]. »
Stephen LaBerge, psychophysiologiste.

58%

La chercheuse Jayre Gackenbach estime que 58 %[31] de la population américaine aurait vécu au moins un rêve lucide au cours de sa vie.

28 Léon d'Hervey de Saint-Denys, *Les Rêves et les moyens de les diriger – Observations pratiques*, Éditions Amyot, 1867.

29 Frederik van Eeden, « A Study of Dreams », *Proceedings of the Society for Psychical Research*, Vol. 26, 1913.

30 Stephen LaBerge, *S'éveiller en rêvant*, Éditions Almora, 2008.

31 Jayne Gackenbach, *Sleep and Dreams: A Sourcebook*, Garland Publishers, 1986.

EXPERTISE

Maîtriser n'est pas contrôler

Bien qu'il semble possible d'apprendre à maîtriser ses rêves, il ne serait toutefois pas possible de les contrôler totalement, et ainsi de faire tout ce que l'on veut. Trop de volonté émanant du « moi de veille » aurait pour effet de briser la spontanéité du rêve. Par ailleurs, les recherches ont également pointé que les rêves lucides auraient tendance à s'appauvrir avec le temps. Cela pourrait s'expliquer justement par l'importation progressive du « moi de veille » dans le rêve.

Rêveurs et chercheurs communiquent

Stephen LaBerge[32] a notamment invité sept rêveurs lucides entraînés de venir dormir dans son laboratoire de l'université de Stanford. Il leur a demandé d'accomplir, depuis leur état de lucidité onirique, une série complexe de signaux oculaires déterminés à l'avance. En effet, le rêve lucide survenant généralement en sommeil paradoxal, les muscles du corps sont paralysés par ce qu'on appelle « la paralysie du sommeil ». Le clignement des yeux reste cependant possible. Les rêveurs qui ont appris à l'état de veille la série de code l'ont ensuite reproduite une cinquantaine de fois depuis l'état de lucidité devant une équipe de chercheurs chargée d'objectiver ces signaux. Le protocole du Maimonides Hospital fut également appliqué aux rêves lucides. Les chercheurs demandèrent à des voyants entraînés d'exécuter, sur une cible choisie aléatoirement, le protocole de vision à distance ou de *remote viewing* (p. 129). Certains sujets ont réussi à effectuer l'acte de voyance demandé et à décrire ensuite la cible. Par ailleurs, les chercheurs ont noté que le rêve lucide ressemble par certains aspects aux vécus de sortie hors du corps ou de « voyage astral », et que certaines tentatives de rêve lucide partagé semblent avoir réussi.

32 Stephen LaBerge, *Lucid dreaming – The Power of Being Awake and Aware in Your Dreams*, Éditions Jeremy P. Tarcher, 1985.

Rencontrer les morts en rêve ?

En 1992, la psychologue Deirdre Barrett, enseignante à l'université de médecine de Harvard, rapporte le cas d'un homme qui, au cours d'un rêve lucide, rencontre son frère décédé : « *Je suis allé vers lui et je lui ai dit* "Maintenant nous sommes tous les deux en train de rêver". *Il m'a répondu :* "Non, moi je ne suis pas en train de rêver." *Et je me suis souvenu qu'il était mort* », rapporte le sujet.

Rêver pour mieux vivre les transitions

Les yogas du rêve enseignés notamment dans la tradition du bouddhisme tibétain consistent à apprendre à se désidentifier de ce que l'on pense être la réalité et à stabiliser l'attention de manière à être pleinement présent lors des moments transitoires. En effet, les enseignements parlent de différents bardos – un terme qui signifie « transition » : le bardo de la vie et de la mort, le bardo du rêve, le bardo de la claire lumière – qui se produit brièvement juste après la mort – et le bardo de l'entre-deux-vies. En apprenant à maintenir une continuité d'attention entre l'état de veille et l'état de rêve, il serait possible d'apprendre à mieux gérer les autres transitions, notamment celle qui se produirait à la mort. « *Si nous ne pouvons pas rester présents pendant le sommeil, si nous nous perdons chaque nuit, quelles sont nos chances d'être conscients au moment de mourir*[33] ? », questionne l'enseignant Tenzin Wangyal Rinpoché. L'enjeu du passage de la vie à la mort serait d'entretenir une attention qui puisse permettre de s'ouvrir au bardo de la claire lumière, qui présenterait une opportunité de sortir de la roue des incarnations.

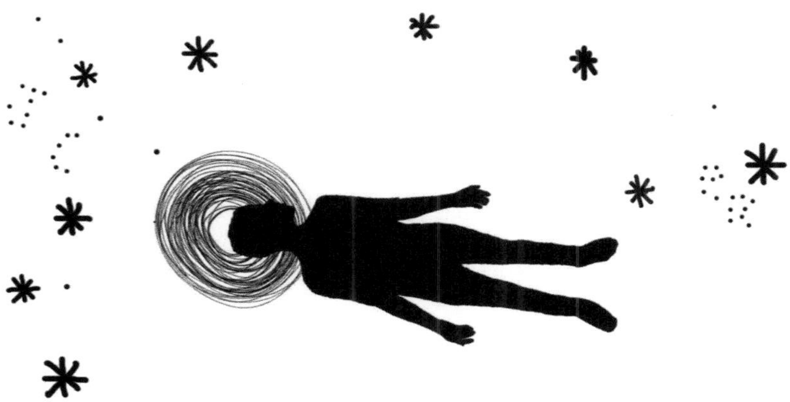

33 Tenzin Wangyal Rinpoché, *Yogas tibétains du rêve et du sommeil*, Éditions Claire Lumière, 2008.

LES SORTIES HORS DU CORPS

Nicolas Fraisse vit des sorties hors du corps au quotidien, tout en menant une vie que l'on peut qualifier de normale. Sa grand-mère semblait déjà dotée de capacités psi. Par exemple, elle l'envoyait à la boulangerie en lui précisant exactement quelle miche de pain il fallait demander sur l'étal. Les capacités hors du commun de cet homme ont alors fait l'objet d'une recherche menée à l'Institut suisse des sciences noétiques (ISSNOE) par les chercheurs Sylvie Déthiollaz et Claude-Charles Fourrier. L'infirmier, allongé dans une pièce, devait se rendre dans une autre pièce en sortant de son corps. Là, une image cible sélectionnée de manière aléatoire par un ordinateur, et inconnue des chercheurs, était projetée sur un écran. À la fin de la séance, l'ordinateur proposait à Nicolas Fraisse vingt images parmi lesquelles il devait désigner celle qu'il pensait avoir vue.

Les résultats de cette recherche, publiés en 2016[34], furent déroutants. Nicolas ne semblait pas avoir de mal à sortir de son corps, mais il lui était difficile d'aller précisément voir la cible. « ***Il nous racontait souvent avoir visité le voisinage, être rentré chez lui ou être allé à son bureau. Nous pouvions même parfois vérifier objectivement les informations qu'il nous donnait. Mais le protocole exigeait qu'il voit précisément la cible[35]*** **», rapportent Sylvie Déthiollaz et Claude-Charles Fourrier. Or, les quelques fois où Nicolas a réussi à voir la cible, il a donné 100% de réponses justes. À la fin de l'expérience, il est revenu trente-trois fois en disant qu'il ne pouvait pas faire son choix parce qu'il n'avait pas vu la cible, et sept fois en disant qu'il l'avait vue et en l'identifiant correctement.**

9%

Plusieurs sondages[36] indiquent qu'en moyenne 9% de la population occidentale a vécu une OBE (sortie hors du corps). Le chiffre est plus élevé pour les étudiants et les individus intéressés par la parapsychologie.

VOYAGER SANS SON CORPS

Le phénomène de décorporation ou « sortie hors du corps » – *Out of Body Experience* (OBE), en anglais – est l'objet d'une vaste littérature qui s'étale à travers les âges. Au XIXe siècle, les magnétiseurs, les spiritualistes, les spirites et les occultistes s'y intéressent de près. Au XXe siècle, les études d'Hector Durville, Ernesto Bozzano,

34 Sylvie Déthiollaz, Claude-Charles Fourrier, *Voyage aux confins de la conscience – Dix années d'exploration scientifique des sorties hors du corps : le cas Nicolas Fraisse*, Guy Trédaniel Éditions, 2016.

35 Sylvie Déthiollaz, Claude-Charles Fourrier, « Il sort de son corps sous les yeux de la science », Entretien avec Miriam Gablier, *Médecines Extraordinaires* n° 4, nov. 2018.

36 John Palmer, « A community mail survey of psychic experiences », *Journal of the American Society for Psychical Research*, 73, 221-251 1979 & Susan Blackmore, « A psychological theory of out of body experience », *Journal of parapsychology*, Vol. 48 sept. 1984.

95%

En 1978, Dean Sheils de l'université du Wisconsin mène une étude[37] sur soixante-dix cultures non occidentales : 95% d'entre elles rapportent des expériences de sorties hors du corps. La phénoménologie de ces expériences tend à se ressembler malgré les écarts culturels et géographiques.

Emil Mattiesen, Sylvan Muldoon et Hereward Carrington sont encore marquées par des questions ésotériques. D'autres recherches plus récentes, menées notamment par Charles Tart, Celia Green, Robert Crookall, Susan Blackmore, Harvey Irwin, Olaf Blanke, approchent le phénomène davantage depuis l'angle scientifique de la parapsychologie. La sortie hors du corps est souvent décrite comme un état de conscience modifié dans lequel un individu a l'impression que sa conscience se dissocie de son corps physique. Une OBE peut apparaître de façon volontaire ou involontaire. Le sujet semble ensuite pouvoir observer son propre corps de l'extérieur, voir des scènes qui sont à distance ou accéder à d'autres « dimensions » – dans lesquelles certains disent rencontrer des entités désincarnées. Les sujets ont souvent la sensation qu'un corps subtil se détache de leur corps physique – parfois appelé corps subtil ou « astral » –, mais certains disent pouvoir simplement voyager avec l'esprit. Notons que le traditionnel cordon qui relierait le corps physique et le corps énergétique ne semble pas décrit si fréquemment. Certaines personnes disent que des êtres humains ou des animaux auraient senti leur présence dans les lieux distants et certains cas montrent que des « expérienceurs » rapportent des informations sur des faits lointains ou inaccessibles qui ont pu être attestées.

Un rassemblement nocturne

Au XVIe siècle, les inquisiteurs questionnent un certain nombre de paysans déclarant sortir de leur corps et certains interrogatoires sont entièrement retranscrits. L'historien Carlo Ginzburg rapporte ainsi que les Benandanti, des Italiens du Frioul, auraient indiqué en toute bonne foi qu'ils sortaient de leur corps la nuit et se rassemblaient afin d'accomplir un rituel visant à protéger leurs récoltes. Ils affirmaient se rendre à des joutes « en esprit », « *de façon invisible*[38] ». « *On ne fait rien d'autre que laisser l'esprit quitter le corps et partir*[39] », déclare l'un d'entre eux. Les familles étaient prévenues : il ne fallait surtout pas bouger les corps. Le plus surprenant est qu'ils auraient été nombreux et organisés sous les ordres d'un chef. « *Il nous appelle à coups de tambour. Nous sommes tout une foule, des fois cinq mille ou plus*[40] », indique un Benandante.

37 Dean Sheils, « A cross-cultural study of beliefs in out-of-the-body experiences, waking and sleeping », *Journal of the Society for Psychical Research*, 49(775):697-741,1978.

38 Carlo Ginzburg, *Les Batailles nocturnes, Sorcellerie et rituel agraires aux XVIe et XVIIe siècles*, Éditions Champs, 2010.

39 Carlo Ginzburg, Ibid.

40 Carlo Ginzburg, Ibid.

UNE SORTIE EN QUATRE ÉTAPES

Les sorties hors du corps, qui constituent souvent la première phase des expériences de mort imminente, sont aussi parfois rapprochées de la vision à distance ou de certains rêves, notamment des rêves lucides. Bien que le phénomène soit polymorphe, les parapsychologues ont identifié ce qui peut être résumé comme quatre phases types de sortie hors du corps :

- Une sensation de « quitter son corps » de manière progressive, ou sous la forme d'un choc ou d'une rupture soudaine. Les sujets peuvent entendre des bruits, ressentir des vibrations ou faire l'expérience d'une sorte de paralysie ou d'une perte de conscience momentanée.
- La conscience se retrouve hors du corps ou se déplace vers un endroit distant. La personne a souvent l'impression que tout est plus net, plus vibrant, plus détaillé. Elle peut avoir la sensation d'avoir une vision à 360°, ou de voir depuis plusieurs angles différents. Il peut aussi lui sembler voir à travers les objets, entendre les pensées des gens ou sentir leurs états.
- Dans des phases ultérieures, la personne se déplacerait plus librement, traverserait les obstacles, atteindrait parfois en un clin d'œil des endroits très distants et voyagerait même dans l'espace, voyant des planètes et des systèmes solaires. Elle pourrait aussi avoir la sensation de visiter des dimensions invisibles difficiles à définir.
- Le « retour » dans le corps physique semble souvent éprouvant et le sujet peut avoir besoin de plus ou moins de temps avant de reprendre « ses esprits ». Il peut se sentir fatigué mais aussi, étrangement, dynamisé.

Ernest Hemingway frôle la mort

Ernest Hemingway fut gravement blessé par l'explosion d'un mortier en 1918. « *Je sentis qu'on me saisissait à bras-le-corps, que l'on m'arrachait hors de moi-même, et que je flottais dans les airs. Je sortis rapidement et complètement de moi-même, et je sus que j'étais mort et que je m'étais trompé en pensant que la mort n'est qu'une formalité. Puis j'ai flotté, et au lieu que cela persiste, j'ai senti que je me glissais à nouveau en moi*[41] », raconte-t-il dans *L'Adieu aux armes*.

41 Ernest Hemingway, *L'Adieu aux armes*, Gallimard, 1982.

SE DÉCORPORER POUR MIEUX GÉRER

Sylvie Déthiollaz et Claude-Charles Fourrier relatent que, lorsque Nicolas Fraisse fait une OBE, son corps peut continuer de fonctionner comme si de rien n'était. Il serait juste un peu absent. Certains témoignages de situation de peur extrême – *Fear Death Experience*, en anglais – semblent d'ailleurs souvent provoquer une telle dissociation et des phénomènes d'OBE. Par exemple, lors d'un accident de voiture, certaines personnes, voyant le danger arriver, ont la sensation de sortir de leur corps, alors que des témoins les voient manier leur véhicule à la perfection afin d'éviter les obstacles. En définitive, elles n'ont aucun souvenir de ce qu'il s'est passé, car elles étaient « ailleurs ». Tout se passe donc comme si la conscience pouvait se scinder en plusieurs parties qui fonctionneraient de façon indépendante. « *En ce qui concerne Nicolas, l'un des aspects les plus étonnants de cette scission de conscience est apparu lorsqu'il a dit faire des incorporations. Il s'est retrouvé dans le corps d'un autre homme, chaque soir, pendant un mois*[42] », indiquent les chercheurs. Nicolas s'est, par exemple, retrouvé à regarder la télé depuis le corps de cet homme et a pu vérifier que le programme de ce soir-là était bien celui qu'il a vu. Il aurait également visité de nombreux autres corps, dont des femmes, des enfants, et même des animaux. « *Bien sûr, il est impossible pour nous d'objectiver ces expériences*[43] », précisent Sylvie Déthiollaz et Claude-Charles Fourrier.

EXPERTISE

Un continuum évolutif ?

Il pourrait y avoir un continuum évolutif entre tous ces états. Au début, lorsque Nicolas faisait une OBE, il rapportait être resté à proximité de son corps ou dans le voisinage. Par la suite, il aurait fait l'expérience de sortes d'effets « vortex » et d'un éloignement de plus en plus important. « *Il raconte être allé jusque dans l'espace et avoir vu, par exemple, certaines planètes de notre système solaire. Très vite, il est apparu qu'il était aussi télépathe et voyant. Puis, il a également commencé à sentir d'autres présences désincarnées, comme celle de sa grand-mère, et parfois à interagir télépathiquement avec d'autres formes de conscience. Plus tard, il a vécu une expérience d'éveil*[44] », écrivent Sylvie Déthiollaz et Claude-Charles Fourrier.

42 Sylvie Déthiollaz, Claude-Charles Fourrier, « Il sort de son corps sous les yeux de la science », Entretien avec Miriam Gablier, *Médecines Extraordinaires* n° 4 nov. 2018.

43 Sylvie Déthiollaz, Claude-Charles Fourrier, Ibid.

44 Sylvie Déthiollaz, Claude-Charles Fourrier, Ibid.

DES TESTS EN LABORATOIRE

Charles Tart est notamment à l'origine des célèbres expériences avec Miss Z. En 1968, cette femme, douée pour les sorties hors du corps, fut invitée à venir dormir à son laboratoire durant quatre nuits. Le chercheur lui demanda d'aller voir quel était le nombre à cinq chiffres qu'il avait placé en haut d'une armoire, là où personne ne pouvait le percevoir. Pendant ce temps, afin d'étudier les manifestations physiologiques liées aux sorties hors du corps, Charles Tart a étudié son électroencéphalographie, sa pression sanguine, ses mouvements oculaires, ses réponses électrodermales. Miss Z était donc sous haute surveillance. Les trois premières nuits se conclurent par des échecs. Au matin de la quatrième nuit, elle réussit à donner le nombre complet[45]. Au milieu des années 1970, Bob Morris[46] fit une expérience avec un sujet doué, Stuart Blue Harary, et son chat. L'animal fut enfermé dans une pièce quadrillée au sol, afin de pouvoir objectiver ses déplacements. Alors qu'il se trouvait dans un autre bâtiment, Harary devait venir voir son chat en sortie hors du corps. La conclusion : le chaton serait devenu nettement plus immobile et calme lorsque Harary faisait une OBE. Il ne traversait aucun carré, alors qu'aux autres moments, il était agité et très mobile. Par ailleurs, en 1978, Karlis Osis et Ben McCormick semblent avoir mis en évidence des corrélations entre l'acquisition d'informations dans un lieu éloigné et la détection d'une « présence » dans ce même lieu, grâce à des capteurs de vibrations autour des cibles[47].

45 Charles Tart, « A psychophysiological study of out-of-the body experiences », *Journal of the American Society for Psychical Research*, 62, p. 3-27, 1968.

46 Bob Morris, Stuart Blue Harary, J. Janis, J. Hartwell, W. Roll, « Studies of communication during out-of-body experiences », *Journal of the American Society for Psychical Research*, 72, 1-21 1978.

47 Karlis Osis, Ben McCormick « Kinetic effects at the ostensible location of an out-of-body projection during perceptual testing », *Journal of the American Society for Psychical Research*, 74, 319-329, 1980.

INDUIRE UNE SORTIE HORS DU CORPS

Il existerait des techniques permettant de favoriser les expériences de sortie hors du corps. Certaines passes magnétiques ou hypnotiques semblent avoir provoqué le phénomène de manière plus ou moins volontaire. Des méthodes spécifiques de méditation, de relaxation, de rêves éveillés ou de sophrologie ont également été élaborées afin de provoquer le phénomène. En 1956, Robert Monroe, homme d'affaires fortuné et ingénieur du son, se réveille une nuit en train de regarder son propre corps depuis le plafond de sa chambre. Il fonde alors l'institut Monroe, dédié à l'exploration de la conscience humaine et notamment à celle du phénomène de sortie hors du corps[48]. L'ingénieur élabore une méthode auditive qu'il appelle la technique Hemi-Sync. Il sélectionne certaines combinaisons sonores qui vont créer des ondes cérébrales spécifiques. Il identifie aussi quarante-neuf « focus », ou niveaux de conscience, qu'il serait possible d'atteindre avec sa méthode. La sortie hors du corps pourrait commencer lorsque le sujet atteint le focus 12. Cette recherche aurait notamment permis d'établir une cartographie des états modifiés de la conscience.

EXPERTISE

Une cartographie des états modifiés de la conscience

Robert Monroe a étalonné différents niveaux de conscience et établi une cartographie qui part de la conscience ordinaire et va vers des niveaux de conscience « élevés ». « *Le focus 1, c'est la conscience ordinaire. Le 10 s'appelle* "corps endormi, esprit éveillé". *Au 12ᵉ, nous commençons à avoir une expansion de conscience. La sortie hors du corps commence à peu près à ce moment-là. Au focus 15, nous sommes au-delà du temps. Aux focus 24 et 25, nous avons des perceptions de l'inconscient collectif ou des archétypes, et ainsi de suite*[49] », détaille Dominique Lussan, présidente de Harmonic Vision.

48 Robert Monroe, *Journeys out-of-the body – The Classic work on out-of-body experience*, Edition Harmony, 1971.

49 Dominique Lussan, « Le son à l'origine du cosmos », Entretien avec Miriam Gablier, *Inexploré* n° 28, oct.-déc. 2015.

LES EXPÉRIENCES DE MORT IMMINENTE

Eben Alexander est un homme rationnel. Neurochirurgien du Massachusetts General Hospital de Boston et enseignant à Harvard, il n'accordait que peu de crédit aux récits d'expérience de mort imminente (EMI ; ou *Near Death Experience*-NDE, en anglais). En novembre 2008, ce spécialiste du cerveau est foudroyé par une méningite bactérienne qui corrompt son cortex cérébral. Il tombe dans le coma et reste sept jours entre la vie et la mort. Le pronostic des médecins indique qu'il a 10% de chance de survivre, pour finir son existence dans un état végétatif permanent. Non seulement Eben Alexander survit, mais il récupère ses facultés et témoigne avoir vécu une odyssée extraordinaire[50]. « *En quarante ans de recherches sur le phénomène, c'est la première fois que j'entends un récit d'EMI aussi étonnant*[51] », déclare Raymond Moody, pionnier des recherches sur les EMI.

Après être tombé dans le coma, Eben Alexander dit s'être retrouvé dans une obscurité étrange, comme s'il avait été dans de la boue transparente traversée de racines ou de vaisseaux sanguins. Il entend un son sourd et répétitif. « *Je suis conscient, mais sans mémoire ni identité. Cette conscience est très limitée – elle n'est pas humaine, pas même animale. Simplement un point de conscience*[52] », rapporte le chirurgien. Il se sent comme hors du temps. Une « chose » finit par apparaître, qui irradie des filaments de lumière blanche et il entend une musique merveilleuse qui semble venir le guider. Une brèche s'ouvre et il est alors tiré vers le haut. Il se retrouve à voler au-dessus d'une vallée verdoyante et magnifique. Tout est vibrant et fascinant. « *À côté de moi se trouvait une belle jeune fille aux yeux bleus pétillants et au sourire le plus aimable qu'on puisse imaginer* », raconte-t-il. Celle-ci est assise sur l'aile d'un papillon et lui communique sans mot qu'il est aimé et chéri pour toujours.

Une sorte de brise chaude se lève et tout change. Eben Alexander éprouve la sensation de monter encore une octave au-dessus et de se retrouver dans une sorte de vide cosmique. Il pose alors des questions, auxquelles on lui répond. « *À chaque fois que je posais une question, la réponse venait instantanément, dans une explosion de lumière, de couleurs, d'amour et de beauté qui me balayait comme une vague*[53] », dit-il. Au bout d'un temps indéfini, il perçoit une voix au loin. Il apprendra par la suite que son fils, ayant entendu les médecins parler de l'éventualité de le « débrancher », s'était précipité dans sa chambre en le priant de se réveiller. Et effectivement, peu après, Eben Alexander finit par revenir à lui. Les médecins sont stupéfaits. Quatre mois plus tard, le chirurgien apprend qu'il a été adopté et qu'il avait une sœur biologique, décédée dix ans plus tôt. Après avoir vu des photos d'elle, il affirme que la présence féminine qui l'a accompagné lors de son expérience était sa sœur décédée.

50 Eben Alexander, *La Preuve du paradis – Voyage d'un neurochirurgien dans l'après-vie*, Guy Trédaniel Éditions, 2013.

51 Paul Bernstein, Eben Alexander, *Un chirurgien revenu de l'au-delà*, avril 2013, Site internet INREES.

52 Paul Bernstein, Ibid.

53 Paul Bernstein, Ibid.

UNE DÉMULTIPLICATION DE CAS

De nombreux témoignages à travers l'histoire semblent décrire des EMI. Platon raconte notamment l'histoire d'un soldat nommé Er qui survit plusieurs jours alors que son corps git sur un champ de bataille. Par ailleurs, le peintre Jérôme Bosch expose des personnages à l'entrée d'un tunnel qui fait penser aux récits d'EMI. Et il est probable que la première description médicale du phénomène ait été faite en 1889. Cependant, c'est surtout l'amélioration des techniques de réanimation dans la deuxième partie du xxe siècle qui semble avoir généré une démultiplication de ces témoignages. Le phénomène est ensuite popularisé lorsque le philosophe Raymond Moody publie son livre *La Vie après la vie*[54] en 1975. La psychiatre Elisabeth Kübler-Ross[55], qui est à l'origine de la création de services de soins palliatifs, a également largement diffusé des connaissances autour du phénomène. En France, c'est l'ouvrage du journaliste Patrice Van Eersel, *La Source noire*[56], qui le fait particulièrement connaître.

10 %
DES ARRETS CARDIAQUES

Les chiffres communiqués sur les NDE sont assez variables. Cependant, en 2014, le docteur Sam Parnia publie les résultats d'une enquête menée sur les arrêts cardiaques. Neuf pour cent des personnes qui ont été ranimées et qui ont répondu aux questionnaires rapportent des souvenirs d'EMI et 39 % semblent avoir maintenu une activité consciente pendant la période de l'arrêt cardiaque. D'autres études vont dans le même sens : les neuropsychiatres Peter Fenwick en 2001 et Bruce Greyson, en 2003, annoncent le chiffre de 10 %. En 1982, une enquête de Pollster Gallup et William Proctor indique que 5 % de la population des États-Unis auraient vécu une EMI. En 2001[57], un sondage similaire en Allemagne parle de 4 %. Cela signifierait que, dans le monde entier, des dizaines de millions de personnes auraient vécu des EMI.

UNE MORT CLINIQUE PROVISOIRE

Les EMI sont ainsi des vécus rapportés par des personnes qui ont été dans un état de mort imminente. Ces vécus sont parfois appelés « expériences de mort provisoire ». Or, il ne peut être dit que les personnes sont « mortes », puisque la mort est un état physiologique irréversible. En effet, même lorsque l'électroencéphalogramme

54 Raymond Moody, *La Vie après la vie*, Éditions J'ai lu, 1975.

55 Elisabeth Kübler-Ross, *La Mort, dernière étape de la croissance*, Éditions Pocket, 1975.

56 Patrice Van Eersel, *La Source noire : révélations aux portes de la mort*, Éditions Livre de Poche, 1987.

57 Hubert Knoblauch, Ina Schmied, Bernt Schnettler, « Different Kinds of Near-Death Experience: A Report on a Survey of Near-Death Experiences in Germany », *Journal of Near-Death Studies*, Vol. 20, n° 1, 2001.

est plat, il est toujours possible de supposer que nos moyens d'investigation sont insuffisants et qu'il subsiste une activité cérébrale minimale. Ainsi, si les expérienceurs rapportent souvent la sensation qu'ils allaient vers la mort ou qu'ils étaient morts, ces témoignages ne peuvent être utilisés pour décrire ce que serait le vécu d'un décès. Par ailleurs, le même schéma expérientiel se produit également lors de situation de danger, en état méditatif, voire de manière spontanée. Il n'en reste pas moins que la majorité des EMI surviennent alors que les fonctions vitales de l'individu sont extrêmement atteintes : le cœur peut avoir été à l'arrêt pendant un temps insoutenable pour la science, le cerveau peut avoir été endommagé à un point qui semble être de non-retour. Dans de nombreux cas, nous sommes bien en présence de personnes déclarées cliniquement « mortes », qui reviennent à la « vie ».

EXPERTISE

Revoir nos conceptions de la mort

Comme le souligne le docteur Sam Parnia[58], les EMI nous invitent à revoir nos conceptions de la mort. En effet, celle-ci ne se produirait pas d'un coup, mais serait un processus graduel. Selon lui, des personnes pourraient être ressuscitées jusqu'à 24 heures après leur arrêt cardiaque.

Un schéma archétypal

Il est de toute évidence impossible de provoquer des EMI afin de les étudier scientifiquement. Par conséquent, les chercheurs s'appuient sur des examens cliniques et statistiques. Les études menées notamment par Raymond Moody, Kenneth Ring, Michael Sabom, Bruce Greyson, Pim van Lommel, indiquent que, bien que le vécu des EMI soit variable, un schéma type semble récurent. En voici les étapes principales :

- vécu de décorporation (voir chapitre « Les sorties hors du corps », p. 174) ;
- revue de vie : la personne a souvent l'impression que ses capacités cognitives et perceptives sont amplifiées et qu'elle revoit, en un éclair, sa vie entière dans les moindres détails. Elle évalue alors souvent ses actions et ses postures psychologiques avec lucidité. Elle peut aussi percevoir le point de vue d'autres personnes et ressentir

58 Sam Parnia, *Erasing Death, the science that is rewriting the boundaries between life and death*, Ed. HarperColl ns, 2013.

de l'empathie pour les gens qu'elle a blessés. Il peut également y avoir des éléments de précognition ;

- passage dans un tunnel ou un lieu sombre ;
- aspiration vers une lumière avec souvent un profond sentiment de bien-être, d'amour et de paix. Il peut y avoir un vécu d'extase ;
- rencontre avec des êtres ou des animaux décédés, généralement liés à la personne. Il peut y avoir des rencontres avec des êtres « de lumière » ou des personnages mythiques. Ceux-ci lui communiquent parfois des messages ;
- vision de paysages paradisiaques, que la personne interprète parfois comme étant le paradis. Cette étape et la précédente sont les parties les plus variables et les plus teintées culturellement ;
- atteinte d'un point de non-retour au-delà duquel la personne ne va pas. Celui-ci peut prendre des formes symboliques, comme un pont, une rivière, etc. Cette phase est souvent accompagnée d'un message de non-autorisation à aller au-delà ou d'une proposition de faire un choix d'y aller ou pas. L'expérienceur prend alors généralement conscience des liens qui le retiennent ou des projets qui ne sont pas terminés ;
- le retour dans le corps peut être inconfortable. Certaines personnes ont l'impression de devoir se « rétrécir » et de perdre leurs facultés lucides.

Dans l'ensemble, les EMI tendent à produire des effets psychologiques durables sur les expérienceurs : prises de conscience existentielles, changements de comportements relationnels, ouverture à l'écologie, à la philosophie et à la spiritualité. Par contre, ils ont souvent la sensation qu'il est difficile de raconter leur expérience, soit parce qu'ils ont peur d'être rejetés, soit parce que ce qu'ils ont vécu semble ineffable, indicible.

EXPERTISE

Des EMI négatives

Il est important de noter, comme l'indique entre autres le docteur Pierre Jourdan[59], qu'il existe des EMI dites « négatives », durant lesquelles les personnes vivent une expérience terrifiante.

59 Pierre Jourdan, *Deadline, dernière limite*, Éditions Les Trois Orangers, 2012.

EXPERTISE

Des publications scientifiques

En 2001, *The Lancet* publie une étude prospective du docteur Pim van Lommel sur les EMI. Depuis, les revues scientifiques se sont ouvertes à la publication de centaines d'articles sur le sujet. L'International Association for Near-Death Studies (IANDS), fondée en 1981 aux États-Unis et dont une branche existe en France, propose notamment des informations sur le phénomène.

LE FAMEUX CAS DE PAMELA

En 1998, Michael Sabom[60] décrit en détail le cas exceptionnel de Pamela Reynolds. Cette Américaine, mère de trois enfants, qui présentait un anévrisme cérébral important, a dû subir, en 1991, un arrêt cardiaque hypothermique pendant une opération. Cela signifie que sa température corporelle a été abaissée à 16 °C, que les battements de son cœur et sa respiration ont été arrêtés pendant plus d'une heure et que son cerveau n'était plus irrigué par la circulation sanguine. Elle présentait alors tous les critères d'une mort clinique : son EEG était notamment totalement plat. Par la suite, Pamela a raconté qu'elle a entendu la note *ré*, qu'elle s'est sentie sortir hors de son corps par le haut de sa tête et qu'elle a regardé l'opération par-dessus l'épaule du neurochirurgien. Elle a indiqué qu'elle se sentait bien, hyperlucide, et a décrit avec exactitude tout ce qui s'était déroulé pendant l'opération. Elle a particulièrement donné plusieurs détails précis, qu'elle ne pouvait pas connaître, concernant la scie à trépaner. Elle a même mentionné la surprise d'un membre de l'équipe soignante qui trouvait l'artère fémorale choisie pour la manœuvre trop petite et avait dû en changer. Le reste de son expérience d'EMI (tunnel, lumière, rencontre avec des défunts…) a été considéré comme très profond sur l'échelle d'évaluation des EMI. Pamela aurait rencontré des proches décédés, dont sa grand-mère. Finalement, son oncle, également décédé, lui aurait dit de revenir dans son corps bien que celle-ci ne le veuille pas. Le retour aurait été pour elle comme plonger dans une piscine glacée. Son expérience figure parmi les études les plus largement documentées en raison des conditions dans lesquelles elle s'est produite.

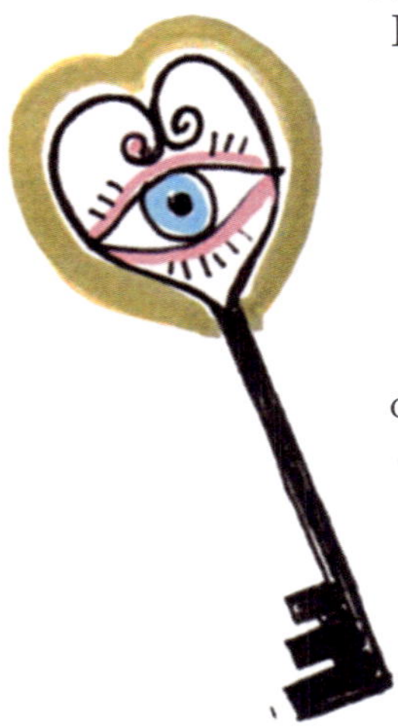

60 Michael Sabom, *Light and Death: One doctor's fascinating account of Near-Death Experiences*, Ed. Zondervan, 1998.

Des aveugles font des OBE

En 1999, Kenneth Ring et Sharon Cooper[61] ont rapporté des EMI vécues par des aveugles, dont certains de naissance. Vingt-cinq personnes ont rapporté des perceptions visuelles qui ont pu être corroborées par des tiers. « *C'est comme si leur esprit voyait*[62] », indique Kenneth Ring.

UN PHÉNOMÈNE HALLUCINATOIRE ?

On pense parfois qu'une crise paroxystique du lobe temporal, un excès ou un manque d'oxygène, que les drogues anesthésiques, la production d'endorphines lors d'un stress majeur, l'excès de CO_2, la libération d'hypothétiques endopsychosines analogues à la kétamine, etc., sont à l'origine des NDE. Les chercheurs notent toutefois que ces défauts de fonctionnement du cerveau produisent une pensée opacifiée, une lenteur d'idéation, une irritabilité, des difficultés de concentration, des troubles de la mémoire, de la crainte. Tout cela ne ressemble pas à l'hyperlucidité, le calme et le contenu cohérent des EMI. Certains expérienceurs confient que leur expérience paraissait même parfois plus « vraie » que la réalité ordinaire. D'autre part, Michael Sabom, Karlis Osis et Erlendur Haraldsson[63] ont montré que les patients qui sont fébriles à l'approche de la mort, anoxiques ou sous médicaments, ont moins d'EMI ou d'hallucinations spécifiques que ceux dont le cerveau ne semble pas physiologiquement perturbé.

EXPERTISE

DES EMI PAR EMPATHIE

Il existe des témoignages de personnes qui participent par empathie à l'EMI d'une autre personne. « *Elles me racontent que, lors du décès d'un proche, elles sont sorties hors de leur corps et ont accompagné le mourant vers la lumière, ou même qu'elles ont vu des parents décédés venir accueillir et aider le mourant*[64] », écrit Raymond Moody.

61 Kenneth Ring, Sharon Cooper, *Mindsight: Near-Death and Out-of-Body Experiences in the Blind*, Ed. iUniverse, 1999.

62 Kenneth Ring, Sharon Cooper, *Mindsight: Near-Death and Out-of-Body Experiences in the Blind*, 2nd ed.. Ed. iUniverse, 2008.

63 Karlis Osis, Erlendur Haraldsson, *Ce qu'ils ont vu au seuil de la mort*, Éditions du Rocher, 1984 – Michael Sabom, *Recollections of Death: A Medical Investigation*, Ed. HarperCollins, 1981.

64 Erik Pigani, Entretien avec Raymond Moody : *Psi, enquête sur les phénomènes paranormaux*, Éditions Presses du Châtelet, 1999, p. 200.

LES ÉMERGENCES SPIRITUELLES

Au milieu du XIXe siècle, à Calcutta, le brahmane Ramakrishna traverse une intense expérience mystique et devient un sage vénéré dans toute l'Inde. En 1880, Madeleine, une « pauvre vagabonde », commence une longue vie de folle à l'hôpital de la Salpêtrière à Paris. Elle sera soignée pour délire mystique pendant vingt-deux ans par le médecin et psychologue Pierre Janet. Dans leur ouvrage *La Folle et le saint*[65], Catherine Clément et Sudhir Kakar mettent en évidence que les visions, les stigmates, les discours aux animaux, l'érotisme, les jeûnes de ces deux personnages ayant vécu à la même époque, sont similaires. « *L'un, déclaré saint, est porté et reconnu par le mysticisme extatique de l'Inde, alors que l'autre, déclarée folle, est condamnée par le positivisme médical du XIXe siècle français. Du délire mystique au mysticisme religieux, la frontière serait-elle si poreuse ?*[66] », questionnent Nancy Midol, anthropologue, et Sébastien Baud, ethnologue.

INITIÉ PAR LA VIE

Maladie, accident, opération, déménagement, séparation ou divorce, perte d'un travail ou d'un proche, mais aussi, naissance d'un enfant, aventure amoureuse, réussite personnelle ou professionnelle, pratique spirituelle, seraient autant de facteurs pouvant causer un bouleversement identitaire. Ces expériences « *impliquent toutes un changement radical de l'équilibre entre processus conscient et inconscient*[67] », note Stanislav Grof. Cette restructuration interne pourrait générer des failles dans la structure psychique individuelle ou des élargissements de la conscience et ainsi provoquer l'apparition de matériaux transpersonnels. De nombreuses personnes traversent donc, suite à des événements extérieurs ou une maturation intérieure, des phases de transformation plus ou moins importantes. « *Si elles sont correctement comprises, ces crises psychospirituelles peuvent conduire à une guérison affective et psychosomatique, à des changements psychologiques remarquables et à une évolution de la conscience*[68] », déclare Stanislav Grof. Ces transformations pourraient ainsi être vécues comme un chemin initiatique, certes inconfortable ou déstabilisant – d'où l'impérieuse nécessité d'être accompagné par des professionnels aguerris.

65 Catherine Clément, Sudhir Kakar, *La Folle et le saint*, Éditions du Seuil, 1993.

66 Nancy Midol, Sébastien Baud, « Le normal et le pathologique à la croisée des regards psychiatriques et anthropologiques ». In : *La Conscience dans tous ces états*, Éditions Masson, 2009.

67 Stanislav Grof, *Pour une psychologie du futur, Le potentiel de guérison des états modifiés de conscience*, Éditions Dervy Poche, 2009, p. 277.

68 Stanislav Grof, Ibid.

EXPERTISE

Un processus alchimique

Les phases types du processus initiatique, de la mue intérieure, ont été rapprochées du processus alchimique par Carl Jung[69]. Poussé par les événements de la vie ou par un élan profond, guidé par les réponses synchronistiques du monde, l'individu ou l'alchimiste s'embarque dans une aventure initiatique. Cela lui demanderait, tout d'abord, une forme d'introspection afin d'affronter son ombre et de laisser mourir symboliquement ce qui n'a plus besoin d'être – c'est la phase au noir. Cette dissolution et cette purification lui permettrait de se reconnecter à l'essentiel en lui, de trouver un trésor – c'est la phase au rouge. Il lui faudrait ensuite actualiser ce trésor ou ce potentiel dans le monde, le manifester – c'est la phase au blanc[70].

Grandir en qualité d'être

« *Les expériences psycho-spirituelles également appelées* “expériences transpersonnelles” *sont des moments essentiels de l'existence. Elles ne sont pas toujours faciles à traverser*[71] », souligne la psychologue Djohar Si Ahmed. La différence viendrait de la capacité de l'individu à digérer et intégrer les transformations vécues et à trouver un sens à ce qui lui arrive. En effet, les « psy » en tout genre soulignent que plus la personne trouve un sens existentiel – qui renvoie au fait d'être un humain parmi d'autres – ou un sens spirituel – qui fait référence à une dimension transcendante –, plus il lui serait facile de négocier ces virages. L'être humain serait un animal qui a besoin au minimum d'un sens symbolique, au maximum de spiritualité – dans son sens le plus neutre. Ce peut être une spiritualité laïque, un sentiment du sacré. Charles Tart, Abraham Maslow et Stanislav Grof avancent notamment que « *l'entrée épisodique en état de conscience non ordinaire, de même que l'aspiration à la transcendance qui lui est corrélée, est pour l'être humain d'une incontournable nécessité*[72] », indique Djohar Si Ahmed. Ils sont rejoints sur ce point par de nombreux experts : il serait dans le destin de tout être humain de grandir en qualité d'être.

69 Carl Jung, *Psychologie et alchimie*, 1944.

70 Miriam Gablier, « Une mue intérieure », *Inexploré* n° 34, avril-juin 2017.

71 Djohar Si Ahmed, « Les expériences psycho-spirituelles ». In : Stéphane Allix, Paul Bernstein, *Manuel clinique des expériences extraordinaires*, InterÉditions INREES, 2009, p. 280-281.

72 Djohar Si Ahmed, Op. cit., p. 306.

DES TYPOLOGIES MIXTES

Émergence de sens, *peak experience*, émergences spirituelles, expériences extatiques ou mystiques, qui peuvent produire des éveils de la kundalini, des crises chamaniques, des épisodes de conscience unitive, des ouvertures médiumniques, etc., se déclinent en variété et en intensité. Leur point commun serait d'engendrer un « recalibrage » de tous les niveaux de l'être : physiologique, énergétique, émotionnel, mental et spirituel. La personne serait donc amenée à faire l'expérience d'un nouveau vécu et ainsi à vivre des modifications plus ou moins importantes de son état de conscience. Des souvenirs biographiques inconscients pourraient alors remonter à la conscience vigile. Selon les tenants de l'hypothèse transpersonnelle, des données collectives de types archétypales, subliminales, numineuses et des informations psi, pourraient également se présenter à elle. De manière concomitante, il pourrait survenir un certain nombre de modifications énergétique pouvant parfois amener la personne à faire des expériences somatiques hors norme (voir « Les anomalies somatiques », p. 192).

EXPERTISE

Stanislav Grof a remarqué que les données rapportées par une personne tournent souvent autour d'un même noyau psychique – qu'il appelle un COEX (système d'expérience condensées). C'est-à-dire que ses souvenirs biographiques, les thèmes archétypaux qu'il va contacter, les vécus transgénérationnels ou karmiques qu'il va rapporter, auront tendance à être cohérents et à tourner autour d'une même dynamique. « *Chaque COEX présente un thème central imprégnant ses différentes couches*[73] », explique-t-il.

73 Stanislav Grof, *Pour une psychologie du futur – Le potentiel de guérison des états modifiés de conscience*, Éditions Dervy Poche, 2009, p. 277.

UNE RECONNAISSANCE ATTENDUE

Le *Manuel diagnostique et statistique des troubles mentaux*, couramment appelé le DSM, a longtemps écarté la possibilité qu'un individu puisse vivre une expérience hors norme qui ne soit pas pathologique. Les symptômes types des expériences d'émergences de sens étaient considérés comme des signes d'une décompensation psychotique. « *L'entrée de la catégorie* "expériences psychospirituelles" *dans le DSM-IV (Masson 2003) a constitué une sorte de révolution dans le domaine de la nosologie psychiatrique*[74] », indique Djohar Si Ahmed. En effet, depuis 2003, « *l'expérience psycho-spirituelle* » est devenue recevable dans le champ de la psychiatrie. Cependant, comme le note Georges Lapassade, notre culture occidentale, qui tend à refouler les expériences d'états modifiés de la conscience et à évacuer les rites initiatiques, aurait encore du mal à gérer ces expériences. Une frange de professionnels déplore le fait que les médecins et les psychopraticiens ne sont pas suffisamment formés à l'accueil des vécus d'émergence de sens.

74 Djohar Si Ahmed, « Les expériences psycho-spirituelles ». In : Stéphane Allix, Paul Bernstein, *Manuel clinique des expériences extraordinaires*, InterÉditions INREES, 2009, p. 279.

LES ANOMALIES SOMATIQUES

Franek Kluski était connu en Pologne pour sa supposée capacité à produire des ectoplasmes, c'est-à-dire à faire sortir une substance de son corps et à lui donner des formes dynamiques. Les chercheurs de l'Institut métapsychique international (IMI) à Paris voulurent le tester. Gustave Geley, Charles Richet et Camille Flammarion demandèrent à Kluski, lors d'un protocole on ne peut plus surveillé, non seulement de faire apparaître des mains ectoplasmiques, mais de faire qu'elles plongent dans des bacs de paraffine chaude. L'idée était qu'un film de cire refroidirait à leur surface et qu'il serait possible de garder des traces. « *L'ectoplasme pouvait être apparenté à une projection holographique qui émettait une sorte de lumière, une chaleur, qui changeait de forme, circulait et touchait les témoins. Et d'une manière que nous ne comprenons pas, Kluski réussit à faire que les mains plongent dans la paraffine. La forme a ensuite déposé les gants de cire… et s'est évaporée*[75] », rapporte Mario Varvoglis, président actuel de l'IMI. Les sept moulages en plâtre réalisés à partir des gants de cire font apparaître des empreintes. Il fut possible à des experts indépendants – notamment au directeur de l'Identité judiciaire de Paris – d'attester qu'il ne s'agissait ni des mains de Kluski, ni des personnes présentes, ni de mains importées de la morgue. Par ailleurs, la position des doigts, parfois pliés ou entrecroisés, est incompatible avec un moulage obtenu sur des mains « solides », qui doivent ensuite être retirées sans casser les gants de paraffine. Les moulages ectoplasmiques restent une énigme dans l'histoire de l'Institut.

UN CORPS CONSCIENT

Lorsque nous abordons l'expérience consciente, nous avons tendance à focaliser notre attention sur son aspect psychique plutôt que corporel. Pourtant, nous avons vu qu'il semble difficile de considérer que le corps est la machine biologique que pensait Descartes et que la conscience est une propriété qu'on introduirait dans le corps afin de l'animer. L'expérience consciente est aussi une expérience corporelle. Ainsi, la difficulté semble être de penser une continuité entre la polarité psychique et la polarité corporelle de l'être, qui permette de reconnaître la spécificité de chacune sans pour autant les séparer. C'est ce que semble également indiquer les recherches en parapsychologie. Les chercheurs rapportent que le psi est un phénomène se produisant à la fois sur le plan psychique et sur le plan physique. Plus encore, ils montrent que le corps semble plus réceptif aux informations psi que le niveau cognitif. Les examens des sujets psi en laboratoire indiquent que les

75 Mario Varvoglis, « Ils étudient le paranormal depuis 100 ans », Entretien avec Miriam Gablier, *Inexploré* Hors-Série n° 7 nov. 2018.

perceptions extrasensorielles semblent dues, avant tout, aux capacités du corps à capter des informations psi et à en faire une expérience « sensorielle ». Au vu des mesures, les réactions physiologiques sont plus rapides que le niveau de conscience réflexif, qui a un temps de retard sur la perception corporelle. En ce sens, le vécu organique serait à rapprocher du niveau de conscience primaire ou phénoménale, dans lequel tout se donne à nous. De nombreux experts des thérapies psychocorporelles soulignent par ailleurs que le « corps » sait souvent mieux que l'intellect ce qui est favorable au maintien de l'intégrité de la personne.

« Pendant la transe, certains somnambules magnétiques, dont Alexis Didier, avaient le sentiment de voir et d'entendre avec toute la surface de leur corps[76]. »
Bertrand Méheust, sociologue.

Une désobéissance salvatrice

Une femme est au volant de sa voiture sur l'autoroute. Soudainement, ses gestes déportent son véhicule sur la voie d'urgence. Ne comprenant pas pourquoi elle a ainsi dévié sa trajectoire, elle essaie de se raisonner et de revenir sur les voies légales. Rien n'y fait, son corps ne lui obéit pas. Elle est comme contrainte à continuer de rouler sur cette voie interdite. « *À ce moment, un accident se produit sur sa gauche. Donc, son corps a pressenti ce danger mortel et a agi en conséquence, contre son émotionnalité et contre sa décision mentale*[77] », relate François Lewin, enseignant en psychologie biodynamique.

UNE PLASTICITÉ SOMATIQUE

S'il est une antenne dont la capacité de perception est inégalée, le corps fait également preuve d'une plasticité déroutante. Tout au long de l'histoire ont été rapportés une quantité phénoménale de cas de personnes qui, en état de conscience élargi, ont vécu des expériences corporelles hors norme : des mystiques, des moines et autres pratiquants de disciplines spirituelles, des personnes ayant mystérieusement guéri de conditions pathologiques aggravées, ou encore des sujets psi exceptionnellement doués. Ainsi, bien que le corps soit organisé par des mémoires permettant de stabiliser sa manifestation, bien que la force d'inertie de ces mémoires ne se laisse

76 Bertrand Méheust, *Les Miracles de l'esprit – Qu'est-ce que les voyants peuvent nous apprendre ?*, Éditions Les Empêcheurs de penser en rond, 2011, p. 31.

77 François Lewin, « Le corps est un hologramme de l'univers », Entretien avec Miriam Gablier, *Inexploré* Hors-Série n° 4, nov. 2015.

pas déjouer si facilement, il lui serait tout de même possible de faire preuve de performances déroutantes, dans certaines conditions. Dans son livre *The Future of the Body*, Michael Murphy, le fondateur de l'Institut Esalen, détaille au cours de quelque sept cents pages, combien le corps semble pouvoir échapper aux paramètres mesurés par la science. « *Les capacités métanormales, lorsqu'elles sont prises dans leur ensemble, signalent la possibilité de type d'incorporation extraordinaire*[78] », conclut-il.

Le corps ou l'ego ?

Les grands mystiques rapportent parfois avoir atteint des états où ils n'étaient plus rien ni personne, comme s'ils avaient vécu une « dissolution de l'ego ». Cependant, pour qu'une telle expérience puisse se produire, il faut bien qu'il y ait « quelque chose » qui la vive. Il faut qu'il y ait un être sensible pour l'éprouver. Cette « chose », c'est avant tout le corps. « *Les mystiques vivent des expériences qui les mènent bien au-delà de leur petite personnalité. Mais ils restent des êtres sensibles. Leur corps peut lui-même être bousculé dans ses habitudes et produire des symptômes hors norme. Cependant, bien que leur organisme devienne incroyablement malléable, capable de faire de véritables miracles, celui-ci maintient une cohérence vivante, sensible et corporelle. Sinon, ils meurent*[79] », écrit François Lewin, formateur en psychologie biodynamique.

UNE ANATOMIE ÉNERGÉTIQUE

La « matière » n'est pas constituée de corpuscules solides et immuables comme il est pensé classiquement. La science de l'infiniment petit a montré que la matière doit davantage être rapportée à un phénomène informationnel, dynamique, qui tend à se localiser sous la forme d'une énergie organisée. Ainsi, la matière même de nos corps serait de l'énergie densifiée et stabilisée par des systèmes mémoriels. Plus encore, il existerait un dégradé de densifications différentes qui ferait que le corps « physique », « dense », serait comme doublé par des niveaux énergétiques plus « subtiles ». Et ceci n'a rien d'ésotérique. « *Il est aujourd'hui totalement et scientifiquement admis que le corps possède de nombreux champs d'énergie. Ils sont identifiés par des technologies de pointe telles que l'électrocardiogramme, l'électroencéphalogramme,*

78 Michael Murphy, *The Future of the Body*, Ed. Tarcher Putnam, 1992, p. 4.

79 François Lewin, « Le corps est un hologramme de l'Univers », Entretien avec Miriam Gablier, *Inexploré* Hors-Serie n° 4, nov. 2015.

l'électromyogramme, l'IRM ou encore le SQUID, etc.[80] », déclare James Oschman, chercheur en biophysique. En effet, comme toute activité organique est associée à un phénomène électrique mesurable et comme tout flux électrique dans un organisme génère un champ magnétique, il apparaît que nos corps créent une symphonie de champs électromagnétiques. Ces champs invisibles, mais bien réels, seraient notamment les vecteurs d'une communication et d'une coordination globale. Il y aurait ainsi une cascade d'effets entre le niveau psychique, le niveau énergétique et le niveau de la « matière » densifiée. Et cette cascade fonctionnerait dans les tous les sens : une modification des paramètres corporels et énergétiques provoquerait un nouveau paramétrage de l'expérience psychique. Résultat : modifier le corps modifie la psyché, modifier la psyché modifie le corps. Un état modifié de la conscience et une modification physiologique n'iraient pas l'un sans l'autre.

Une anatomie subtile

Rollin McCraty[81], directeur de recherche au HeartMath Institute aux États-Unis, a mesuré que l'activité électrique du cœur produit un champ magnétique pouvant aller de 45 centimètres à 3 mètres dans l'espace autour de l'organe. Les données scientifiques actuelles étayent les descriptions d'anatomies subtiles faites par des traditions millénaires. Par exemple, les Indiens ont décrit un système composé de chakras, de nadis et d'auras qui sont respectivement des centres, des canaux et des couches énergétiques à l'intérieur et autour du corps. Les Chinois ont dépeint un système composé de points et de méridiens d'acupuncture, de centres et de canaux constitués d'énergie subtile.

UNE MULTIPLICITÉ D'ANOMALIES

Hypersensibilité et capacité extrasensorielle, insensibilité ou extrême résistance à la douleur comme avec la marche sur le feu ou le fakirisme, survie sans alimentation, montée énergétique puissante dans le corps provoquant de multiples modifications psychophysiques, effet électromagnétique sur l'environnement, guérisons spontanées et effet placebo, chirurgies psi (chirurgie sans anesthésie ni instruments médicaux), sympathie organique (reproduction des symptômes physiologiques d'une autre personne), stigmatisation (apparition paranormale de marques sur le corps),

80 James Oschman, « Guidés par une matrice vivante », Entretien avec Miriam Gablier, *Inexploré* Hors-Série n° 6, novembre 2017 et James Oschman, *Médecine énergétique : les bases scientifiques*, Éditions Sully, 2016.

81 Rollin McCraty, *Science of the heart, Exploring the role of the heart in the human performance*, HeartMath Institute, 2015.

mémoires d'organes transplantés, impressions maternelles (impact sur le fœtus d'impressions ressenties par la mère), ectoplasmie (matérialisation d'une substance émanant du corps), lévitation (soulèvement d'objets pesants ou du corps humain), thanatose (conservation du corps après la mort), marques de naissance, etc. Les manifestations somatiques hors norme sont très variées. Un médium à « effets physiques » feraient même parfois preuve de plusieurs capacités d'altérations physiologiques. Nous exposerons ici quelques exemples. Notons que les guérisons inexpliquées sont abordées dans le chapitre sur la bio-psychokinèse (p. 147), les marques de naissance dans le chapitre sur la réincarnation (p. 212).

Une sympathie à distance

Un individu pourrait prendre sur lui la douleur ou les symptômes dont souffre une autre personne. Le plus souvent cela concerne quelqu'un de proche. Célestine Galli-Marié était l'une des cantatrices françaises les plus renommées du XIXe siècle. Elle était notamment la créatrice du rôle de Carmen dans l'opéra de Georges Bizet. « *Le soir du 2 juin 1875, elle était sur scène lorsque, soudain, elle cessa de chanter : elle venait de sentir* "comme un coup de marteau" *dans son cœur. En regagnant sa loge, elle dit à tous ceux qui l'entouraient que quelque chose de terrible venait d'arriver à Bizet. Au même moment, le compositeur avait eu un problème cardiaque. Il est mort deux heures plus tard*[82] », relate le journaliste Erik Pigani. De leur côté, les guérisseurs indiquent être parfois tellement en syntonie avec les personnes qu'ils soignent qu'ils en éprouvent leur mal-être. La sympathie à distance a fait l'objet de plusieurs collectes de cas. Par exemple, en 1967, la parapsychologue Louisa Rhine rapporte que sur 169 cas, 58 personnes auraient éprouvé un symptôme physique au moment de la mort d'une personne proche, 52 au moment d'un accident non fatal, 33 au moment de maladies ou d'opérations, et 26 lors de naissances.

D'étranges stigmates

Il arrive que de fervents religieux produisent des stigmates, c'est-à-dire des marques, des blessures ou des saignements corporels précis et parfois récurrents. Certains chrétiens ont, par exemple, reproduit des stigmates au niveau de la perforation des

82 Erik Pigani, « Les perceptions extrasensorielles, le psi », In : Stéphane Allix, Paul Bernstein, *Manuel clinique des expériences extraordinaires*, InterÉditions INREES, 2009.

mains et des pieds du Christ sur la croix. Par ailleurs, de rares sujets psi semblent capables de produire des stigmatisations volontaires. Depuis la plus tendre enfance, la russe Olga Kahl semblait pouvoir lire dans les pensées. Or, suite à un chagrin d'amour à l'âge de dix-neuf ans, elle se mit à développer des stigmates et découvrit qu'elle pouvait les produire par la volonté. Durant l'hiver 1927, le médecin Eugène Osty[83] testa la jeune Russe à l'Institut métapsychique international (IMI) à Paris. Devant une dizaine de témoins, elle réussit à faire apparaître sur une zone de son corps qu'elle indiquait à l'avance, le dessin, le mot, le nombre que les chercheurs lui demandaient de reproduire. De manière surprenante, certaines tentatives réussirent alors que ceux-ci écrivaient la cible sur un bout de papier sans qu'Olga Kahl n'en ait connaissance, ou lorsqu'on lui désignait l'endroit où la marque devait apparaître.

DES LÉVITATIONS MYSTIQUES

Les archives chrétiennes, mais également d'autres traditions spirituelles, rapportent de nombreux cas de mystiques ayant provoqué des soulèvements d'objets ou ayant été eux-mêmes le sujet de lévitations. Au XVIIe siècle, le moine franciscain saint Joseph de Cupertino était surnommé le « frère volant ». Il était, selon les rapports, capable de léviter à plusieurs mètres du sol. Une fois, « *s'étant élevé, il se posa sur une haute branche d'arbre qui ne plia pas. Mais quand l'extase prit fin, elle menaça de se rompre, et Joseph étant incapable de redescendre, il fallut utiliser une échelle pour le sortir de ce mauvais pas*[84] », relatent les chercheurs Jean Guitton et Jean-Jacques Antier. De son côté, le père Herbert Thurston précise que le moine pourrait avoir « volé » une centaine de fois[85]. Ses manifestations, embarrassantes pour l'Église, alors en pleine inquisition, lui valurent d'être exilé, mais il fut canonisé en 1767. À la fin du XIXe siècle, le chimiste William Crookes testa le médium à effets physiques Daniel Dunglas Home et déclara que celui-ci aurait réussi à léviter au moins cinquante fois. « *Tous, nous l'avons vu s'élever lentement au-dessus du sol jusqu'à une hauteur de six pouces, s'y tenir pendant une dizaine de secondes, puis redescendre lentement*[86] », atteste le parapsychologue Frank Podmore. Le célèbre médium écossais produisit également d'autres anomalies somatiques et physiques. De nombreux témoins ont raconté avoir vu, en sa présence, des objets bouger et des ectoplasmes en forme de mains apparaître. Home semblait pouvoir également changer le poids de certains objets.

83 Eugène Osty, « Ce que la médecine doit attendre de l'étude expérimentale des propriétés psychiques paranormales de l'homme ». *Revue Métapsychique*, n° 2, 79-148, 1929.

84 Jean Guitton, Jean-Jacques Antier, *Les Pouvoirs mystérieux de la foi : signes et merveilles*, Éditions Librairie Académique Perrin, 1993.

85 Herbert Thurson, *Les Phénomènes physiques du mysticisme*, Gallimard, 1961, p. 25-29.

86 Frank Podmore, *Mediums of the Nineteenth Century*, Kessinger Publishing, 2003.

psi

DES PHÉNOMÈNES LIÉS À LA SURVIE DE L'ÂME ?

Cette partie explore des phénomènes liés à l'hypothèse de la survie d'une forme d'expérience consciente, au-delà de la mort. Ce scénario n'est pas envisageable depuis un paradigme matérialiste. Par ailleurs, il n'est pas validé par les tenants de l'hypothèse psi, qui pensent que les phénomènes paranormaux résultent de capacités de perceptions extrasensorielles (télépathie, voyance, précognition, psychokinèse) et non de la survie d'une « âme » ou d'un « esprit ». La survie d'une expérience consciente est donc principalement envisagée depuis des paradigmes dualistes et idéalistes. Ainsi, elle est pensée par les grandes traditions religieuses, le spiritualisme, le spiritisme, les courants ésotériques, certains tenants du New Age, etc. Dès lors, cette hypothèse est soutenue par une part non négligeable de la population.

UNE THÉORIE POPULAIRE, UNE INDÉCIDABILITÉ SCIENTIFIQUE

Les données avancées par les sondages sont variables. Ils estiment qu'au minimum 20% de la population occidentale croit en la survie d'une « âme » ou d'un « esprit » au-delà de la mort, et les chiffres annoncés dépassent parfois les 50%. Ainsi, les tenants de l'hypothèse de la survie pensent que nombre de phénomènes paranormaux résultent d'une communication avec une entité désincarnée ou d'une action de sa part.

Ici, la grande difficulté est que l'hypothèse de la survie est difficilement objectivable scientifiquement. Notons toutefois qu'après une enquête approfondie[1] sur la comparaison du scénario « psi » et du scénario « survie », le parapsychologue Stephen Braude indique que certains phénomènes médiumniques, témoignages d'apparitions ou de souvenirs de vies antérieures, semblent plus facilement explicables par l'hypothèse de la survie que par l'hypothèse psi. L'un des arguments avancés est notamment qu'il paraît plus cohérent que les informations paranormales procurées dans ces cas proviennent d'une seule source : l'entité désincarnée. Expliquer ces événements par des perceptions extrasensorielles serait moins vraisemblable. Cela nécessiterait de rassembler des données en provenance de différentes sources dispersées, choisies au milieu d'un bruit psychique.

L'examen des données empiriques ne permettrait donc pas d'opérer un choix tranché entre l'hypothèse psi et celle de la survie. Nous sommes en présence d'un cas d'indécidabilité scientifique. Certains chercheurs notent également que les deux hypothèses pourraient cohabiter, puisque les entités communiqueraient et agiraient sur le monde des vivants par le biais de capacités psi.

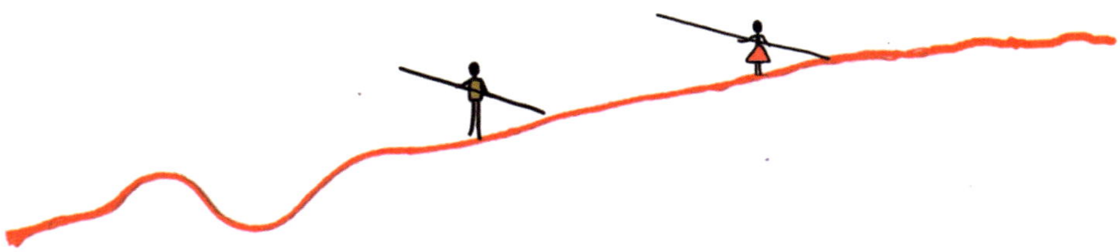

1 Stephen Braude, *Immortal Remains: The Evidence for Life after Death*, Rowman & Littlefield Publishers, 2003.

LA MÉDIUMNITÉ

L'affaire des correspondances croisées fit grand bruit au début du XXe siècle. Après le décès d'Edmund Gurney en 1888, d'Henry Sidgwick en 1900, de Frederic Myers en 1901, des femmes médiums qui ne se connaissaient pas entre elles ont commencé à transmettre d'étranges messages, annoncés comme provenant de ces fondateurs des sciences psychiques. Tout a débuté en 1906 par des communications en provenance d'Angleterre, des États-Unis et d'Inde. « *Or, à mesure que les messages d'outre-tombe se précisent, plusieurs bizarreries se font jour. D'une part, ils contiennent, ou semble contenir, une foule d'informations exactes sur Myers et ses amis, et prolongent de façon saisissante leurs réflexions* ante mortem – *à un niveau spéculatif qui semble échapper le plus souvent aux médiums qui les reçoivent. D'autre part, il apparaît, lorsqu'on les réunit et qu'on les compare, qu'ils se renvoient les uns aux autres par des allusions subtiles et forment comme une mosaïque dont chaque protagoniste ne détient qu'une partie*[2] », indique Bertrand Méheust.
Les « esprits » de ces grands penseurs du paranormal ont-ils continué à discuter depuis l'au-delà ? Tout se complique dès 1908 quand une douzaine de personnes se mettent elles aussi à rapporter des messages. Le dossier des « *cross correspondances* », constitué de plus de trois mille pages, occupera les chercheurs de la Society for Psychical Research (SPR) pendant trois décennies. En effet, si le phénomène est déjà confondant en soi, le contenu théorique des messages laisse perplexe. Les communications discutent minutieusement des modalités de la médiumnité et du statut du soi subliminal. Le « collège d'outre-tombe », tel qu'il a alors été surnommé, aurait-il poursuivi l'exploration des labyrinthes du psychisme depuis une dimension subtile ? Bien sûr, l'extrême complexité de l'affaire se prête à diverses interprétations.

UN PROCESSUS ÉPROUVANT

La médiumnité permettrait à un être vivant de laisser une source consciente autre que lui-même, souvent appelée « âme » ou « esprit », communiquer à travers lui. Cette communication se manifesterait selon différentes modalités. Le médium pourrait être dans un état de transe profonde ou même être endormi. Dans ce cas, il ne se souviendrait généralement pas de ce qu'il aurait exprimé. Il pourrait aussi être dans un état de transe partielle. Il préserverait une forme d'attention et se souviendrait de ce qu'il s'est passé tout en ayant l'impression d'avoir été un témoin

2 Bertrand Méheust, *Somnambulisme et médiumnité – Le choc des sciences psychiques*, Tome 2, Éditions Les Empêcheurs de penser en rond, 2014, p. 55-56.

passif. Enfin, il pourrait être dans un état de conscience vigile, ce qui lui permettrait de naviguer activement entre sa personnalité « normale » et un état de transe légère. L'être du médium deviendrait ainsi, volontairement ou non, l'instrument de la communication d'une ou plusieurs sources conscientes extérieures – celles-ci pouvant avoir été appelées ou s'être imposées. Le médium ferait alors l'expérience d'un impact psychophysiologique mobilisant notamment ses sens et ses fonctions psychiques. Il pourrait entendre des voix, avoir des visions, sentir des odeurs, percevoir des goûts, ressentir des émotions, acquérir un savoir nouveau de manière inexplicable. Lors de personnifications d'« esprits », le médium pourrait aussi changer totalement de comportements et adopter ceux du « décédé » : sa posture, sa voix, ses expressions, son humour, sa psychologie, etc. Il pourrait se mettre à écrire ou à dessiner de manière compulsive, ou encore faire preuve de xénoglossie – c'est-à-dire parler une langue étrangère qu'il ne connaîtrait pas. Certains médiums auraient également la capacité de canaliser plusieurs esprits en même temps, soit en passant rapidement d'une entité à une autre, soit en laissant une entité parler alors qu'une autre s'exprimerait par l'écriture, par exemple. Ainsi, un vécu de médiumnité génèrerait souvent des effets collatéraux : fatigue et symptômes psychophysiologiques.

« Le médium fonctionne comme un opérateur téléphonique, une sorte d'antenne pointée vers la conscience non locale et captant une personnalité défunte attirée par la présence du consultant[3]. »
Leslie Kean, journaliste.

Victor Hugo tente de communiquer avec sa fille

Victor Hugo a souvent participé à des séances de tables tournantes avec sa famille, notamment lorsqu'ils étaient en exil dans l'île de Jersey. Il cherchait notamment à communiquer avec sa fille décédée, Léopoldine. Par ailleurs, il se serait entretenu avec de grandes personnalités de la philosophie, de la littérature et du théâtre. Les procès-verbaux des séances ont été publiées quarante ans après la mort de l'écrivain[4].

3 Leslie Kean, *Survivre à la mort*, Éditions Dervy, 2018.
4 Gustave Charles, *Chez Victor Hugo, Les Tables tournantes de Jersey*, Louis Conard Éditeur, 1923.

UNE RENCONTRE ENTRE DEUX MONDES

Ce qui est donc particulier dans la médiumnité, c'est qu'il s'agirait d'un contact entre deux sources conscientes appartenant à des ontologies – des façons d'être au monde –, différentes. En effet, le médium est constitué de chair et d'os alors que « l'esprit » ou le « contrôle » serait constitué, selon la grille de lecture adoptée, d'un ou plusieurs corps subtils, énergétiques, ou de vibrations différentes.

Le médium Henry Vignaud indique, par exemple, que se brancher sur la fréquence des morts impliquerait « *un effort des deux côtés : le défunt doit changer son niveau de vibration pour se rapprocher de la matière, quant au médium, il doit élever le sien pour se rapprocher de l'au-delà. La rencontre se passe à mi-chemin entre les deux*[5] ». Il ajoute que, dans son expérience, un contact médiumnique est souvent saccadé et fugace, car lui ne peut pas rester longtemps en dehors de sa propre vibration. Une autre médium, Agnès Stevenin, qualifie son travail de « *collaboration* » avec ses guides invisibles. « *Leur taux vibratoire est très élevé, ils ne peuvent donc pas intervenir directement dans la matière. Je suis un peu leur équipe au sol, comme dans une compagnie aérienne : ils ont besoin d'un corps humain (celui du guérisseur) pour toucher un autre corps humain (celui du patient)*[6] », explique-t-elle. Il est parfois pensé que la qualité et la « véracité » des messages seraient liées au degré de la transe. Plus elle serait profonde, moins il y aurait de parasitage psychique en provenance de la personnalité du médium et plus celui-ci serait capable de « monter » en vibration. Cependant, cela ne semble pas être toujours le cas. Il est aussi parfois pensé que le phénomène médiumnique pris dans son ensemble évolue au fil des décennies. Les nouveaux médiums bénéficieraient des ouvertures psychiques vers l'au-delà qui ont été « travaillées » par leurs prédécesseurs. Il serait donc de plus en plus facile de se connecter à certains niveaux de « conscience ». Il est difficile d'objectiver une telle affirmation.

QUI S'EXPRIME ?

Selon les courants de pensée qui mobilisent l'hypothèse de la survie, l'au-delà serait peuplé d'un grand nombre de manifestations. Il existerait notamment deux sortes d'entités : celles qui ont vécu dans un corps physique et qui sont donc décédées, et celles qui n'ont jamais été incarnées. Bien sûr, cela pose de profondes questions sur la nature de ce qui « survivrait » à la mort, sur ce qui préexisterait en quelque sorte dans une dimension invisible, et sur la possibilité de qualifier ces entités de « sujets » d'une expérience consciente. Cependant, si l'on adopte l'idée qu'une « personnalité » survit à la mort et qu'une sorte d'entité peut préexister dans une dimension invisible, nous pouvons détailler quelques types d'esprits les plus communs. En grande majorité, les événements médiumniques permettraient à des esprits défunts, proches des personnes présentes, de se manifester. Il s'agirait souvent de membres de la famille, même lointains ou inconnus, d'amis, de proches, etc. Notons que des animaux de compagnie décédés pourraient aussi se signaler.

5 Henry Vignaud, « L'Invisible est-il peuplé ? », Samuel Socquet, *Inexploré* n° 29, janv.-mars 2016.

6 Agnès Stevenin, « L'Invisible est-il peuplé ? », Samuel Socquet, *Inexploré* n° 29, janv.-mars 2016.

Par moment, les communications résulteraient également de l'intrusion d'un esprit défunt qui n'a aucun lien avec les personnes présentes. Il est alors appelé un *drop-in communicator*. Par ailleurs, le médium pourrait entrer régulièrement en contact avec des esprits spécifiques, qui sont souvent considérés par lui comme étant ses guides. Ces esprits pourraient être ceux d'éminentes personnalités décédées qui souhaiteraient continuer à communiquer avec les vivants ou ceux d'entités autres. Le contenu des messages serait alors généralement moins personnel et porterait davantage sur un savoir ou une réflexion. En outre, certains médiums rapportent entrer en contact avec des entités qui n'ont jamais été incarnées. La liste est longue : esprit de la nature, des animaux, d'une chose ou d'un lieu, anges, archanges, êtres de lumière, entités archétypales, mythiques, divines etc. Il existe des bibliothèques entières de livres traitant de ces sujets.

UN INCENDIE EN DIRECT

En novembre 1905 à Reykjavik, un médium islandais du nom d'Indridi Indridasson aurait canalisé un *drop-in communicator*. Cet esprit se serait présenté sous le nom de monsieur Jensen et aurait donné des informations sur sa vie passée au Danemark. Dans la deuxième partie de la séance médiumnique, monsieur Jensen aurait raconté que, durant la pause, il serait allé à Copenhague où un incendie venait de débuter dans une usine. Il aurait alors détaillé l'événement et l'agencement du quartier dans lequel il était en train de se produire. L'esprit aurait disparu de nouveau, pour revenir plus tard en disant que les pompiers avaient réussi à maîtriser le feu. Le parapsychologue Erlendur Haraldsson a mené l'enquête. Il se trouve qu'un incendie a eu lieu à Copenhague dans une usine, de la manière dont l'a décrit l'esprit, au moment de la séance médiumnique. Il n'existait à l'époque aucun moyen de communication rapide entre le Danemark et l'Islande. Le télégraphe n'y existait pas et le téléphone fut installé en 1906. L'incendie ne pouvait donc être connu par aucune voie habituelle. Certains détails de la vie privée du monsieur Jensen semblent également avoir été avérés. Acte télépathique du médium ? Communication médiumnique ?

TÉMOIGNAGE

UN AU-DELÀ STRATIFIÉ

Selon les courants, l'au-delà est décrit de bien des façons. On peut dire qu'il s'agirait d'une dimension invisible, obéissant à des lois qui échapperaient à l'espace-temps classique et qui serait stratifiée depuis un niveau vibratoire dense – le niveau de la matière telle que nous l'expérimentons – jusqu'à des niveaux plus subtils – les niveaux dans lesquels évoluent les « esprits ». Ainsi, tout comme notre corps physique serait entouré de corps énergétiques, notre réalité physique serait au cœur de « couches » de plus en plus subtiles. Ces autres niveaux cohabiteraient avec notre monde physique, bien que nous ne les percevions pas, tout en se déployant également dans d'autres dimensions de la réalité. Il est souvent pensé qu'il y a un rapport proportionnel entre le niveau vibratoire, le niveau de personnification et le niveau de conscience de l'entité – bien que, là aussi, les descriptions soient variables. Plus le niveau vibratoire serait élevé, plus l'entité serait en quelque sorte dépersonnalisée, universelle ou divine. Plus le niveau serait bas, plus l'expérience consciente serait localisée dans l'espace-temps, dans une forme individualisée et spécifique. Cette gradation de personnification implique qu'il existerait des formes d'expériences conscientes qui n'adopteraient pas une forme individualisée telle que nous le comprenons habituellement. « L'esprit » des éléments, comme celui de l'eau ou de l'espace, ou encore « l'esprit » d'une émotion, comme la peur ou l'amour, l'esprit d'un archétype, d'un mythe ou d'une divinité sont parfois envisagés comme des sujets conscients bien que non « individuels », ce qui pose là aussi de profondes questions sur l'éventuelle nature de ces « consciences ».

Des dossiers akashiques

Le médium américain Edgar Cayce a fait plus de trente mille « lectures », enregistrées. Il s'endormait et se mettait à décrire en détail la physiologie et la biographie de ses consultants, à établir des diagnostics et à prescrire des soins. Les consultants pouvaient pourtant se trouver à des milliers de kilomètres de lui. Ces dires ont souvent pu être objectivés par des rapports médicaux et les guérisons annoncées se sont régulièrement produites. Lors d'une lecture, il lui fut demandé d'où il tirait ses informations. « *Il répondit qu'il allait chercher ses informations dans une mystérieuse bibliothèque, où tout ce qui existait depuis le commencement du monde était conservé. Il disait aussi qu'il feuilletait un livre, où tout était écrit, l'histoire de chaque vie humaine, de chaque être vivant, de chaque événement… Pour désigner ce livre, il employait le mot indien Akasha, ou encore l'expression occidentalisée :*

"dossiers akashiques"[7] », informe Dorothée Koechlin de Bizemont. Edgar Cayce n'était donc pas en train de canaliser une entité particulière. Il disait utiliser les ressources acquises dans ses vies antérieures et accéder à des informations inscrites dans une trame subtile : « *La lumière se déplace dans le Temps et dans l'Espace. Et, sur cet écran, situé entre les deux, chaque âme écrit l'enregistrement des activités à travers les éternités. Ces mémoires sont écrites grâce à la conscience de l'âme* » (Lecture 815-2), a-t-il déclaré.

DES ARTISTES DE L'INVISIBLE

L'histoire compte de nombreux artistes ayant produit leurs œuvres depuis un état de transe plus ou moins profonde. De manière plus surprenante, certaines personnes semblent avoir « capté » l'esprit d'artistes et s'être mises de manière spontanée à produire des œuvres d'une qualité dépassant leurs aptitudes artistiques. Ceux qu'on a parfois appelé les « artistes spirites » sont nombreux. À l'âge de trente-cinq ans, Augustin Lesage, un mineur du nord de la France du début du xxe siècle, entendit une voix lui dire qu'il serait un grand peintre. Il s'intéresse alors au spiritisme et suit les instructions qu'il reçoit : faire de la peinture et laisser agir ses mains une fois devant la toile. Finalement, Augustin Lesage a exposé au Salon des Beaux-Arts, au Salon des artistes français et a reçu les honneurs de la presse. Il a laissé derrière lui plus de huit cents tableaux jugés d'une grande valeur esthétique. Luiz Antonio Gasparetto, un autre peintre spirite, aurait été capable de peindre dans le plus pur style de Monet, Delacroix, Van Gogh, etc. Plus étonnante encore est l'histoire de Rosemary Brown. Cette londonienne de quarante ans a composé plus de huit cents œuvres musicales, alors qu'elle ne connaissait pratiquement rien à la musique. De nombreux « esprits » de musiciens lui auraient rendu visite, certains pour finir des pièces inachevées : Liszt, Schubert, Chopin, Debussy, Beethoven, etc. La médium aurait écrit ses partitions à une vitesse intenable pour un compositeur, tout en grondant ses « interlocuteurs » s'ils lui dictaient leur musique trop vite. Aucune des enquêtes menées n'est arrivée à détecter une fraude. Ian Parrott, un professeur de musique de l'université du Pays de Galles, déclara : « *Chaque œuvre possède les caractéristiques de chaque compositeur. Un truqueur, même très habile, est incapable de faire ce que fait Mrs Brown.* » Il existe des cas similaires avec la littérature, comme celui de l'Américaine Pearl Curran.

7 Dorothée Koechlin de Bizemont, *L'Univers d'Edgar Cayce*, Tome 1, Éditions Robert Laffont, 1985.

La médium la plus étudiée

Leonora Piper est une médium américaine qui fut étudiée pendant quinze ans par les chercheurs de la Society for Psychical Research (SPR), à la fin du XIXe siècle. Des détectives privés ont été chargés de la surveiller et un juriste, d'organiser les séances afin de filtrer les visiteurs et de contrôler les procédures. Tout ce que la médium a raconté a été sténographié, et de nombreuses analyses du matériau ont été effectuées. « *Jamais encore une somnambule ou une médium n'avaient fait l'objet d'une étude aussi longue et aussi fouillée. [...] Au total, les documents accumulés sur Leonora Piper atteignent plusieurs dizaines de milliers de pages*[8] », précise Bertrand Méheust. Or, la médium semblait avoir accès à des informations d'origine inconnue, relatives à des personnes décédées ou absentes, dont elle ne pouvait rien connaître. Notamment, elle aurait nommé correctement plus de deux cents personnes inconnues d'elle et donner des dates ou des chiffres exacts, ce qui est, d'après les spécialistes, le plus difficile à faire. « *Avec les noms, venaient le contexte, les anecdotes improbables, les private jokes, les expressions favorites, bref tout ce que suppose la reconnaissance véritable d'une personne concrète*[9] », complète le sociologue.

DES RECHERCHES DIFFICILES

Dès les débuts des recherches psychiques, des séances extrêmement contrôlées furent organisées autour de médiums doués. Ils réussirent à délivrer des informations objectivables, inconnues de tous les participants et dans des conditions où la fraude était exclue – comme le montre le cas de Leonora Piper. Les chercheurs ne purent toutefois garantir qu'il ne s'agissait pas de perceptions extrasensorielles (télépathie, clairvoyance, précognition, etc.). Il y eut également des tentatives de test post-mortem. Certains parapsychologues ont laissé des messages codés qu'aucune personne ne pouvait déchiffrer à part eux. L'idée était qu'après leur décès, ils pourraient communiquer la solution à des médiums. Cependant, la voyance par rétrocognition peut expliquer la découverte de ces codes. Par ailleurs, ces expériences n'auraient pas été concluantes. Dans les années 1990, le psychiatre Gary Schwartz et la psychologue Linda Russek ont mené des recherches sur la médiumnité à l'université d'Arizona. Certains protocoles étaient tels que le

8 Bertrand Méheust, *Les Miracles de l'esprit – Qu'est-ce que les voyants peuvent nous apprendre ?*, Éditions Les Empêcheurs de penser en rond, 2011, p. 49.

9 Bertrand Méheust, Op. cit., p. 51.

médium ne rencontrait pas le consultant et ne savait rien de lui. Il commençait par une demi-heure de recueillement pendant laquelle il notait tout ce qui lui venait. Ensuite, il avait le consultant au téléphone sans pour autant que celui-ci dise quoi que ce soit pendant dix minutes. Le médium continuait à décrire ce qu'il percevait. Ceci était enfin suivi d'une séance médiumnique classique, par téléphone, mais le consultant ne pouvait alors répondre aux questions du médium que par « oui » ou « non ». Le tout était filmé et analysé. Les rapports indiquent que, selon les séances, entre 40% et 90%[10] des données rapportées par les médiums (des noms et des faits détaillés, dont certains inconnus du consultant lui-même, etc.) étaient véridiques. Il reste cependant impossible de certifier qu'ils les ont obtenus auprès « d'esprits » désincarnés et non par le biais de perceptions extrasensorielles.

UN PROTOCOLE EN QUINTUPLE AVEUGLE

Par la suite, le docteur Julie Beischel[11], directrice de recherche au Windbridge Institute aux États-Unis, met, elle aussi, en place des protocoles d'étude du fait médiumnique, cette fois en quintuple aveugle afin d'éviter tout contact entre le médium et les consultants. Un assistant est donc chargé de s'occuper du contact avec les proches de personnes défuntes. Un autre assistant, qui n'a aucune information sur le cas en cours, est chargé de téléphoner au médium et de ne lui donner aucune autre information que le prénom de personnes décédées. Le médium officie à partir de là, toujours par téléphone. L'assistant demande à l'« esprit » des défunts de communiquer des informations tangibles et vérifiables sur leur identité, leur apparence physique, leur vie intime, leur métier, les circonstances de leur mort, etc. Par la suite, le médium ne saura jamais si les informations qu'il a communiquées sont justes ou pas, afin d'éviter la précognition. Tous les prénoms et noms sont ensuite enlevés des retranscriptions des séances enregistrées. Le premier assistant donne aux proches d'un défunt plusieurs retranscriptions sans savoir laquelle correspond à celui qu'ils ont connus, en leur demandant d'évaluer les faits qui y sont rapportés. En moyenne, 66%[12] des faits annoncés par les médiums ont pu être authentifiés. Cependant, obtenir une information sur un défunt ne prouve pas qu'elle ait été fournie par le défunt lui-même. Ce que l'on peut dire est que « *certains médiums*

10 Gary Schwartz, William Simon, *Extraordinaires contacts avec l'au-delà : Les découvertes scientifiques irréfutables sur la vie après la mort*, Éditions Guy Trédaniel, 2017.

11 Julie Beischel, *Investigating Mediums*, A Windbridge Institute Collection, 2015.

12 http://www.windbridge.org/factsheets/WRC_accuracy.pdf

sont capables de recevoir et de rapporter des informations justes et précises par des moyens que nous appelons anormaux, sans aucune indication ou connaissance préalable[13] », conclut Julie Beischel.

EXPERTISE

Des phénoménologies différentes

Outre la recherche basée sur les preuves, mener une étude phénoménologique sur l'expérience de la médiumnité constitue un autre axe du travail du docteur Julie Beischel. La chercheuse a ainsi mis en évidence que le vécu de voyance et le vécu de médiumnité semblent distinct et, notamment, que le médium paraît confronté à une intention extérieure. Lors d'une expérience menée conjointement avec Dean Radin, les chercheurs ont mesuré l'activité cérébrale des médiums. L'étude publiée en 2013 dans *Frontiers in Psychology* stipule que « *la communication avec des défunts implique un état mental distinct de l'activité cérébrale liée à la réflexion ou à l'imagination*[14] ».

CONTACT SPONTANÉ AVEC UN DÉFUNT

La médiumnité serait-elle réservée à des êtres exceptionnellement doués ? Les études de terrain semblent indiquer que le phénomène serait plus courant qu'on ne l'imagine. Des formes de médiumnité spontanée se produiraient notamment soit lorsqu'une personne s'approche de la mort, soit lorsqu'elle a elle-même perdu quelqu'un de proche. Se produirait alors ce que l'on appelle un « Vécu Subjectif de Contacts avec un Défunt » (VSCD). Une étude menée par Bill et Judy Guggenheim[15] a permis de caractériser différents types de VSCD. Le mourant pourrait avoir la sensation de sentir un proche décédé ou une entité désincarnée venir à lui. Il pourrait aussi les « voir », les « entendre », sentir une odeur ou un toucher, les

13 Julie Beischel, « Les médiums à l'épreuve de la science », Entretien avec Stéphane Allix, *2E Magazine de l'INREES*, n° 7, uill. 2010.

14 Julie Beischel, Dean Radin, « Electrocortical activity associated with subjective communication with the deceased », *Frontiers in Psychology*, 2013.

15 Bill Guggenheim, Judy Guggenheim, *Hello from heaven! A new field of research confirms that life and love are eternal*, Bantam, 1996.

percevoir dans un rêve ou dans un état de somnolence, etc. Certains sujets de VSCD rapportent l'impression que le proche ou l'entité viennent les aider à mieux vivre le passage de la mort. Par ailleurs, de nombreux sondages[16], effectués dans plusieurs pays d'Europe et d'Amérique auprès de personnes endeuillées, indiquent qu'en moyenne un quart d'entre elles signalent un contact direct avec un être décédé. Le pourcentage monte parfois jusqu'à 50% lorsqu'il s'agit de veufs ou de veuves. Cela voudrait dire que des millions de personnes auraient fait l'expérience d'une VSCD. Ces expériences auraient particulièrement comme impact de faciliter le processus de deuil.

En compagnie d'un fantôme

Alors qu'Elisabeth Kübler-Ross va dire au révérend Gaines qu'elle veut arrêter de travailler, une madame Schwartz apparaît devant l'ascenseur qu'ils s'apprêtaient à prendre. Le problème est que cette dame est décédée dix mois plus tôt et que le révérend ne la voit pas. « *Je suis restée bouche bée. Cette femme flottait en l'air, presque transparente*[17] », raconte Elisabeth Kübler-Ross. Elle reste figée alors que le pasteur décide de prendre l'ascenseur. « *Dès qu'il fut parti, cette femme (cette apparition, cette vision ?) s'est dirigée tout droit vers moi.* "Docteur Ross, il fallait que je revienne", *m'a-t-elle dit.* "Verriez-vous un inconvénient à ce que nous allions jusqu'à votre bureau ?" *Il n'y avait que quelques dizaines de mètres à parcourir jusqu'à mon bureau. Mais ce fut le trajet à pied le plus étrange et le plus fascinant que j'aie jamais effectué* », poursuit la pionnière des soins palliatifs. La femme lui dit qu'il ne faut surtout pas qu'elle arrête son travail. Elisabeth Kübler-Ross essaie de se ressaisir. Elle touche sa tasse de café, bien réelle, elle ne rêve pas. « *Je me suis dit qu'il fallait que j'aie la preuve de la réalité de sa présence. Je lui ai donné un stylo et une feuille de papier et l'ai invitée à rédiger une courte note à l'attention du révérend Gaines. Elle a gribouillé rapidement un remerciement.* "Êtes-vous satisfaite maintenant ?" *m'a-t-elle demandé. À vrai dire je n'en savais rien. Quelques instants plus tard, Mme Schwartz disparaissait.* » Elisabeth Kübler-Ross a toujours le mot entre les mains.

16 Evelyn Elsaesser-Valarino, « Vécu subjectif de contact avec un défunt ». In : Stéphane Allix, Paul Bernstein, *Manuel clinique des expériences extraordinaires*, InterÉditions INREES, 2009, p. 136-139.

17 Elisabeth Kubler-Ross, *Mémoire de vie, Mémoire d'éternité*, Éditions JC Lattès, chap. 25, 1998.

La réincarnation, aux frontières de la mémoire

En mai 2000, les cauchemars commencent. James Leininger vient tout juste de fêter ses deux ans. Il se réveille la nuit en se débattant et en criant : « *Avion en feu, peux pas sortir !*[18] » Les cauchemars reviennent jusqu'à cinq fois par semaine. James se souvient avoir été un pilote américain, portant le même prénom, mort dans un avion militaire en feu, car abattu par les Japonais. Son Corsair aurait décollé d'un porte-avions nommé le *Natoma* et qui aurait été posté à proximité de l'île japonaise d'Iwo Jima – que James reconnaît sur une photo. Alors qu'il a entre deux et quatre ans, le petit garçon donne de nombreux détails sur la structure et le fonctionnement des avions, sur la bataille aérienne dans laquelle il serait mort. Il communique également le prénom et parfois le nom de famille de ses soi-disant collègues soldats.

La famille Leininger est embarquée dans la tourmente : comment comprendre les « souvenirs » de James ? Les parents mènent l'enquête, contactent des psychiatres. La presse s'en mêle et filme l'affaire. Il existe ainsi d'abondants témoignages enregistrés avant que le fin mot de l'histoire ne soit trouvé. Et finalement, ce n'est rien de moins que les archives de l'armée américaine et les survivants de la bataille qui viennent attester les dires du petit garçon. Un pilote, du nom de James, pilotait un Corsair au départ du porte-avions le *Natoma Bay*, posté à proximité de l'île japonaise reconnue. La description du combat aérien correspond aux schémas archivés. Les prénoms et les noms donnés coïncident avec ceux des soldats. « *Le cas de James Leininger fait partie des plus solides et des plus documentés que j'aie rencontrés*[19] », souligne le psychiatre Jim Tucker.

Mais ce n'est pas tout. James dit avoir « vu » et choisi ses parents avant de naître. Il les aurait trouvés à Hawaï, dans un grand hôtel rose. « *Vous étiez sur la plage. C'était le soir, vous étiez en train de dîner*[20] », précise le petit garçon. Ses parents étaient effectivement partis en voyage à Hawaï en 1997. Descendus au Royal Hawaiian, un hôtel peint en rose, ils avaient dîné au clair de lune lors de leur dernière soirée. C'est là qu'ils s'étaient décidés à avoir un enfant. Cinq semaines plus tard, Andréa Leininger était enceinte. Par ailleurs, James a raconté que trois soldats – Billie, Leon et Walter – l'auraient accueilli quand il serait allé au ciel. La liste des hommes morts en service sur le *Natoma Bay* comprend les noms de Billie Peeler, Leon Conner et Walter Devlin, morts quelques semaines avant James M. Huston. Ils faisaient tous partie du même escadron, le VC-81.

18 « Jim Tucker, Entretien avec Miriam Gablier ». In : Miriam Gablier, *La Réincarnation, une enquête aux frontières de la mémoire*, Éditions La Martinière, 2014.

19 « Jim Tucker », Ibid.

20 Bruce et Andréa Leininger, *Soul survivor, The reincarnation of a Worls War II Fighter Pilot*, Grand Central Publishing, 201C.

UN CHALLENGE CONCEPTUEL

L'hypothèse de la réincarnation stipule la survie d'une forme d'expérience consciente au-delà de la mort, son éventuelle évolution dans un au-delà et son retour dans un nouveau corps physique. La prise en considération de ce scénario soulève de profonds défis conceptuels. Au-delà du fait qu'il pose la question de la nature de ce qui survivrait au-delà de la mort et de la possibilité de qualifier cette chose de sujet d'expérience consciente, cette hypothèse pose frontalement la question du rapport entre l'expérience consciente et le corps physique. L'entité détachée entrerait-elle « dans » un nouveau corps ou le corps se formerait-il « dans » le champ psychique de « l'entité » consciente ? Nous avons vu qu'il semble difficile de considérer que le corps soit juste un véhicule dans lequel une « entité » entrerait et sortirait, comme le pense le dualisme classique, et que le corps serait lui-même le sujet d'une expérience consciente. Il n'existe pas de consensus sur ces questions.

PRÉSENTE SUR TOUS LES CONTINENTS

De manière inattendue, les anthropologues et les spécialistes des religions avancent que la renaissance, la transmigration des âmes, l'éternel retour, la métempsycose ont existé, à un moment donné ou un autre, sur tous les continents. En Asie, bien sûr, avec notamment l'hindouisme et le bouddhisme. Mais aussi en Océanie comme en Australie où, par exemple « *dans toutes les tribus sans exception, il existe une profonde croyance dans la réincarnation des ancêtres*[21] », indiquent les anthropologues Walter Baldwin Spencer et Francis Gillen. En Afrique aussi : « *Les études effectuées par les anthropologues et autres écrivains sérieux dans de nombreuses parties d'Afrique, surtout ces quarante dernières années, ont révélé une croyance profondément ancrée dans la réincarnation*[22] », signale Geoffrey Parrinder, professeur d'étude comparée des religions. En Amérique du Nord et du Sud : « *Cette doctrine incroyable qu'est la réincarnation, dont certains ont affirmé qu'il était assurément impossible qu'elle soit connue des Indiens d'Amérique, est en fait une de leurs convictions la plus ancrée*[23] », signale le professeur Daniel Brinton, archéologue et ethnologue. Et, contre toute attente, en Europe également. Une anecdote est souvent citée : Jules César se plaint dans ses *Commentaires sur la guerre des Gaules* du fait que les Gaulois ne craignent

21 Sylvia Cranston, *Reincarnation, the Phoenix Fire Mystery*. Theosophical University Press, 1994.

22 Sylvia Cranston, Ibid.

23 Sylvia Cranston, Ibid.

pas suffisamment la mort. Si, lors du concile œcuménique de Constantinople de 553, le christianisme condamne l'idée qu'une âme puisse exister avant la naissance, l'idée grecque de la métempsycose ressurgit au XVIIe siècle, suite à la relecture des textes de Platon. Certaines influences orientales, notamment hindoues, atteignent l'Europe dans les siècles qui suivent. De manière à remettre au goût du jour une hypothèse fort ancienne, Allan Kardec invente le terme de « réincarnation » en 1857. À partir de là, des témoignages spontanés refont surface, des techniques de régression dans les vies antérieures sont développées. Dans les années 1950, des psychiatres et des psychologues entament des recherches sur le sujet. À l'heure actuelle, il existe trois sources de données principales en faveur de l'hypothèse de la réincarnation : les témoignages spontanés d'enfants, les souvenirs d'adultes, l'apport des traditions.

« Le point essentiel de l'enseignement des druides, c'est qu'ils ne périssent pas, mais passent après la mort d'un corps dans un autre[24]. »
Jules César.

UN PSYCHIATRE MÈNE L'ENQUÊTE

Ian Stevenson, directeur du département de psychiatrie de l'université de Virginie aux États-Unis, a examiné pendant plus de quarante ans et partout dans le monde, les témoignages spontanés d'enfants dont les souvenirs se rapportent à la vie de personnalités décédées. Son équipe, dont fait partie le docteur Jim Tucker, a ainsi recueilli des témoignages de première main, effectué des tests psychiatriques sur les enfants et les proches, mené d'importantes recherches administratives – fouilles dans les dossiers médicaux, dossiers judiciaires et rapports d'autopsie. Naturellement, les chercheurs ont constamment traqué les paramètres qui pourraient invalider l'hypothèse d'une renaissance : fraude, retour de souvenirs refoulés, psychopathologies, ainsi que la possibilité que ces souvenirs soient dus à des perceptions extrasensorielles – télépathie, voyance, précognition, etc. Sur des dizaines de milliers de cas analysés et passés au crible de critères sévères, Ian Stevenson et son équipe ont sélectionné en définitive deux mille cinq cents témoignages étayés, cohérents et vérifiés. Le docteur Stevenson a ainsi été à l'origine

« Ne laissez personne penser que je connais la réponse, je cherche encore[25]. »
Ian Stevenson, psychiatre.

24 Sylvia Cranston, *Reincarnation, the Phoenix Fire Mystery*, Theosophical University Press, 1994.

25 Ian Stevenson, « Half a career with the paranormal », *Journal of Scientific Exploration*, 20(1). 2008.

d'un champ de recherche qu'il faut bien qualifier de « déroutant ». Son travail fut relayé par le *Journal of the American Medical Association*, le *Journal of Nervous and Mental Disease,* ainsi que le *Journal of Scientific Exploration* et *The Lancet*.

DES STATISTIQUES DÉCONCERTANTES

La majorité des cas de l'équipe de Ian Stevenson sont caractérisés par le fait que des traces de personnalités décédées, qui semblent correspondre aux témoignages des enfants, ont été retrouvées. Les chercheurs ont donc pu établir des statistiques et faire des analyses. Ils ont alors repéré un schéma récurrent : les enfants font des déclarations semblables indépendamment de leur culture. Ils commencent à témoigner en moyenne à l'âge de vingt-cinq mois et oublient leurs « souvenirs » vers cinq-sept ans. Quatre-vingt-dix pour cent d'entre eux sont du même sexe que la personnalité qui serait antérieure. Quatre-vingt-dix pour cent sont du même pays, un quart renaissent dans la même famille. En ce qui concerne la durée entre la mort de la personnalité « antérieure » et la naissance de l'enfant, la moyenne est de seize mois. Les chercheurs constatent également qu'il y a généralement une correspondance entre les traits psychologiques des enfants et ceux des personnalités antérieures – les caractères, les goûts, les connaissances, les savoir-faire et les phobies. « *Trop fréquemment, les enfants éprouvent des difficultés d'identité, de confusion. [...] À ces prises de conscience qui les tourmentent peut s'ajouter un déchirant problème de loyauté envers les familles*[26] », souligne le docteur Stevenson.

DES MARQUES DE NAISSANCE

Née en septembre 1969 dans une famille de commerçants de Laxmangarh, en Inde, Sunita porte une large marque de naissance sur le côté droit de la tête. À l'âge de deux ans, la petite fille commença à parler d'une « autre » vie. « *Elle déclara être originaire de Kota, y avoir des parents ainsi que deux frères. Elle ajouta d'autres détails, comme le fait que sa famille possédait un magasin d'orfèvrerie et un coffre* », rapporte le docteur Ian Stevenson. Elle décrivit comment, à l'âge de huit ans, son cousin l'aurait poussée, la faisant tomber sur la tête au niveau de sa marque de naissance. Personne de sa famille ne connaît Kota, qui se trouve à quatre cents kilomètres, mais devant l'insistance de Sunita, elle y est emmenée à l'âge de cinq ans. Elle

26 Ian Stevenson, *Réincarnation et Biologie – La croisée des chemins*, Éditions Dervy, 2002.

donne alors le nom d'un quartier : le Choth Mata Bazar, dans lequel des proches finissent par trouver le magasin de Prabhu Dayal Maheshwari. « *Celui-ci avait eu une fille, Sakuntala, qui était tombée d'un balcon à l'âge de huit ans et était morte peu après. Sakuntala était en train de jouer avec son cousin* », détaille le psychiatre. Elle mourut à l'hôpital le 28 avril 1968, soit dix-sept mois avant la naissance de Sunita. Son dossier médical indique des saignements de l'oreille droite qui présupposent une fracture du crâne du même côté. Ainsi, des taches, des cicatrices, des malformations sur le corps des enfants questionnés par Ian Stevenson, semblent correspondre à la manière dont serait décédée la personnalité « antérieure ». S'appuyant sur des rapports de police, rapports d'autopsies, dossiers médicaux, photographies, etc., le psychiatre a notamment exposé deux cent vingt-cinq cas[27] en détail. Il suggère alors qu'en cas de réincarnation, il pourrait y avoir « *un effet direct de la personnalité désincarnée sur le nouveau corps, c'est-à-dire un effet sur l'embryon ou le fœtus qui, jusqu'à un certain point, reproduit les attributs physiques du dernier corps physique*[28] ». Ce à quoi il ajoute : « *Nos cas suggèrent qu'une sorte de véhicule porte des mémoires d'une vie à la prochaine*[29]. » Pour le docteur Ian Stevenson, ces marques constituent un argument majeur en faveur de l'hypothèse de la réincarnation.

Entre deux vies

Autre fait surprenant : 20 % des 2 500 cas validés par les recherches du docteur Ian Stevenson rapportent des souvenirs de « l'entre-deux-vies ». Cinq cents enfants racontent avoir continué à exister après leur mort, avoir « flotté » autour de leur corps, avoir vu leurs funérailles, avoir visité des espaces hors de ce monde et avoir choisi leurs parents pour revenir. Les docteurs Tucker et Poonam Sharma ont approfondi l'étude de ces récits. Ils ont trouvé que les témoignages « *ont besoin d'être considérés comme faisant partie d'un même phénomène global qui comprend aussi les Expériences de Mort Imminente*[30] ».

27 Ian Stevenson, *Réincarnation et Biologie – La croisée des chemins*, Éditions Dervy, 2002.

28 Ian Stevenson, Ibid.

29 Ian Stevenson, Ibid.

30 Jim Tucker, Poonam Sharma, « Cases of the Reincarnation Type with Memories from the Intermission Between Lives », *Journal of Near-Death Studies* 23(2), Jan. 2004.

DES ADULTES SE SOUVIENNENT

Il existe des centaines de milliers de cas d'adultes ayant retrouvé des souvenirs de vies « antérieures ». Ces témoignages sont souvent obtenus par le biais de techniques régressives, de transe, ou encore par des pratiques divinatoires comme la voyance ou l'astrologie karmique. Ces données, très nombreuses, sont toutefois discutables. Ces témoignages sont exposés aux biais des perceptions extrasensorielles et n'offrent généralement pas suffisamment de détails vérifiables. Toutefois, notons que les éléments retrouvés correspondent souvent à ce que les historiens connaissent des temps anciens et que les scènes revécues font fréquemment écho à des pathologies dont les personnes souffrent dans leur vie actuelle. Il arrive ainsi que l'évocation de ces souvenirs provoque des guérisons soudaines chez eux. Le docteur Brian Weiss, un psychiatre qui a mené des dizaines de milliers de régressions, avance par exemple que la remémoration des vies antérieures offre une méthode de traitement rapide et aide 40%[31] de ses patients à résoudre leur problème. Par ailleurs, il constate que le « voyage » peut se faire soit de manière chronologique, soit sous la forme d'un télescopage d'incidents provenant de temporalités différentes, parce qu'ils seraient tous reliés au même traumatisme initial. Il observe ainsi que les mêmes scénarios peuvent se répéter d'une vie à l'autre. Le psychiatre Stanislav Grof relève, quant à lui, une « *fréquence extraordinaire* » de réminiscences de vies antérieures dans les dizaines de milliers de séances qu'il a menées en état élargi de conscience. Ce qui l'intrigue, c'est que certains patients disent retrouver de vie en vie les mêmes personnes – ce qui pose la question des « *familles d'âmes* ». Le docteur Grof note alors qu'il existerait des liens invisibles entre ces personnes : « *des personnes que mes patients ont identifiées comme étant des partenaires karmiques expérimentent parfois des changements personnels radicaux au moment même où mes patients ont vécu leur séance*[32] », rapporte-t-il.

31 Brian Weiss, *Through Time into Healing: Discovering the Power of Regression Therapy*, Touchstone, 1993.

32 « Stanislav Grof, Entretien avec Miriam Gablier ». In : Miriam Gablier, *La Réincarnation, une enquête aux frontières de la mémoire*, Éditions La Martinière, 2014.

UNE CONNAISSANCE ANCESTRALE

Les mythes et légendes sont truffés de descriptions de mondes parallèles, où les héros vont et dont ils reviennent. Par ailleurs, de très nombreuses traditions théologiques ou ésotériques décrivent des mondes invisibles. Le bouddhisme tibétain est, par exemple, l'un des courants spirituels qui a décrit le plus précisément quelles seraient les étapes de l'entre-deux-vies – transmises dans l'enseignement du Bardo Tödhol. Cet enseignement énonce que, juste après le départ de l'esprit à la mort, se produirait un moment d'une extrême importance appelé le Choni Bardo. Lors de cet instant de grâce, nous serions au plus près de la nature fondamentale de l'esprit et pourrions sortir de la roue des incarnations. Cependant, en grande majorité, les esprits ne percevraient pas ce moment de « claire lumière » et passeraient directement au Sipa Bardo. Le Sipa Bardo correspond à la phase du voyage de l'esprit dans l'au-delà avant la renaissance. L'esprit se retrouverait avec un corps subtil et pourrait « *se mouvoir partout où il le désire sans entraves, simplement par la pensée*[33] », précise le maître tibétain Sogyal Rinpoché. Ne réalisant pas toujours qu'il est mort, il pourrait tenter d'interagir avec ses proches. Il lui serait également offert la possibilité de faire un bilan de sa vie passée. De plus, dans ce bardo, il rencontrerait d'autres êtres. Au bout d'un certain temps, sa vie future commencerait à prendre forme. Le choix des futurs parents étant établi, il replongerait dans une nouvelle incarnation. Sogyal Rinpoché explique lui aussi que nous serions en présence de phénomènes cohérents : selon lui, sorties hors du corps, expériences de mort imminente, médiumnité et souvenirs d'autres vies seraient les facettes d'un même ensemble.

33 Sogyal Rinpoché, *Le Livre tibétain de la vie et de la mort*, Éditions de la Table Ronde, 1993.

CONCLUSION : SURMONTER L'OUBLI DE L'ÊTRE

Au fil des années, un nombre grandissant de scientifiques se regroupent afin d'attirer l'attention sur le fait qu'une accumulation d'évidences, de preuves également, suggèrent une nécessaire prise en compte de l'expérience consciente et invitent à revoir certains présupposés physicalistes. Pour le dire autrement : l'intégrité scientifique voudrait que notre paradigme dominant soit dûment questionné, et ainsi élargi.

Etzel Cardeña, professeur de psychologie à l'université de Lund en Suède, est à l'origine d'un manifeste, signé par d'éminents chercheurs, dont l'objectif est, par exemple, d'appeler à la prise en compte des faits mis en évidence par plus d'un siècle de recherche en parapsychologie. Son « *Appel pour une étude ouverte et informée de tous les aspects de la conscience*[1] » expose notamment combien le savoir scientifique est provisoire et sujet à des révisions constantes. Or, certains sujets, tels les recherches sur les phénomènes psi, semblent faire l'objet d'un refus académique pour des raisons qui seraient culturelles, et non scientifiques. Plus de vingt prix Nobel et beaucoup d'autres experts de haut niveau ont pourtant soutenu l'étude du psi, voire ont eux-mêmes mené ces études. Plus encore, lesdits phénomènes ne violeraient pas les lois des récentes théories de la physique. Ils devraient ainsi être traités comme tout autre sujet scientifique. Autre exemple, Gary Schwartz, professeur de psychiatrie et de psychologie, et Mario Beauregard, chercheur en neurobiologie, ont rassemblé des chercheurs autour d'un « *Manifeste pour une science post-matérialiste*[2] ». Selon eux, « *la foi en cette idéologie [matérialiste], comme cadre explicatif exclusif de la réalité, a amené les scientifiques*

1 Etzel Cardeña, *A call for an open, informed study of all aspects of consciousness*, Department of Psychology, Lund University, Lund, Sweden, 2014 https://www.frontiersin.org/articles/10.3389/fnhum.2014.00017/full

2 Mario Beauregard, 2014 https://www.inrees.com/articles/Manifeste-science-Beauregard/

à négliger la dimension subjective de l'expérience humaine. Cela a conduit à une conception fortement déformée et appauvrie de nous-mêmes et de notre place dans la nature[3] ».

L'expérience consciente nous invite donc à faire évoluer notre cadre de pensée. Le problème est que cela nous met dans une profonde tension culturelle. L'Occident s'est construit en écartant la subjectivité de ses centres d'intérêts. Nous sommes nourris d'injonctions à l'objectivité et au rationalisme. Cela nous a menés à une incroyable maîtrise technologique nous permettant de transplanter un cœur, d'envoyer un humain dans l'espace ou de communiquer instantanément d'un endroit de la planète à un autre. Toutefois, cela nous a également menés à écarter tout ce qui a trait au monde sensible. « *Il y a pour chaque univers mental, une part maudite. Chaque culture explore certains secteurs du réel, privilégie et développe certaines dimensions de l'expérience et, de ce fait, sacrifie d'autres dimensions, d'autres possibles* », rappelle Bertand Méheust. Notre part maudite, tabou, est celle de l'expérience consciente, subjective, sensible et mystérieuse, car intrinsèquement insaisissable rationnellement. C'est aussi celle d'un pôle féminin dont le réveil fait actuellement l'objet d'actualités.

C'est ainsi un véritable défi pour nous de prendre la mesure de la richesse de l'expérience consciente. Il est pourtant question de réenchanter le monde, de surmonter l'oubli de l'être. Non pas par superstition, loin de là, mais parce que c'est tout simplement intelligent de voir que la raison n'a jamais cessé d'être nourrie par le sensible. Qu'on le veuille ou non, l'expérience intime est la condition d'existence de la raison. L'expérience consciente est ce par quoi tout se donne.

3 Mario Beauregard, 2014 https://www.inrees.com/articles/Manifeste-science-Beauregard/

REMERCIEMENTS DE L'AUTEURE

À Séverine Corson-Schneider, qui a eu l'idée de ce livre. À Sébastien Lilli, qui m'a proposé de l'écrire et qui m'a accompagnée dans son élaboration. À Frédéric Lenoir, qui a accepté d'en faire la préface. À Émilie Ramon pour ses magnifiques illustrations. À tous les auteurs cités, rencontrés ou lus, pour leurs recherches expertes. À l'INREES (Institut de Recherche sur les Expériences Extraordinaires), à l'IMI (Institut de métapsychique international) et à la SPR (Society for Psychical Research) pour la richesse de leurs données. À Renaud Évrard et Marc Piévic pour leur regard affuté. À mes parents, mes sœurs et à mon compagnon, Marc Silvestre, pour leur soutien inconditionnel.

REMERCIEMENTS DE L'ILLUSTRATRICE

Merci à Jean Cocô et à la transcendantale connexion « Je sais... je sens ».

58, rue Jean Bleuzen – 92178 Vanves Cedex

Direction : Catherine Saunier-Talec
Responsable éditorial : Stéphane Rosa
Responsable de projet : Séverine Corson-Schneider
Responsable artistique : Nicolas Beaujouan
Illustrations : Émilie Ramon
Création graphique et mise en pages : Aurélie Lequeux
Création graphique de couverture : Joséphine Cormier
Correction : Margo Vitrac
Fabrication : Amélie Latsch
Responsable partenariats : Sophie Morier (smorier@hachette-livre.fr)

Pour l'éditeur, le principe est d'utiliser des papiers composés de fibres naturelles, renouvelables, recyclables et fabriqués à partir de bois issus de forêts qui adoptent un système d'aménagement durable. En outre, l'éditeur attend de ses fournisseurs de papier qu'ils s'inscrivent dans une démarche de certification environnementale reconnue.

Dépôt légal : septembre 2019
88-3157-9/01
ISBN : 978-2-01-118281-4

Achevé d'imprimer en Espagne par Estella Graficas en août 2019

PAPIER À BASE DE FIBRES CERTIFIÉES

hachette PRATIQUE s'engage pour l'environnement en réduisant l'empreinte carbone de ses livres. Celle de cet exemplaire est de :
2 kg éq. CO_2
Rendez-vous sur www.hachette-durable.fr